我が大地の半生

中島捨次郎

澪標

著者71歳の頃　1975年

1939年の家族写真（長女・次女）

1976年　江ノ島にて

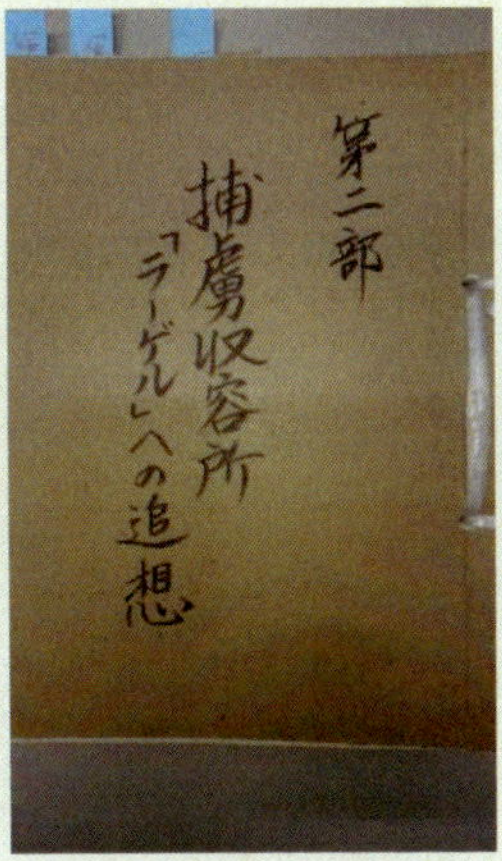

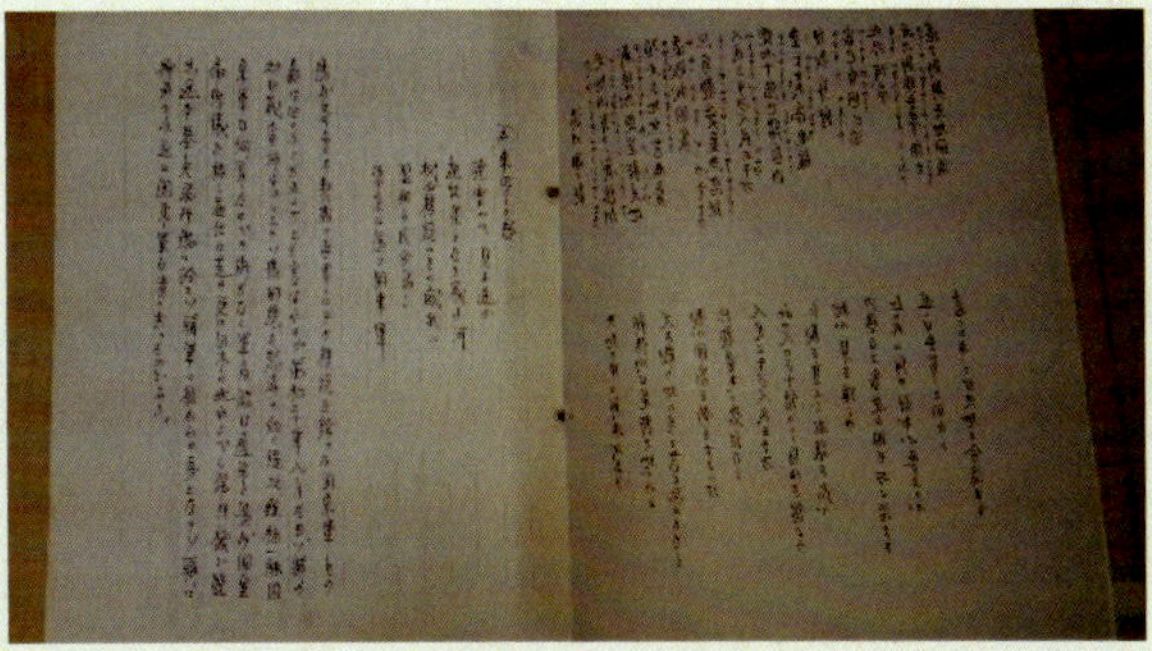

自筆原稿

漢口 旧日本租界 現在の街並み　2006年12月31日

漢口 旧日本租界大和街（現在の勝利街）界隈
2006年12月31日

黄鶴楼　2007年1月1日

旧 満州国 国務院　2008年12月30日

旧 満州国 興農部　2008年12月30日

官舎のあった付近 —新京（現長春）—
2008年12月30日

長春駅前 旧新京ヤマトホテル
2008年12月30日

2008年12月30日

2011年10月8日

官舎近くの南湖 現在の風景 —新京（現長春）—

（撮影　井上裕介）

我が大地の半生・目次

第一部　思ひ出の記　～生い立ちから終戦まで～

第二部　捕虜収容所『ラーゲル』への追想　〜現地召集からソ連抑留記〜

装幀　森本良成

この「思ひ出の記」は、私の生い立ちから激しい荒波を乗り越えてきた私の一生の思ひ出として、子供らに伝えるために記述したものである。

お前達はドンナ逆境に立った時でも自分の信念を持って自分の生活を切り開いて行け。人の生き方も様々である。中学校、高校、大学を卒えて各々皆違った方向に行くのだが、堅実な会社に這入り定年まで勤めるのも一生。私のように在中国四十年、波乱に満ちた路を歩いて来たのも一生。人それぞれの運命であるが、私は今静かに過去を振り返り、その波乱に巻き込まれることなく、悔ゆることもなく、よくぞ生き堪えてきたものと瞑想にふけるのである。

私の死期も近づいている。生きているうちにせめてもの思ひ出として皆に知ってほしいので、拙文ではあるが書き留める次第である。

この「思ひ出の記」第一部は私の生まれた時より終戦まで、第二部は現地召集よりソ連抑留記を述べることにする。

自己は理由なき主張を通さないこと
人に好かれる人となれ
常に何でも打ち明けられる親友を持て

第一部　思ひでの記　～生い立ちから終戦まで～

◇私の生い立ち

私は明治三十七年二月二日生まれ。日露戦争の始まった年である。

私の原籍は京都市下京区七条通三之宮町正面下る上三之宮町である（後に原籍地は現在の京都市中京区高倉通三条下る丸屋町に移籍した）。ここで私は中島光次郎の五男として生まれた。

父は別名茂七ともいった。祖父は岐阜県海西郡海西村の出身で、建具指物師だった。父はこの祖父からミッチリ仕事を仕込まれた。

父光次郎は祖父の業を継ぎ、建具指物師と大工の棟梁をやっていたが、若い頃から美男子で相当女にも持てたらしい。江戸でいう「いなせな男」だった。右の二の腕に「叶」という字を彫っていた。いずれも若いときの色町での名残であろう。

何れにしても、若いときより父は相当の腕を持った職人であった。酒も晩酌三合程度でおとなしい酒で、酔うとニコニコしてすぐに眠る癖があり、私が大きくなるまで人と争った事がなかった。

母方の姓は宇都と言い、生粋の京都ッ子である。母は宇都家の二女として生まれ、千賀といった。長女はくまと言い、その方の次女は静と呼び、私のいとこである。不思議にも生年月日が同時であった（その静も五十二年七十三歳で奈良の子供等に見守られて死去した）。

私の母千賀は派手で、十人並み以上の顔立ちで、また料理が得意で何を作っても美味だった。

母は子供の私が言うのは可笑しいけれど美人の方であり、父との結婚も恋愛結婚だった。性質も朗らかであり酒も父の相手をしていたが、一合ばかり呑んだら気持ちよさそうにしていた。

私の兄弟姉妹は全部で十二名（そのうち双生児が一組）いたが、男六名、女六名の大家族であった。そのうち男三名は夭折。現在まで生存しているのはツル、カメの双生児と私の三名であり、ツル姉は名古屋に、カメ姉は神戸でそれぞれ娘に養われている。

日露の戦が始まるや、父は五〇名の大工、左官等の組長として軍のバラック建築班に属し各地に従軍した。その間はもちろん単身で赴任していたが、これらの子供を母は苦労して育てたものである。もっとも母方の宇都家よりも援助を受けているだろうが、それにしても大変だったと思う。

父は日露戦争終結後、朝鮮と中国（旧満州）との境にいた。国境は鴨緑江《ヤールーチャン》を以て境とし、朝鮮側は新義州、中国側は安東県である。父はこの安東県に決意したので、私は兄弟姉妹、母に伴われ渡満したのである。時は明治三十九年三月の事である。当時の交通機関は野戦鉄道隊によって運営されていたので、京都から安東までの行程は五日間くらいかかっていた。

当時の安東は日露戦後であったがさほど荒廃したようなことはなく、中国方式の建築で炕《カン》（朝鮮語で「オンドル」）という暖房設備があった。床一面、高さ八〇センチくらいの床面に泥と煉瓦または平たい石で炕を作るのである。そして一室五名程度の室をつくり、炉口を作る。これに薪を入れて火をつけると煙と火が床一面に這って煙突に出るような仕組みになっている。床面には高粱《カオリャン》の皮で編んで作ったアンペラを敷くか、または堅い油紙を貼り付けるのである。

だから三食ともこれを使用するが、炉口は副食とご飯とを同時に炊くことも出来る竈である。私の五才くらいの時に日本式の住居が出来、新しい家に移り住んだ。

父は中国人の大工と日本人の大工を使って、建築業をしていた。

中国の大工道具は至って簡単である。例えば日本の鉋《かんな》は左から右へ削って行くが、中国式は右から左へ削って行く。鉋の刃の入れ方も全くの逆である。

中国の鋸は次の通りで、日本のものとは全然異なっている。

大きな材木を挽く時にもこれと同様であるが、但しこの場合は丸太を斜めにして上一人、下一人の二人挽きである。

あとは鑿《のみ》はあるがいたって簡単なもので、日本のように幾種類もの精巧なものはない。丸太を削るにも「チョンナ」などはなく、斧一本でやっていた。墨壺や曲尺なども全くない。

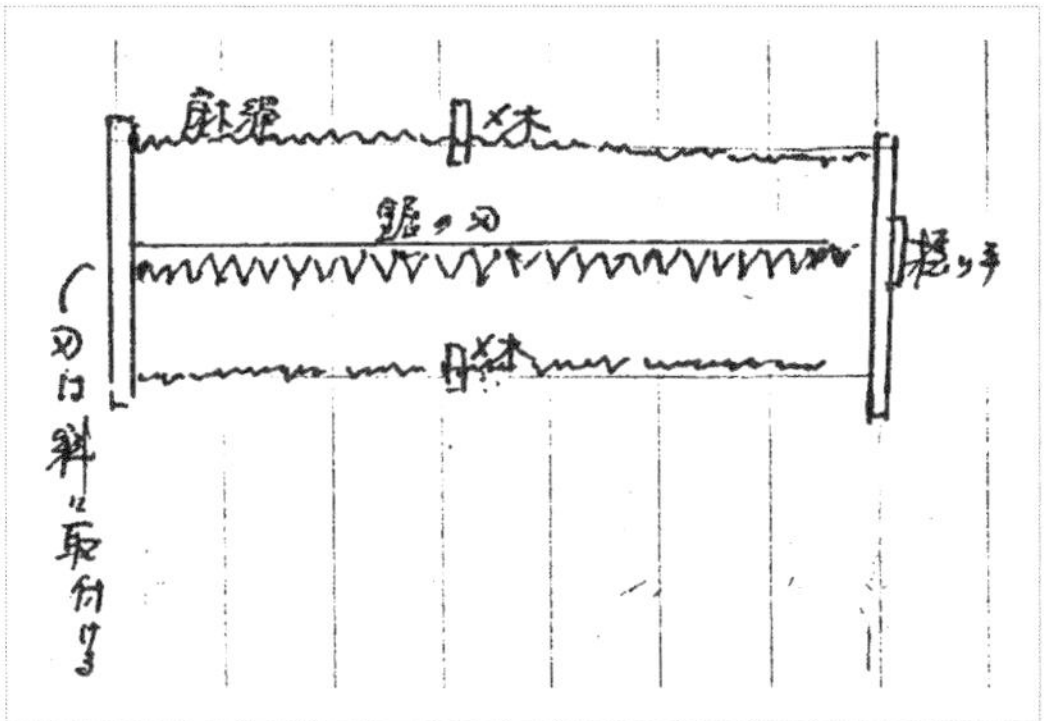

これは建築様式が日本と全然違うからである。
父は日本の大工道具の使い方をよく現場で指導していた。
これらの工賃の支払いは一日、十五日で、その日の夜は中国人、日本人の大工、左官らが受け取りに来ていた。食事頃に来る者もあったが、これらにも日本酒を飲ませてやると大変喜んでいた。父はこれらの人々を大変可愛がっていた。お菜を小皿に盛って食べさせると「很好吃《ヘンハオチー》」（大変おいしい）と言いながら喜んで、金をもらって帰っていった。
中国人の工人たちの出欠表は、彼らによくわかるように適当な大きさの板を削り、左図のような出欠表を作って、これによって工賃が支払われていた。

父は殆ど毎晩訪れてくる日本人大工等と、毎晩のごとく仕事の打合せや雑談をやっていた。

また父は私の躾けについては放任主義で、学校などのこともヤカマシク言わなかった。

母は私が末っ子であるため盲愛していたようである。

学校の成績も中くらいだったように思うが、弁当なども毎日上手に味付けされた弁当で、昼食の時間が待ち遠しかった。

その母に後年、青島守備軍鉄道部が中国側に返還された際、それまで預金していた三〇〇円余の郵便通帳を差し上げたときは、母は泣いて喜んだ。その母も既にいまはない。

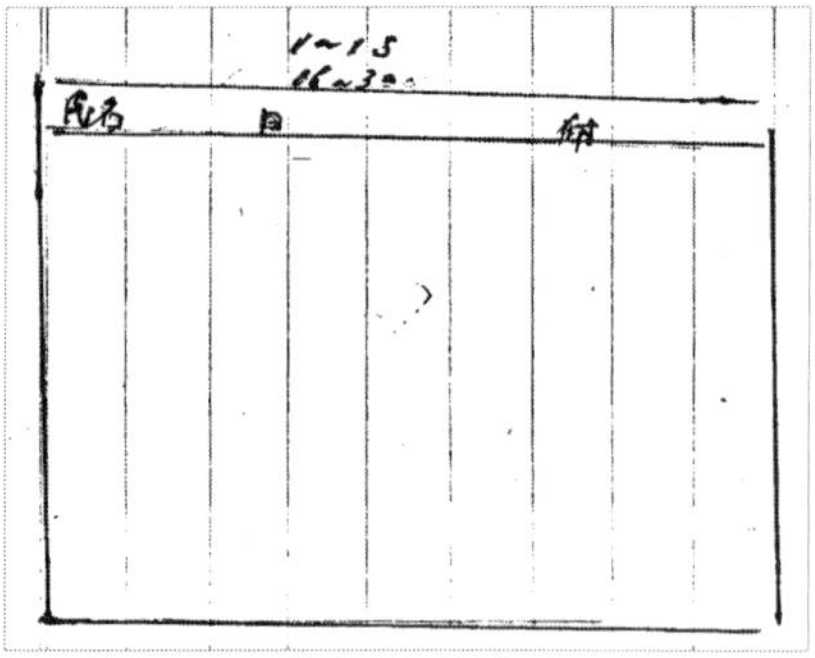

○印は一日全出勤
×印は欠勤
△は早退、または半日休み、または遅刻の時間を記入させた

◇鴨緑江について

鴨緑江は源を北鮮の白頭山に発し、延々百余里。その間のこれらの密林は良材の松、杉などの産地である。日露戦前より中国人筏夫によって、下流の安東県及び対岸の新義州まで伐採木は流され運ばれていた。これらの土地は、日露戦の前より旧式の製材所があった。

筏の組み方は、長さ五メートル、太さ一抱えほどのものを十本くらいの木材を一連として、五連くらいを「かすがい」と藤づるなどで括り、彼らは巧妙に棒と櫓を使い難所を切り抜けて流して行くのである。戦後は木曽川の筏夫が這入り、筏流しをやっていた。

私は七才のとき安東尋常高等小学校一年生として入学した。当時は父と同業の鈴木惣吉（三重県人）が一儲けして商売を伸ばしていた折で、長女千代子との間に縁談がもちあがり目出度く結婚した。が、その後商売上当時としてはかなりの借財をして、モーターで回転させる丸型鋸を製材工場に導入したものの人手に渡ってしまった。父は当時の金で一〇〇〇円くらいを融資して、この製材工場を元のように再建させた。その当時は私たち一家も鈴木の家に同居していたが、財政的にかなり困っていた状況が、今でも忘れられない。

たしか尋常三年生ころの事である。友人と工場裏の河岸に係留されていた筏の上で遊んでいたとき、足を滑らして河中にはまったが、付近の中国人の筏夫に助けられ命拾いしたことがある。

また、私の甥に当たる鈴木の二男鈴木良二（長男の鈴木良一は既に亡くなっている）が、自家工場に堆積していた原木の間に右足を挟まれ片足が不自由となり、いまでもかかとのところに大きな傷跡となって痛々しく、跛をひき歩いている（この良二と良一の未亡人は、現在京都府宇治市に在住）。

明治四十年から筏節が、また白頭山節が唄われだした。

筏節

「朝鮮と支那と境のアノ鴨緑江
流す筏はアヽ好けれども
雪や氷にヨ　アラ閉ざされて

明日はまた安東県に着き兼ねる」
「朝鮮と支那と境のアノ鴨緑江
架けし鉄橋は　アラ東洋一
十字に開けばヨ　アラ真帆片帆
行き交う　マタ戎克《ジャンク》の賑やかさ」
「筏節　歌いながらに瀬を越せば
谷の鶯　アラ連れて鳴く
筏は矢の様にヨ　アラ下る程に
恋しきまた　安東県に着くわいな」

この筏節と前後して唄われたのは白頭山節である。

白頭山節

「白頭御山《みやま》にテンツレシャン

積もりし雪は
解けて流れてアリナレの
あゝ可愛い乙女の化粧の水」
（アリナレとは、鴨緑江の朝鮮語アムロッカン、アムノッカンの意）

「泣くな嘆くな必ず帰る
桐の小箱に錦着て
あゝ　逢いに来てくれ九段坂」

これらの唄は日露戦後大いに唄われたものであるが、最近では殆ど宴席などで唄っているのを聞いたことがない。哀調切々たる唄で、私はよく口ずさむ。
（注＝戎克《ジャンク》とは貨客船で芝罘、天津、上海、厦門、マカオなどより運搬して来る帆船である）

◇鴨緑江の鉄橋

この鉄橋は唄にあるように、当時は東洋一であった（現在は揚子江の南京長江大橋が東洋一である）。この橋の特徴は人道が左右にあり左側通行で、中央に鉄路が通っている。そして橋の袂に日・中の税関があり、ここで入国者は所持品を調べられる。安東側より四つ目の橋梁が一日六回一時間十字に開き、その間を戎克が通行するのである。何となれば大きな戎克は五、六百トンあり、帆柱が橋に当たり通行不能になるためである。鉄橋を歩いて渡れば約一五分はかかった。

この鴨緑江は近年、あの南北朝鮮戦争で、北鮮軍が中共義勇軍の支援を受け南鮮軍を釜山近くまで攻め入ったが、有名なマックアーサーによって鴨緑江の新義州まで押し返され停戦になったことは有名である。

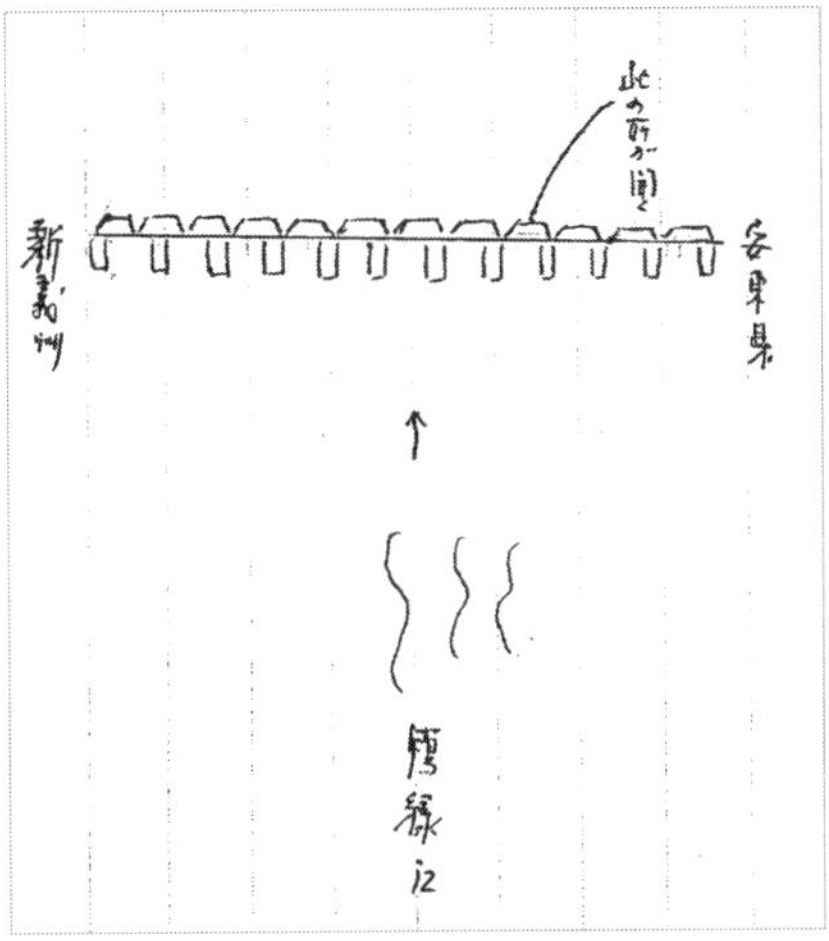

◇安東の思い出

この安東の地帯の寒さは、大体奉天辺りの気温と同じである。そしてこの鴨緑江も十一月頃より結氷し始め下旬頃より氷が張り、その後段々と厚さを加え氷上交通も可能となる。そして橇《ソリ》が氷上交通の主役となるのである。上流方面への交通と新義州、安東間の行き来も賑やかになる。

（注＝橇のことを中国語で扒力《パーリー》と呼ぶ。縦二メートル、横幅一・八メートルくらいの大きさで、両側の底に同様の長さの高さ五センチ幅二インチの底鉄を打ち付ける。橇の滑りをよくするためである）

この橇を操縦する者は、橇の後部に作ってある踏み台に両足を乗せ、一・五メートルの長さの棒の先端に尖った金具を打ち込んだものを股の中央に入れて氷を突いて走るのである。

厳寒期となると氷の厚さも一・六メートル位の厚さとなり、夏まで保存する氷室用として或る程度の大きさに切り取り、鋸屑を入れて大きな壕に夏まで保有するのである。

鴨緑江の氷は真っ青な鏡のような氷であった。

当時の小学生は着物と袴をつけ、冬は羽織を着用するだけである。洋服や靴などを履く者は一人もなく、またランドセルなども当時はなかった。そして布製の鞄を右肩から左下に掛け通学したものである。

当時の遊び事は竹馬、バイ（鋳物で作ったもので、螺旋形の筋をつけ、紐で巻いて右手に紐の先を巻き、強く廻すコマの一種）或いは結氷期は▽状のコマを作り、麻糸で鞭を作り、鞭をコマに巻き付けて、鞭で続く限りコマを廻すのである。

そんな単純な遊びしかなく、野球などは全然なかった。

だが、鴨緑江の結氷が来るのが一番楽しかった。それはスケートや橇遊びが出来るためだった。

またある時は戦争ゴッコをして、日露戦後父が持ち帰った露軍兵士よりの戦利品の銃剣を持ち出してよく遊んだ。銃剣は日本兵のゴボー剣の約倍半はあった。これは露軍の身長が高いためである。握り手も全部真鍮製で変わっていた。私はこの剣でよく薪割りをしていた。

前記スケートといっても現在の金属製の靴付きスケートなどは全くなかった。下駄屋に行ってスケートの台座に下駄のように鼻緒をつけ、後部に二ヶ所穴をあけてちょうど草鞋のように後ろ掛けして履いて滑るのである。それでも結構早く滑れた。

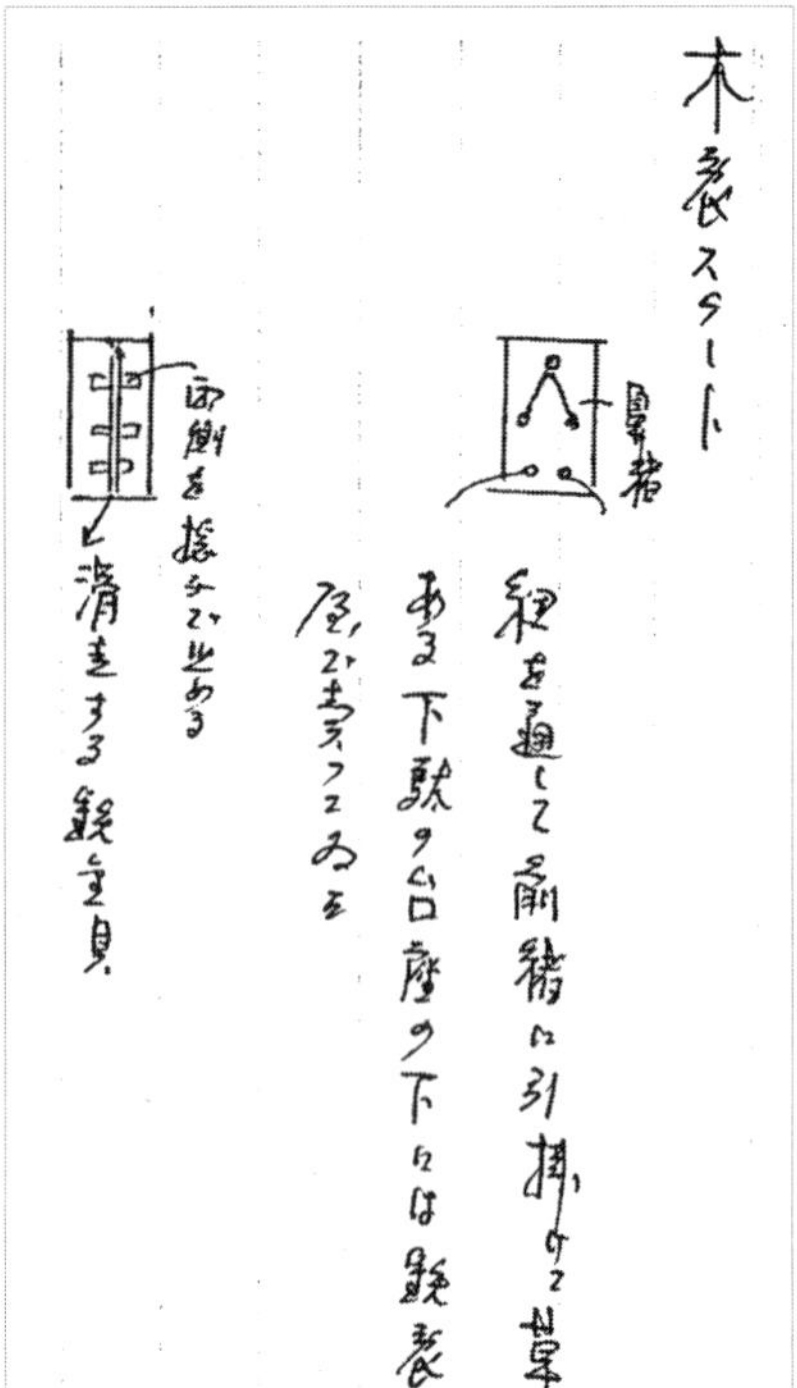

こんなスケートでもよく滑ったが、それから橇なども自分で作って遊んだものだった。

大正三年第一次世界大戦が始まり、同盟関係である英国が参戦したので日本も参戦する事となった。

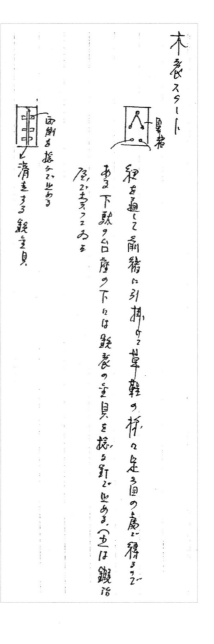

当時ドイツが山東省青島一帯を租借し、山東省の省都である済南までの鉄道、権益およびこれに付随する石炭、鉄を持っていたので、攻略するため陸海空軍をもって青島攻略を開始したのである。日本軍が第一次大戦で飛行機で爆撃したのは初めてであった。

そのような爆撃でも当時はまだ爆撃投下照準器もなく、目標を推定して投下したものであまり効果はなかった。

欧州でも敵味方の飛行機がすれ違ったときに、互いに爆弾を投げ合ったとのことである。

当時の軍司令官は神尾光臣大将で、兵力は約三個師団くらいであった。そしてドイツ軍の兵力は約五千名位であったと思う。戦争の結果日本軍は六ヶ月足らずでドイツ軍を降伏させたが、ドイツ軍は山東半島租借後灰泉岬の山上にビスマルク要塞、モルトケ要塞、その他三ヶ所に頑丈な要塞を構築していた。これらはいずれも二〇～二五インチ口径の大砲を備え、円蓋形回転式砲台で、日本軍に対抗したのである。しかし頑強に抵抗していたワルデック総督率いるドイツ軍も、遂に大正三年一一月七日日本の軍門に降り、日本はドイツ軍の有していた青島より山東省の首都済南までの鉄道各地、これに付随する各種権益を接収、軍政を布告したのである。それとともに山東鉄道主要駅には陸軍が配備され、鉄路の確保に当たっていた。

海軍は防備隊で、司令官は廣瀬という少佐の方であった。

海軍では当時、軍艦を配置する程のこともないので、「ちどり」「かささぎ」「まなづる」「ひよどり」の四隻の水雷艇、何れも二、三百トンくらいのものの配置だけだった。

父は日露終戦後、前述のように奉天省安東県に住んでいたが、元来血の気の多いためか日露戦争に従軍中のころを思い出したのか定かでないが、日本軍が青島を占拠後青島に行くと言いだし、私の尋常五年生だった大正四年五月に一家は安東を去り青島に渡った。

そのころの青島はたいして破壊されず割合市街は整然とし、ガッシリした赤瓦のドイツの建物が建ち道はアスファルト道路で並木もよく整備され、流石はドイツ人だなと感心した。旧ドイツ総督府は日本軍司令部に接収され、その他大きな建物は総て日本軍に接収されていた。

神尾軍司令官が司令部に登庁の際よく見かけたが、正面玄関の階段を登る際、衛兵が二十名くらい並び、将官に対する儀礼ラッパを三回吹奏されていたのが今でも頭から去らない。

それから戦跡を見て歩いたが、確かモルトケ砲台かと思うが、日本軍艦から発射した三〇インチ砲がどこから円蓋に飛び込み炸裂したのか、この砲台の中で二十数名のドイツ兵が、断末魔の状態で円蓋の壁に立ち上がろうとして血のついた手の跡が幾十条も付いていた。

◇青島とはどんなところか

青島は山東半島の一角にあり、気候温暖、夏は涼しく冬暖かく、市街はちょうど長崎のように後は山で坂道が多く、海岸通は海岸に沿って平坦なアスファルト道路が続いている。台東鎮から大西鎮および灰泉岬にかけ、一メートルくらいの小松が街路樹として、その他アカシヤなども街路樹として植付けられ、海は青く赤瓦のドイツ式建築が白沙と対照的で、なんとも美しい風景で東洋の楽天地といっても過言でない。

知らない日本人なら、日本の近くにこ

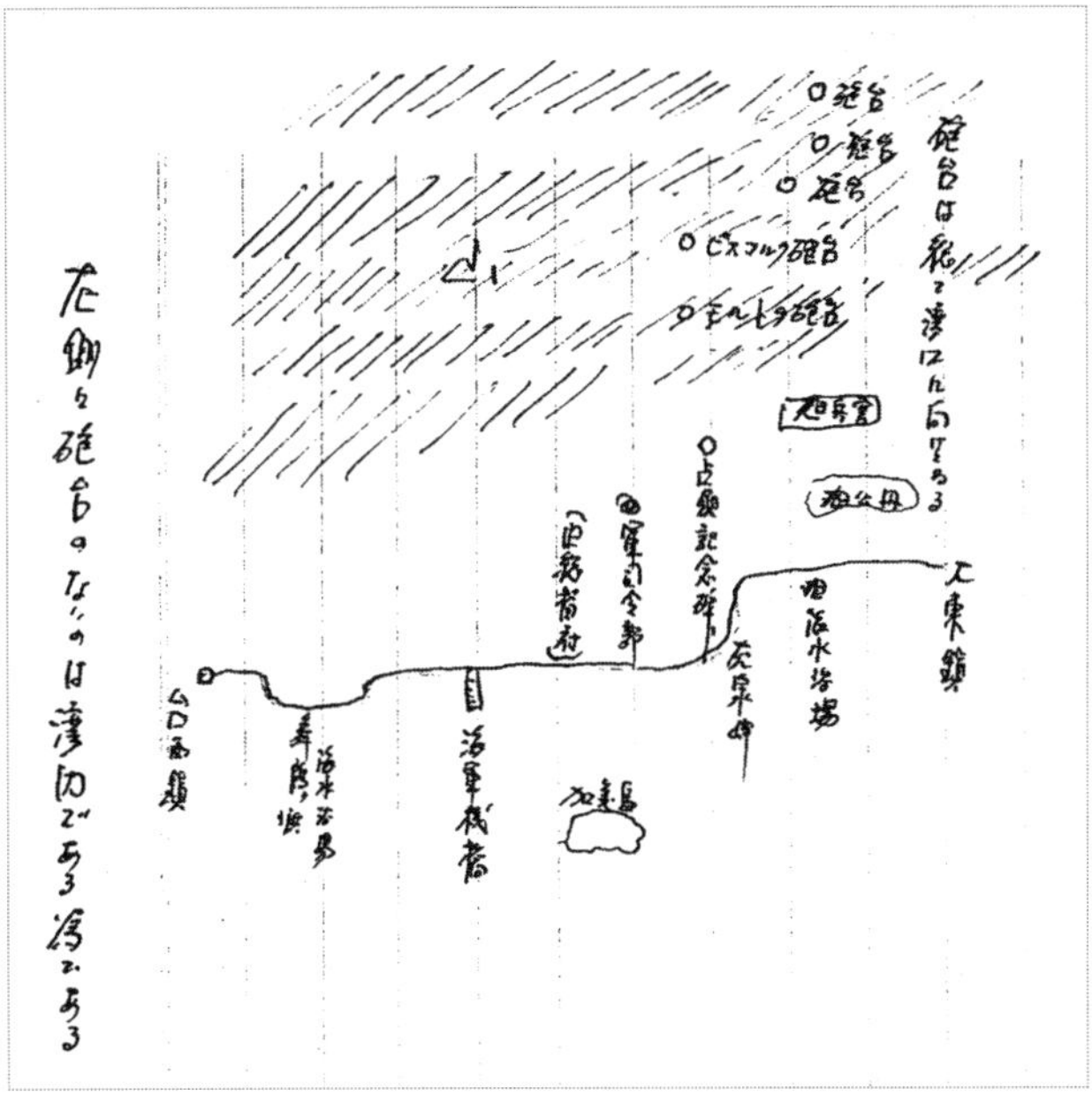

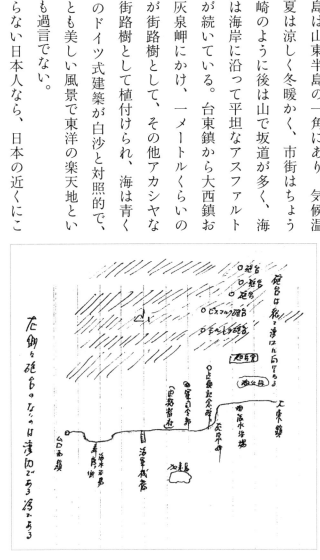

んな素晴らしい土地があるのかと目を見張るだろう。

　当時小学五年生であった私は、よく友人と山登りを楽しみにモルトケ、ビスマルク砲台などの戦跡を見て歩いた。坂の高台にあるドイツキリスト教会の近くの山肌に、自然石の大きな岩盤に鷲が羽根一杯広げている記念碑があり、真ん中に「大正三年十一月七日　日本軍占領」の大きな文字が彫られていた。これは海岸からもよく見えた。

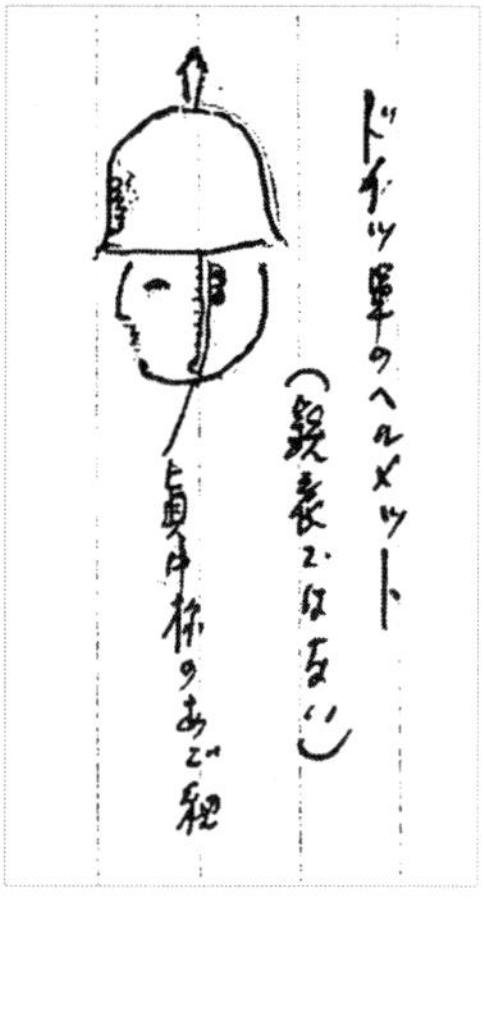

　私らの移住してきたのは占領直後の大正四年であり、前述のように山遊びしていると銃砲弾、或いはドイツ軍独特の軍帽（ヘルメットの頭上が先の尖った軍帽）、或いは破損したモーゼル一号の拳銃を拾って持ち帰ったが、拳銃だけは怖かったので憲兵隊に届けた。

　その頃父は、山から持ち帰った日本軍の二〇インチ野砲弾の不発弾を、ドブ溝に一ヶ月ほど漬けていた。これを知った中国人の家主は、危険物を持った者には家を貸せないから転宅してくれと強硬に申し込んで来た。だが父は頑として聞かず、ちょうど二ヶ月ほど水に漬けた弾丸を取り出し、信管および火薬を慎重に抜き出し砲弾を真っ黒く塗り、金文字で「日独戦役記念」と大書して床の間に飾っていた。これらの技術は戦中に兵隊に教わったものだろう。

春になると、桜公園には桜の大樹（吉野桜）約二百五十本が両側に植え付けられていたから誠に見事であった。

日本人はこれらの桜を植え付けてある並木路一帯を桜公園と称し、その海岸を旭海水浴場と称した。

この桜、松などは、前述のようにドイツが租借占領当初より日本から移植されたもので、桜などは大きなもので一抱えもあった。安東県の鎮江山の桜よりも大きな物である。

この青島は魚介類、果実類等も豊富で安かった。青島の近郊に李村という部落があり、桃、水蜜桃、西瓜、桜桃、まくわ瓜、葡萄、そしてドイツから移入した独特の甘みのあるドイツ梨などが沢山取れしかも値段も安かった。

私は閑があったら海岸に出て魚釣りを楽しんだ。チヌ、太刀魚、さより、いか等が釣れた。また引き潮の時には潟のなまこも取れた。

母はよく海岸に行き、近所の人たちと一緒に海苔を取っていた。適当な大きさの枠を作り簀子を張り、一枚一枚簀子の上に置いて行き太陽にさらして行く。浅草海苔よりやや厚手の海苔が出来るが、その味は真に美味だった。

◎さより釣り

さより釣りは、玩具のような手作りの舟に帆柱を付け、約百メートルくらいの釣り糸を付けて、帆を張り沖に向かわせておこなう（もちろん逆風のときは駄目である）。この流している糸下約八センチに釣り糸を垂れ、五センチ間隔にして、一時間ほどして舟を手繰り寄せる。

餌はゴカイが多かった。

サヨリ釣りの仕掛けは下図の通り。

◎いか釣り

いか釣りもよくやった。夜間海軍桟橋の先端のところで、ここが一番よく釣れた。

偽餌針の糸を上下すると、イカは餌物と思い飛びつくのである。

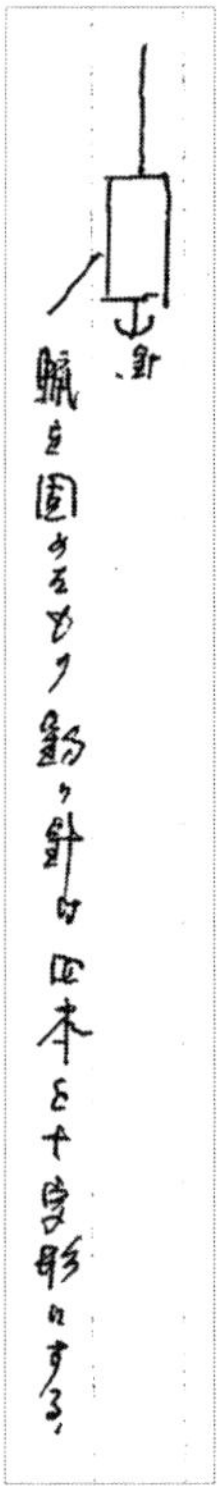

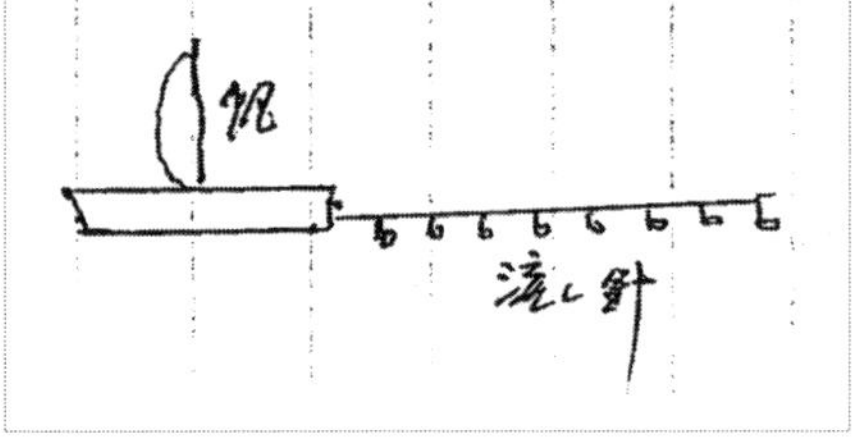

◎青島の流行歌

日独戦後次のような唄が流行し、全国で唄われたものである。

「青島の山から指さして、あの山越ゆれば我が日本
さぞや凱旋待つだろに　僕は青島の守備となる　ナッチョラン」
「青島よい処と誰が言うた　後ろ禿げ山前は海
尾のない狐がいるそうな　僕も二、三度だまされた　ナッチョラン」

これは落語家の柳家金語楼が当時二等兵として従軍していて、凱旋帰国後、落語に取り入れて大いに流行したものである。

◇青島学院以後

さて、青島移住後も父は依然として建築請負業として生計を立てていたが、青島尋常小学

校を私が卒業後は、父母は山東鉄道のほぼ中間地点にある張店《チャンテン》というところに移住した。これは以前より懇意にしていた葛城という人が、東亜公司という物産会社（主として木材関係の商売）を経営しており、父はこの人の懇望により移住したのである。

青島小学校卒業後の私は父母と別れ、大正四年開校された乙種商業学校である青島学院本科一年として入学（第一期生）、寄宿舎生活をすることとなった。

青島学院は前述のごとく三カ年課程の乙種商業学校で、主として中国語に力を入れ、後は英語、簿記、漢文等であった。面白いことは、戦後間もなく開校したので、英語は現役の憲兵伍長である山本という人が教師として教えてくれた。教室で軍服を着て長剣を腰にした教師は、誰もが経験したことはないだろう。

両親は張店で約二年ほど居住した後、山東省の省都済南に移転した。私は学校の休暇毎に父母のもとに帰省したが、この済南は人口約三〇万、商都として繁栄していた。済南は毎年三、四月の頃には蒙古地帯より降ってくる黄砂に見舞われ、これに襲われると中国流に言うなれば誠に黄塵万丈である。歩いていても二十メートル先が見えないほどで、マスクで鼻口を覆い防塵眼鏡を掛けなければ到底歩行困難。また、この黄塵はどこからでも侵入してくる。机の上などは一センチくらいの塵が積もって、拭いても拭いてもきりがないので、納まるまで放っておくより仕方がないのである。この黄砂は極めて細かい微粒子で、サラサラした砂である。

降塵の期間は大体二週間くらいである。

済南の近くには、いわゆる「泰山鳴動して鼠一匹」という諺に出てくる泰山があり、ここに孔子を祀っている孔子廟があるので有名である。

そして済南は頑丈な大きな城で囲まれている。この城内には趵突泉《ボートチュアン》と呼ぶ清水が、直径一・八〇メートル位な大きな湧水が三ヶ所、噴水のようにポコポコ音を立てて、高さ七〇センチ位の高さで湧出している。これが小清河の源である。蓮の花咲く頃は誠に美しく、市民の憩いの場所となっている。

この済南も、日中事変の起きる前に排日暴動のため日本人百数十名が惨殺され、日本軍が一個師団出兵、済南城を占拠した。これが有名な済南事変である。

さて、話を前に戻そう。青島学院卒業後私は、学校側より青島守備軍鉄道部に就職を斡旋された。当時は軍政下であるから、必ず青島守備軍〇〇部と呼称されていた。病気にでもなれば陸軍病院で軍人同様の診療を受けたものである。

就職初めの一年間は事務助手として、一年過ぎて雇員に昇格した。

勤務場所は業務課審査係で、課員は二〇名全員日本人で、中国人はボーイが二名いただけであった。私の仕事は早大卒の窪田という男と組んでやった。その内容は各駅（四十九駅）より送られてくる乗車券の点検で、切符発行日付の誤りがないか、日付押捺印の打ち洩れの有無、各駅での発行及び着駅での番号の点検、誤りがあれば各駅に照会するなどの仕事であった。この仕事は乗客が殆ど下層階級の中国人であるから、その体臭のため辟易したものである。

右の仕事が済めば、この札を大きな箱に入れて戸外で焼却する仕事があった。不正使用を防止するためである。二年目に雇員となって貨物係に廻された。貨物運賃の誤りの有無を計算する仕事であった。

当時の私の給料は事務助手時代は三五円、雇員になって四〇円程度であったと思う。食費は寮におったので朝夕二食で二〇円、ご飯は食べ放題、日曜ともなれば「ぜんざい」が必ず作られ何杯でも食べられた。昼食は列車食堂を経営していたグランドホテルから派遣されていた中国人コックが作るので、料理もなかなか申し分なかった。ちなみに当時の代金はカレーライス一〇銭、ハイシカレー一五銭、オムレツ一〇銭、豚カツ二〇銭、ポークチャップ三〇銭くらいであったと思う。食事が済めば伝票に所属名と氏名を記入、月末に給料から差し引かれていた。

当時の食堂は、高等官食堂だけは別になっていた。

それから、その頃の慣習として、出張を命ぜられた者は必ず一円か一円五〇銭を菓子代として出張費より拠出していた。これは出張者は日当宿泊賃がそれほどかからない、旅費が余るから出せという一種の不文律であった。

民政部各部課に勤務していた属（判任官）高等官以上の官職にある者は、文官規程によって定められた制服、制帽を着用、海軍士官のように短剣をぶら下げ、帽子、肩章、袖章等に、資格に応じた金線を付けていた。

これは植民地であるから、中国人に対し威厳を保つため行われていたようである。朝鮮総督府や台湾総督府などでも行われていたようで、朝鮮では一時期駅長までが短剣をぶら下げ、得意になっていたようである。

各役所は夏期には半日勤務となり、約二ヶ月の期間は毎日軟式庭球を、平日でも午後四時退出であるから大いにテニスを楽しんだ。

当時は発育盛りで目方はそれほどでもなかったが、身長は一・七〇メートルはあったであろう。

陸上運動会も毎年盛大に行われ、各部色分けして応援したものである。野球も盛んにやっていた。当時中学卒業（いまの高校）の優秀な者を各部とも引き抜き、対抗試合も盛んに行っていた。

大正十一年頃であったろうか。大毎のチームが遠征してきた。当時日本一と言われた小野、森のバッテリーでファンを喜ばせたものである。

当時満鉄も強かったチームで、都市対抗試合にも出場していた。

映画はトーキーは未だなく総て無声映画であり、映画館は数館あったが楽々館というのが一番大きかった。そこには川上天外という名弁士が居りよく見に行ったが、尾上松之助の全盛時代であった。

さて、大正十一年となって三月頃より青島還付の話がボツボツ話題となり、ワシントン条約により大正十二年末までに中国側に全面的に還付する事に決定した。

満鉄より派遣出向した者は、鉄道員総数の約半分以上いた。

これらは元の満鉄に復帰し、その他の者は二月四日の第一次の軍用船に乗り込み、私は二月七日宇品上陸、大阪市西淀川区千舟にいる両親のところに帰ってきた。帰ると同時に三百余円記入の郵便貯金（これは退職金と月々預金したもの）を母に土産として差し上げたが、母は泣いて喜んでくれた。

長男（私の兄）はまことに女房運が悪く、確か三人の女性と結婚し、何れも妻に先立たれていたので、長兄の長女（美佐子）を引き取り育てていた。美佐子は当時五才であった。美佐子の母は当時既に死亡していた。それで私の両親が引き取って養っていた。

四兄の光三郎は、従兄弟の宇都家の三男がやっていた梅田の一品料理屋でコック見習いをしていたが、大正十年五月に千舟でスナックを開業した。母も料理作りが大変得意で、喜んで店を手伝っていた。四兄はこの時に私の妻ふみゑの姉こうめと結婚したのである。

大正十二年九月一日は、忘れることの出来ない関東大震災の日である。当時私は、友禅加工業をやっていた長谷川六之助に嫁いでいた三姉の花子姉の処へ遊びに行っていたが、確か十一時三〇分頃だと思うが時間はハッキリ覚えていない。家が突然ぐらぐらと震動する。掛け時計や棚のものがガラガラと落ちて来た。「地震だ」と直感し近くの小学校に家族らと避難した。

震度は五～六度だったろう。幸いその後三回くらいの揺り返しがあって収まった（三姉の住所は四条通烏丸の大丸の裏側にあった）。

京都市内の地震の被害はたいしたことはなかった。

だが、東京、横浜その他関東地区は惨憺たる被害を蒙り、家は倒壊、或いは火事による焼失、浅草十二階の倒壊、陸軍被服廠跡の惨害などの毎日ニュースが二日ほどして丸山公園で映写されたので、見に行ってまことに肝が冷えた。

交通機関なども全く麻庫状態で、また各地では不逞鮮人等の暴動説による自警団の設立、またこの事変を機として甘粕憲兵大尉が、共産主義者の巨頭大杉栄およびその内妻伊藤野枝らを扼殺する事件があった。これが世に言う大杉事件である。甘粕大尉はその後なんらの処罰も受けずその後創設された満州映画公社の理事長となったが、終戦を迎えピストル自殺した。これは後日の話である。

◇徴兵検査

私の徴兵検査年度は大正十三年度である。当時国民皆兵で男子たる者一生に一度の晴れ姿である。前日は頭を丸坊主にして入浴し、赤飯で祝って貰い検査場に向かった。

検査は午前九時、検査場は中京区小学校の講堂で行われたが、越中褌以外の物はいっさい許されず真っ裸となった。

地区徴兵検査司令官及び各科目（目、鼻、耳、握力、痔、歯、骨格等）各種類にわたり、各医官が一名宛て呼び出し検査が実施されて行く。

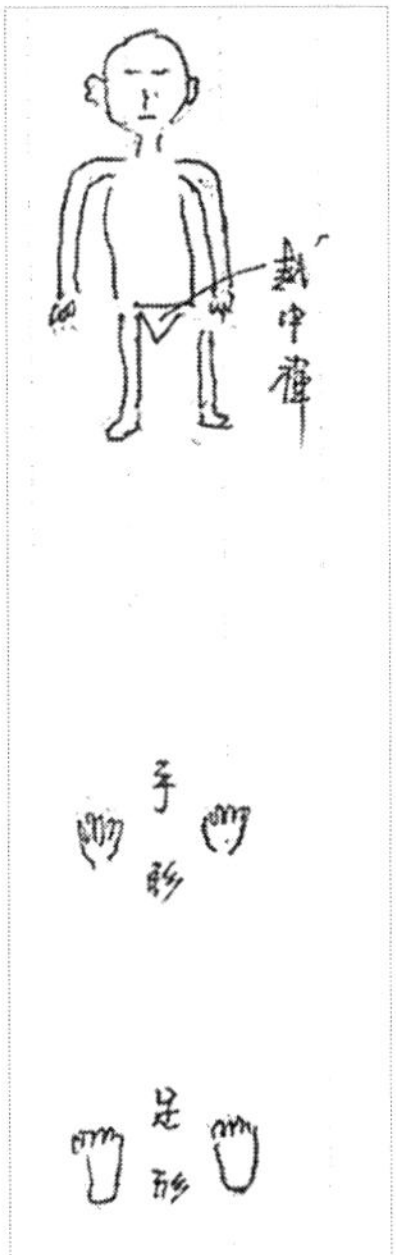

図のような足形に両足を置いてそして上体を倒し、手形の処に両手を置く。何のことはない四つんばいの形を取り尻を高く持ち上げ痔の検査を行うと、今度は性病の有無を検査する。これは軍医官が男性の性器を握り根元より前方へ強くしごくのである。そして性病特有の膿などが出たら大変である。その場で往復ビンタは勿論のこと、殴る蹴るの暴行を加えられ「国賊野郎」と罵倒され、不合格となり病気治療後再度検査される。

そして検査を終了すると甲、乙、丙、丁の四種類に決められる。

この徴兵検査が終わった時点で一般人から一人前の男子として公認され、タバコ、酒、または遊廓等に気兼ねなしで行けるのである。

私は今の男女の風習が、全く教育の仕方が悪いからこのようになったものと思う。特に小、中学校の先生が共産化し、その影響が多大にあると思う。制帽があるのに制帽もかぶらず長髪を乞食のように伸ばし、得々としている若者を見ればまったく情けないと思う。

かれらに昔のような軍事教育をやらせて見て、何名耐えられるであろうか？

身体は以前より大きくなっていても、精神的には全くの子供である。少年が父母を殺したり、兄弟が殺し合ったり、学生が教師を殴ったり、このようなことはとても昔なら考えられず、これ皆親の躾、学校の教育の仕方が悪いからに外ならない。

また、昔なら塾通いなどはなかったが、いまの子供は塾通いに没頭し、余計に頭を使わせているのはまことに可哀想である。

私は思う。このままで果たして日本国は、独立国としてやっていけるのであろうか。自衛隊はあっても、あって無きが如き状態である。そして野党は自衛隊廃止を叫び不可侵条約を結んだらよいというが、ソ連と戦争末期に不可侵条約を結んだが、八月九日にソ満国境数カ所より旧満州に侵入し、四日間で全満を占領、数十万人を殺し、なおあらゆる物資（金銭では表示出来ぬほどの金額）と数百万の捕虜をシベリアに送り、苛酷な労働を強いて未だ未帰還者も相当にある。この苦い経験を嘗めさせられてもなお、このようなたわごとを言っている。

ソ連ほど嘘つきの国は、他にはないだろう。

◇親友吉崎純義君との関係及び漢口へ渡航の経緯

山東省青島で既述の通り鉄道部在勤中、同部会計課勤務の吉崎純義君（鹿児島商業出身）と親友となった。

ところで当時中華民国湖北省漢口に在住していた伯父の上西園嚢氏（東亜同文書院出身）が、上海児玉貿易商行漢口支店長に就任していた。それで吉崎氏に対し度々来漢がた懇望されていたので、彼は漢口に行くことに決定し、私より一年前に渡漢していた。

そして私が日本に帰国する四ヶ月くらい前に、「自分（吉崎）と一緒に働いてもらえないか」との彼からの手紙を度々受けとった。当時私は日本に帰国していたが、長らく中国生活をしていて到底コセコセした日本で働く気は毛頭なく、再び渡中して骨を中国に埋める決心であった。

ところが大正十二年は私がちょうど二十才で、翌年は二十一才に当たる徴兵検査があるため四月まで動きが取れなかった。そして検査の結果は、近視のため甲種合格とならず、第一乙種になったのである。私は中京区で第三日目に受検したのであるが、検査の講評は第三日目の壮丁《そうてい》四七名中、体格は第一番であるが、近視のため残念ながら第一乙種にするとのことであった。これは思うに、大正十三年は陸軍大臣宇垣一成の時二個師団が軍縮されたので、もし軍縮がなかったら当然甲種合格となっていた筈だった。

しかし、第一乙種となっても安心は出来ない。それは甲種合格者が病気その他の事故により入隊できないときは、第一乙種の合格者の内より籤《くじ》番の若い者より補充入隊するからである。そして第一乙種籤番通知が五月に届いた。その番号は忘れもしない第一乙種の五三番である。この番号では甲種に補充される心配はなかろうと思ったからだ。

私はその結果を父母に知らせるとともに、漢口の吉崎純義君に知らせ、二十一才の六月十五日、満々たる闘志をもつて見ず知らずの中国湖北省漢口に勇躍出発したのである。

しかし、父とはこれが最後の別れになるとは夢にも思わなかった。父は岐阜県の兄の法事に行っていた際、脳溢血のため殆ど即死の状態であったという。私は何らかの異変が起きても帰国するにも日数がかかるので、間に合わぬかも知れぬから身体に気をつけるよう言ったが、これが最後の言葉となった。私は帰国しなかったが、例え帰っても弔いにも間に合わなかったからである。

当時は日本郵船には長崎丸、上海丸などの快速船はできていない。これらの快速船は神戸発長崎経由、上海着港まで二日間しかかからなかった（速力二〇ノットの快速船で、海軍の要請で製造された由で、一朝ことあるときの軍艦として建造されたもので、果たして日米開戦となるや八〇〇〇トンの軽巡洋艦として活躍したが、二隻とも敵潜水艦により撃沈された）。私は大阪商船の客船で神戸より乗船、長崎経由で三日目に上海に着いた。

長崎では三時間石炭の積み込み作業で待ちがあり、坂の多い長崎を急行で見物した。また石炭積み込みは全部女労働者で、縄で編んだモッコに石炭を入れ一列になって石炭運びをやっていたのが印象的だった。

港へ迎えに来ていた児玉貿易商行員の案内で英租界泗圣路にある本店長児玉英蔵氏（鹿児島県人、東亜同文書院卒）に面会、同店長より漢口支店の内容の説明を受け、二日間滞在した。この児玉貿易商行の主たる取り扱い商品は大豆、綿実、菜種、胡麻、肥料用粕、蒟蒻玉、及び牛骨などで、牛骨は鹿児島市洲崎町三番地の村上商店に直送、骨粉工場で骨粉を作り水田用の肥料として全国に販売され、その他の商品は殆ど阪神間に輸出されていた。これら商品も大量に、山下汽船、三井汽船等の貨物船を一隻チャーターして輸出するのである。当時牛骨および諸粕類の貿易は競争で、三井、三菱、岩井、吉田等の店があった。

◇漢口での私の生活及び中国に於ける風習その他

中国語で「行」（シン）と発音すれば「よろしい」、「行」（ハン）と発音すれば「店」の意味である。

私の勤務していたのは児玉貿易商行《ルスイマオリシャンハン》。〇〇洋行、〇〇商行とは、外国人の店という意味である。三井、三菱、岩井（後の日商岩井）等の名前の下に洋行をつけて呼ばれる。

これが外国人が経営する会社は、例えばバターフィルドは怡和洋行、ブルーチャンネル汽船は青筒輪船公司のように呼ばれる。ブルーチャンネルは青い煙突であるから直訳して青筒と呼ぶ。輪船とは汽船、公司は会社の意である。

（注＝公司とは一般的な会社の意味だが、股份公司は株式会社、有限公司とは有限会社の意味である）

中国の現在は総て国営であるから中国出口公司、中国進口公司等で呼称されている。出口とは輸出、進口とは輸入の意味である。

ちなみに中国では火車は汽車、汽車は自動車のことを言う。中国ではよく出入り禁止のことを「閑人免進」と貼り紙したり立て札がしてある。これは閑な人のみ出入りを免ずという意味で、まことに皮肉った言葉である。

当時の私の店は湖北省漢口市英租界鄱陽街二〇号、アスファルト路の丁字路左角の二階建ての洋館であった。交通整理の印度人巡補（英人巡査の補助）がおり、毎日顔を合わせて仲良しであった。

当時各租界には日、英、仏のほか、ドイツ、ロシアなどがあったが、当時は既に中国側に回収されていた。租界には自国の植民地人（英国はインド人、仏はベトナム人、日本のみ中国人を二〇名）を採用していた。総領事館内に本国人の警察署があり、この下で「巡補」という名称で交通整理をさせていた。店の隣りには木綿を取扱っていた阿部市洋行（有名な阿部幸兵衛）の店があり、我々同年配の鵜飼修一君（滋賀県人）がおった。

誠に優しい気質の人で、我々とよく中国街に行ったり、日本租界の料理店に飲みに行ったものである（この好青年も後年揚子江の大洪水の際、サンパンが転覆、我々友人は二日間日清汽船のランチを借り切り捜索したが、遂に屍体は発見出来なかった）。

店の広さは事務所、寝室、及びボーイ室の三室で、約三〇坪くらいの広さがあった（店長一家は日本租界に居住していた）。私と吉崎先輩、買弁一名、ボーイ一名の小人数であった。吉崎先輩はここで夕飯だけ中国料理の出前で過ごし（出前のことは包飯という）、私のように中国で永年育った者には、油肉で作った料理は何でもない事であった。

食費は夜だけ一食のみで一ヶ月八ドルくらいであった。昼食は殆ど毎日問屋が招待してくれていた。では朝食はどうしたか。コーヒーまたは紅茶で「油茶子《ユーチアズ》」と称する長さ一〇センチ、麦粉を水と塩およびふくらし粉で練って、油で揚げたのを二本買って来させていた。「油茶子」は満州地方では見られない食品だが、上海地方では前記の半分くらいのものを餅米に包んだ「蓮子湯《レンズタン》」（蓮の実を入れ甘いスープにした飲み物）というものがあった。朝早くから天秤棒に担ぎ、木魚のようなものをポコポコ鳴らしながら売り歩くのだが、色街などでこの呼び声と木魚の音を聞くと情緒深いものであった。

◇買弁《マイバン》について

買弁とは外人の会社、日本商社、銀行などで働く一種の番頭であるが、資産があって卸問屋の内情に詳しく、目端が利き信用があって商取引の斡旋をする者で、一定の給料のほか取引に応じた歩合を貰っているのである。服装なども誠に立派な着物を着て、自家用の人力車を雇って堂々たるものである。

商事会社ではこの買弁の市場の動静、情報などの収集によって、売り上げが左右される重要な存在である。

取引商品は菜種、胡麻、綿実、牛骨及びそれらの絞り粕で、このうち牛骨が二分の一を占めていた。当時の牛骨取り扱いの大手業者としては児玉と岩井（日商岩井）が競争したものである。牛骨は主として鹿児島へ、その他の肥料類は阪神方面に輸出されていた。牛骨は既述のとおり殆ど鹿児島の村上吉三郎商店へ輸出され、ここで骨粉として水稲肥料用に各地へ販売されていた。

牛骨といってもあらゆる種類の獣骨で、あらゆる地方から汽車、また船などによって漢口に集積されるのである。そしてこれらは卸問屋の広大な院子（庭）に五、六〇メートルの高さに巧みに堆積されるのである。麻袋二万袋の袋詰め作業はなかなか壮観なものである。ピーコーズと称する長い杉丸太で頂上より突き崩し、或る程度の数量が落ちるのを待って麻袋に詰め込む専門の組と、麻袋の口を麻糸で口縫いする組とが分業で荷造りしてゆくのである。四、五百袋くらいになれば売り方の方が過秤と称し、買い方は隣に腰掛け、二袋宛て重ねて重量を計り双方記入して行く。

この袋は大体一袋で五、六十キロくらいで、当方としては貨物船一隻をチャーターしているから、出来るだけ詰め込ませねば、運賃及び梱包費その他費用に響いてくるからである。

◇貨物の積み込み

私は元来が高所恐怖症である。五階建ての上から地上を見ると足がすくんでしまうような感じがいまでもある。二〇〇〇トン級の高さは空船のときは十メートルはあるだろう。これが一万トン近い商船の高さなら十五、六メートルはあろう。

船では船長、一等運転士、二等運転士、三等運転士、機関長、一～三等機関士を士官と称する。汽船には普通タラップが両側にあり、これらの士官や税関吏の来船、下船にはタラップがおろされるが、その際は士官以外の者でもこれが利用できる。それ以外はタラップは上に揚げられ、縄梯子が手摺から水面までダラリと下がっている。私は仕事の都合で一日四、五回は行かねばな

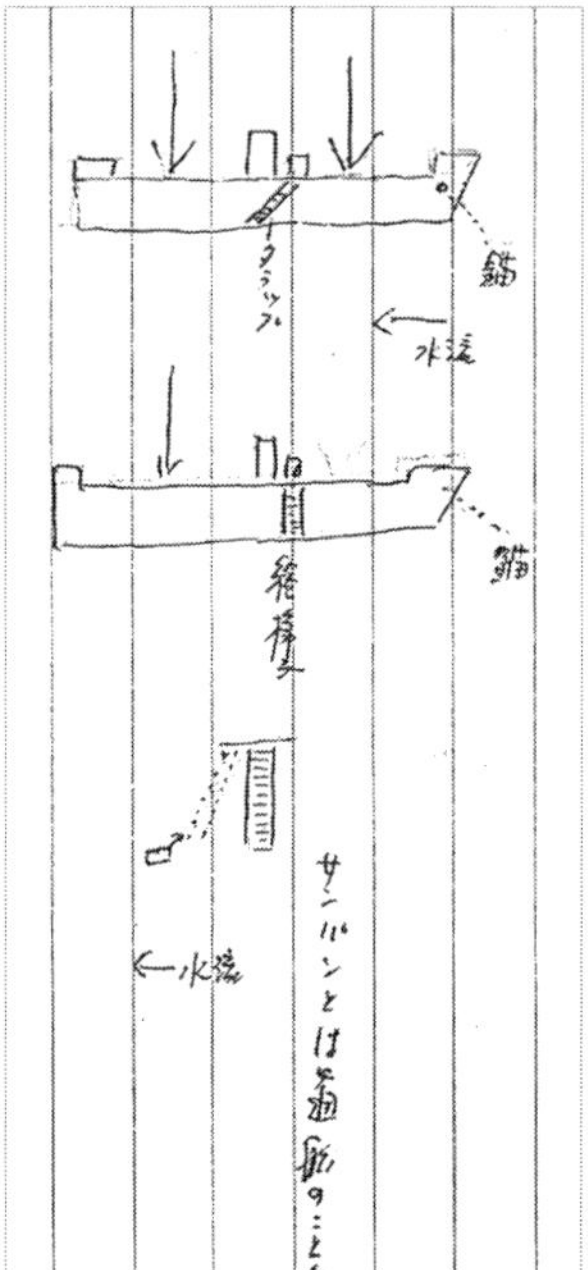

らなかった。私の店では主として三井船舶及び山下汽船の両社よりチャーターしていた。

サンパンで通船するときは船頭は縄梯子まで櫂で漕いで行くが、本船に着くと同時に二メートルくらいの先端が鈎になっている引っ掛け棒で縄梯子に引っ掛け、乗客が縄梯子に乗ると同時に引っ掛け棒を放して櫂を漕ぎ、陸地へ向かうのである。私は下の水面を見ず（下は滔々たる濁流）一歩一歩縄梯子の踏み板を踏みしめて舷側の手摺を乗り越え、やっと平常心に戻るのである。

この揚子江に落ちたら、到底助からぬと言われている恐ろしい河である。

サンパン（前ページの図参照）は陸地と本船間の通船のことである。これは各港に必ずあって一定の料金をとるのである。

立ったまま上半身を前方に倒し、櫂を漕ぐ。ボートのオールの漕ぎ方とは全く反対である（上の図参照）。

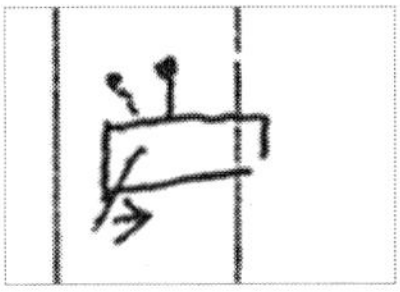

このようにして汽船が入港すると一日四、五回は用事のためサンパンの厄介となる。

さて、船長及び一等士（チーフメートという）と積み込みの打合せ後、嘉泰洋行と呼ぶ日本人経営の艀会社（当時艀を三〇隻くらい所有していた）と日時など打ち合わせる。汽船は貨物が空船になるまで待たねばならなかった。

そして空船のまま入港したときは、直ちに積み込む手配を始めねばならない。というのは、これらチャーターした船は直航船と称し、積み荷を終えれば漢口から直ちに目的地に向かわねばならないからである。

直航船の船積み時期は、大抵四月末から九月末ころまでである。この時期までは吃水の浅くなる減水期（大体九月末から四月末ころ）だから、チャーター船は満船にして出港させねばならない。減水期に向かう時は一袋でも多く積まねばならない。もし積み残し（シャットアウト）にでもなろうものなら、荷主は大損害を蒙るからである。

船のチャーター料は、一日幾らという契約で行われる。揚子江の減水の始まる時は、目に見えて水量が減ってくるのが分かる。そんなときはオールナイトと称し、二日でも三日でもオールナイトで積み込み作業を急がねばならない。

長女智恵子の生まれた年の昭和七年八月に、私はこの夜間作業を督励中降雨にあったが、これが原因となって肋膜炎となり一年間ほど闘病生活を送った。毎食事ごとに鶏の臓物ばかりで少量のご飯であった。一ヶ月くらいで働けるようになったが、後遺症とでもいうのか、一年間くらいは大きな呼吸をすると両肺がペタッとひっつくような感じで誠に不快な気分であった。しかし半分は精神力で、智恵子のためにもと頑張り、これに打ち克ったと思う。それはそれとして、積み込みが終わればチーフメートよりメートレシートにサインを貰い、B／Lを作成、銀行に持参せねばならない。

なお貨物を積み込む前に、艀一隻宛て（一隻約三〇〇袋～五〇〇袋）の積載した貨物に対し、輸出税を支払うため「過秤《クオピン》」と称す一隻あて三、四十袋の抜き取り検査を行うが、これは台秤ではなく、在来の天秤を下級官吏が二名一組となって、目盛りをつける棒に重りをつけた秤である。これを二人が荷物を担ぎ、もう一人が重りを動かし、重りが水平になった時の重量を読み上げ上役が記入して行く。この平均重量が税金の申告記録となって、税金が支払われるのである。であるから、この下級の過秤係に対し、賄賂として（これは重量の呼称を少なくして貰うため）一人宛二〇ドルくらいの銀貨を贈っていた。

貰う方でもこれが慣習であるから平気で受けとっていた。

話が前後するが、中国街の「橋口《チャオロウ》」（英国租界より約六キロくらい離れた）に私の店の倉庫があり、倉庫番夫婦が住んでいた。ここへ私は殆ど毎日（朝六時ころより夜の六時ころまで）通勤するのである。交通は総て黄包車（人力車）で通ったもので、車賃は銅貨二〇～三〇枚である。この車に乗るのにもなかなか駆け引きがあり、その辺には何十台という車が屯していた。そして○○まで行くのだが幾らで行くか？　と話しかけると、或る程度高値をぶつかけてくるが、大抵は前述の値段で走った。このほか馬車もあったが、大体車賃の倍は取られた。

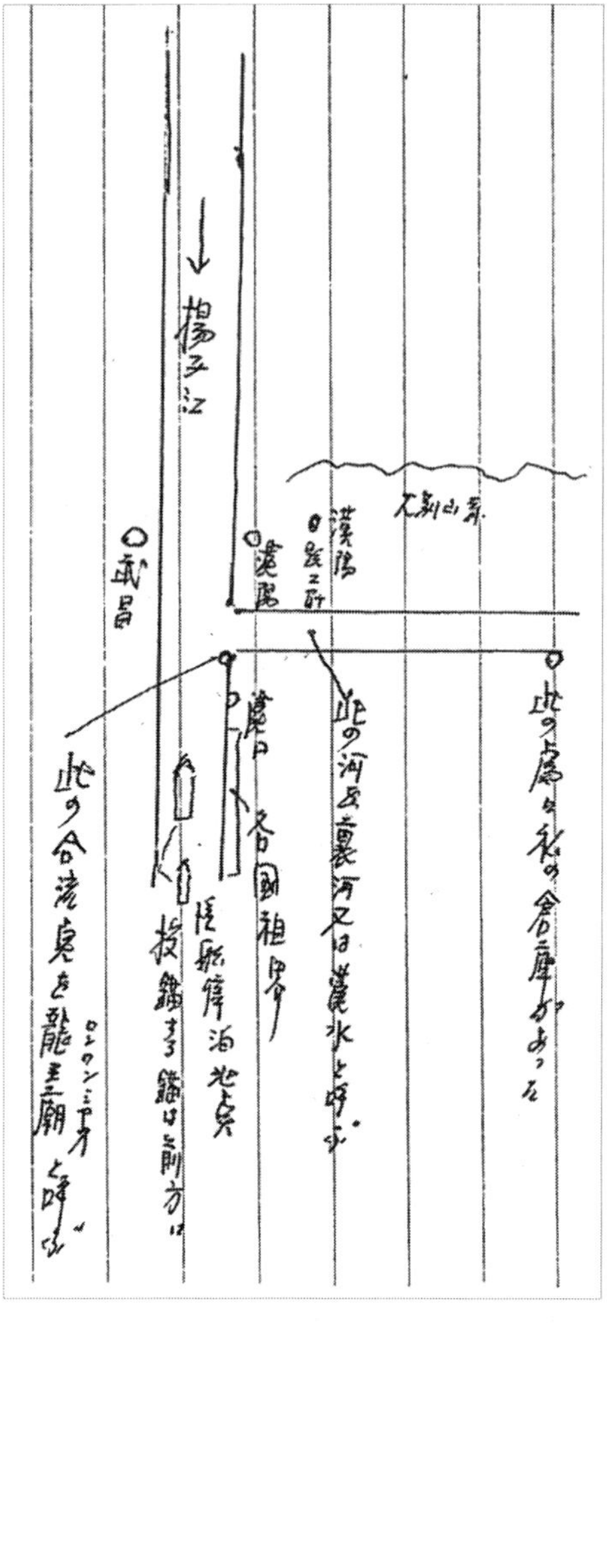

◇黄包車《ホワンパオチュー》

中南支一帯で見かけるが、日本の人力車は輪が高いので車体も高いが、黄包車は一体に高さが低く、また車体が黄色なので「黄包車」と呼ばれていた。

橋口《チャオロウ》一帯には襄河に面した河岸に多種多様の問屋が密集し、貨物船もこの河に停泊し取引が行われていた。

直航船が到着したらこの倉庫より、また倉庫に這入りきれない荷物は取引先の院子《ユアンズ》（庭）に堆積したものを艀に積むのであるが、艀は帆船で、帆と櫓と「拘子《コオズ》」（二メートル余の先端に二股に開いた金具の付いた棒）を巧みに操り本船に横付けする。後積みの艀はこれに隣して横付けして行くのである。

ところが襄河と揚子江の合流点の角が、増水期ともなれば急流渦を巻く難所として有名で、龍王廟《ロンワンミャオ》角の場所で操船を誤りよく転覆するような事態が起こった。

◇算数人《ソァンシュウレン》（ターリーマン）

商品を倉庫に揚げ降ろしする、または倉庫より艀に運搬する場合、長さ三五センチの竹の棒一〇〇本が一組になって這入っている枠の中から、人夫が担ぎ出す袋数に応じてこの棒を渡し、運搬賃は一袋に付き銅貨一銭または二銭を渡す。

出庫するとき倉庫番より艀の船頭へ、入庫するとき艀の船頭より倉庫番へ渡す。

艀より本船に積み込むようなときは、二〇～三〇袋をひとまとめにしてネットに入れウインチで本船に捲き上げるが、この際、艀船頭より本船上の会社側専属のターリーマンに、ウインチで捲き上げる毎に図のような竹の棒（長さ三五センチ、幅二センチ）を渡すのである。

一捲きの数量は二〇袋、三〇袋など双方取り決めをして行う。箱枠の数はちょうど一〇〇に仕切ってあり、一つの艀で二〇袋のネッ

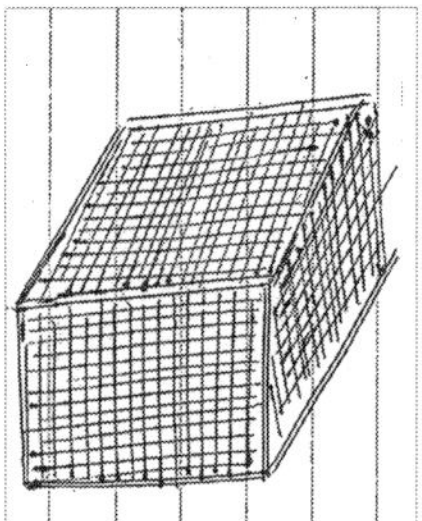

各枠の中には、長さ35センチくらいの平らに削った竹棒が、ちょうど100本這入っている。100本目を積み込んだ人は、100本入りの箱を元の処へ戻すのである。これを繰り返し、最後に双方数を合わせるのである。

トを二十五回捲き上げれば五〇〇袋積み込んだことになる。

上海及び日本でもターリーマンの会社があって、数量について責任を持ってやっている。

◇躉船《トンチュアン》（HULK）について

躉船とは英語でハルクと呼ばれ、二、三〇〇〇トンくらいのエンジンのない倉庫船兼埠頭船である。一〇〇〇トンくらいのものはポンツーンと呼称されるが、中国語ではこれも躉船と称している。

躉船とは、揚子江の増水、減水に即応できるような倉庫船で、各汽船会社所有の倉庫が満杯になるようなときに補助倉庫として使用される。また埠頭などにも使用され、なかなか考えたものである。

河岸通りの自社倉庫前に頑丈な係留索を設け、増減期に従い鎖を長短にし、汽船の係留および貨物の入出庫に便利なように作られている。

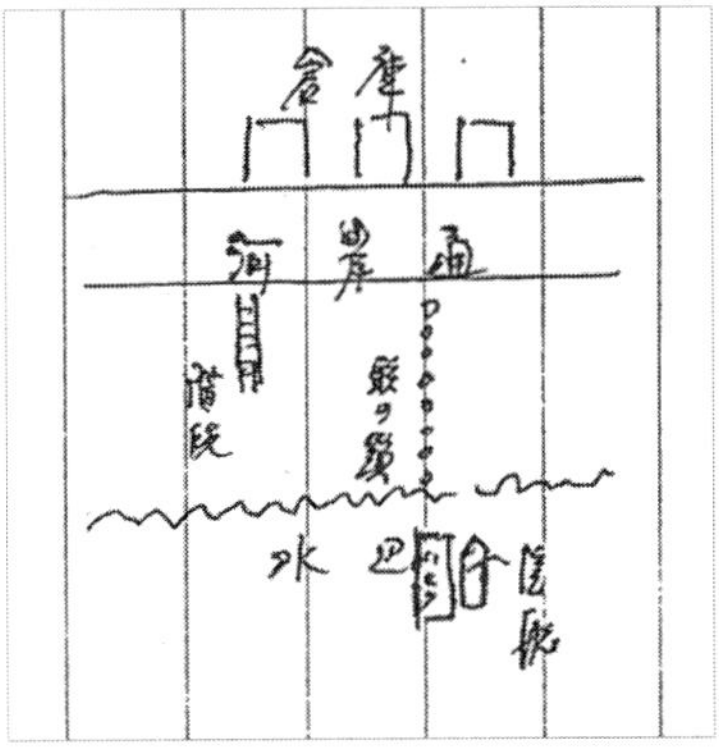

◇商品の仕入れ

漢口での商品は、穀類及び粕類が揚子江の支流襄河に集まってくるのでここから仕入れる。これらの商品は、到着すると問屋より民船の停泊地点および大体の数量を知らせて来るので、麻袋、麻糸、梱包用の縄および台秤を当方雇い入れの艀に荷造り人とともに乗せて現場に行き、商品を見てその中より穀類等は日本でも行われている「サシ」を突っ込んで抜き取り検査を行う。粕類はバラ積みの中より十五枚くらい抜き取り、これを割って爽雑物のある不良商品は買わない。合格商品の受け渡しの際は、当方より持参の台秤で問屋立ち会いの下に看貫（目方を量ること）を行い、自店の艀に移し入庫する。

獣骨は主として京漢線、とくに河南省よりの貨車による到着が多かった。その他民船によるものもあったが、大体一対二宛てくらいの比率であった。

民船とは、大きな船で三〇〇トンくらい、小さな船で三〇トンくらい、帆船で櫓、櫂などで航行する。居住するところは舟の中央部分にあり、この中で家族一同生活しているのである。屋根は竹で長方形に編んで桐油を塗ったもので露、雨を凌ぎ、寝食をする室があった。

這いまわる子供は危険予防のため、帆柱に括りつけられていた。

　これらの肥料粕は、搾油機に蒸した原料を一枚ごとに藁で包むようにして入れ、圧搾機で搾油した粕である。これらの粕は厚さ二センチ、直径一二〇センチくらいの大きさで、これを過秤したものを麻袋に十二、三枚入れて麻糸で口縫いし、革縄で十字に梱包するのである。

　浙江省を中心とした地方は、蘇州碼字《スーチョーマーズ》（蘇州号碼《スーチョウマ》）とする文字で数字を記入する。

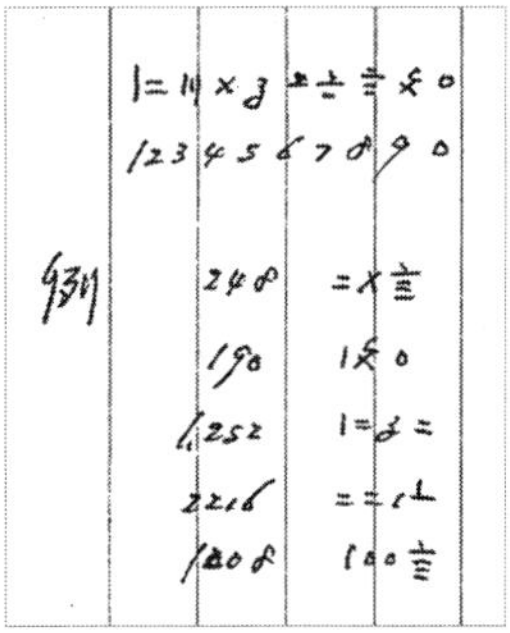

蘇州碼字

◇満州産大豆粕と漢口産大豆との比較

　満州産大豆粕は非常に固く丸型で、直径五〇センチ、厚さ四センチ、重さ三キロもあり、漢口産の大豆粕よりやや小型である。そして満州産大豆は圧縮されて固く、裸のままで船積みされるが、漢口産のものは袋に入れて輸出される。

　満州大豆粕は大連埠頭より船積みされる。船積み人夫は殆ど山東省よりの出稼ぎ人で、この裸の粕を一人で八枚から十数枚を担ぐので、大連埠頭の名物であった。

◇中国の貨幣について

私が中国大陸にいた時には、中国銀行、香港上海銀行、横浜正金銀行、チェースマンハッタン銀行などがあったが、いずれもドル建てで、ドルにも紙幣と銀貨及び両《テール》があり、銀貨は二〇セント、五〇セント。いずれも中国銀行発行の袁世凱大統領の肖像がついていた。銅貨は各省で鋳造したもので、中には真鍮製のものもあって各種各様、また両《テール》とドル、ドルと銅貨も毎日相場も違っていてとてもヤヤコシイ事であった。それらの交換はあちこちにある「銭荘」といった両替屋ででき、その日の相場が掲示されていた。

ドル銀貨には中国の袁世凱大統領の肖像の這入ったもの、メキシカンドル、アメリカンドル、及び日本の明治年間に発行された旧一円銀貨もあり種々雑多であるが、一様に一ドルの値打ちを持っていた。

例えば一ドル銀貨または一ドル紙幣を小銭（銅貨）に替える時は、大体銅貨百三十枚（これを一吊三百銭という）くらいで、毎日これが相場によって高下があった。面白いことは、このような国であるから贋造銀貨や贋造紙幣が出回っていたが、日本ならば大変で、目の色を変えて探索するが、中国ではこれをつかまされた者はいわゆる「没有法子《メイヨーファーズ》」（仕方がない）と諦める。まことにおおらかで、大陸的である。これが銅貨となれば問題がないが（前述の真鍮製のものは、そのまま通用していた）、銀貨及び紙幣などを取り扱う時は、そうはいかない。銀行或いは「銭荘」などで、例えば銀行に預金する或いは引き出す時は、小切手ならば問題ではないが、通貨は真偽を確かめる専門の鑑定人がいた。

新聞紙で二十五ドル宛て二列に並べた五〇ドル包みを、一応秤にかけ計量し、右手に銀貨を持ち、左人差し指にも一枚宛て銀貨を乗せて、右手に持った銀貨で一枚一枚を叩き、その音色によって真偽を鑑定していくのである。

それはまことに神技に近いほどで、これが済んで枚数を数えるのである。紙幣なども贋札が多かったが、紙質が悪いので我々素人でもよく分かった。また贋造銀貨の素人鑑定法として、銀貨の中心点に人差し指と親指をはさみ、強く縁の処を吹いて耳に当てるとキレイな銀の余韻がするので直ぐに分かった。銀行は、はねた贋造紙幣や銀貨をお客様に突き返すのである。

一ドル銀貨を銅貨に替えるようなときは、毎日相場が変わるので、その日の相場で替える。例えば、一ドル銀貨なら銅貨一三〇枚を受けとることになるが、当時の一銭は現在の日本の十円玉の倍半の大きさであった。相当重い物であるが、この銅貨がなければ食事も交通機関であるバス及び人力車（黄包車）、馬車などにも乗れず、だからこれをポケットに入れるとズシリと重く感じられた。銀貨でも、二十ドルくらいを入れると処置なしである。

後年（たしか昭和十五、六年）私は北京に出張した際、この地方は一大インフレーションに襲われ、冀東《チートン》政府は大混乱に陥っていた。黄包車（人力車）の蹴込みに木箱を置いて、この中に一〇銭、五〇銭、一円札が一杯押し込まれていた。賃金なども何千円という。第一次大戦のドイツマルクのように貨幣価値の大暴落になり、大混乱に陥ったことを想起すべきであろう。現在日本のインフレーションが進んでいる現状を、各人はどんなに思っているのか寒心に堪えない。

銅貨一〇枚くらいの車賃が、何百円となるのは想像も出来ないだろう。だから、物を買うのに札束を何万と持っていなければならないのであって、こんなパニック状態を経験した者はザラにいないだろう。インフレの中のスタグフレーションにならないよう政府はしっかり褌を締めてかかる必要がある。

◇揚子江《ヤンツチャン》（別名長江《チャンチャン》とも称す）

私が初めて渡航してまず見た河は揚子江である。名前はしばしば聞いていたが、その実物を見て思わず感嘆したものである。世界の四大河の一つ、揚子江。その揚子江と黄浦江との合流地点は、遙か水平線まで何物も見えず、濁流滔々として黄泥水が渦を巻いている。黄浦江を遡って行くと、突如壮麗なる建物が林立している港に這入って行く。これが揚子江の玄関口、上海である。

この大河揚子江は、冬期減水期と夏期増水期に分かれるが、夏期では一万トン級の巡洋艦、あるいは商船が漢口まで遡江して来る。減水期では四千トン級の船舶が遡航可能である。

印象に残るのは、日本の第三遣外艦隊旗艦出雲《いずも》である。日本とロシアとの日本海海戦で捕獲した軍艦で、各国の旗艦のうちでもっとも旧式艦であったが、常に共同租界にある上海総領事館の裏側に停泊していた（例の上海事変には大活躍したのである）。このほか英、米、伊、仏なども、揚子江における自国権益を守るため、揚子江に艦隊を派遣していた。これらは駆逐艦、巡洋艦を除き減水期は主としていずれも吃水の浅い外洋に出るのは危険なため、揚子江の上流重慶より下流の上海までの間を航行警備に当たっていた。

英国のケント（最新鋭の重巡洋艦）及び伊太利の重巡（英国、伊太利の重巡は何れも一万トン）、日本の出雲など、夏期漢口に集まりなかなかの見ものであった。

日本の遣外艦隊は第三遣外艦隊と称し、前述の出雲を旗艦として、吃水の浅い伏見、宇治、瀬田、堅田など何れも二〇〇〜三〇〇トンの砲艦である。このほか重慶まで航行できる警備艇「小鷹」が五〇トンくらいで、ランチ程度の小艦であるが、これでも「大日本帝国軍艦小鷹」の帽帯をつけ、舷には菊の御紋章をつけ、乗員は六、七名、艇長は少尉、武装も口径二〇センチの機関銃を二門備えていた。これらの艦艇のほか磯風、天津風、時津風、浦風など、常時四隻の駆逐艦が漢口に常置されていた。

日米戦争当初に、アメリカの砲艦ホーネット号が南京停泊中、日本軍の渡洋爆撃機に攻撃されひとたまりもなく撃沈された。このホーネット、私は在漢当時バンドを散策中、よく見かけた懐かしい砲艦だった。一瞬にして沈没したものと思われる。これらの砲艦はどこの海軍でも吃水が浅く、舷側より水面まで手の届くくらいの高さしかない。砲艦は小さくかつ吃水も浅いので、貯炭庫はあっても狭小で、石炭を麻袋に詰めデッキ上に土塁のように両舷に積んでいた。また二〇〇〇トンの「磯風」クラスの駆逐艦が、有事のさい全速力で航行すると、うねりのため大波を受けた中国の民船が転覆するような事件が起こったので、日本海軍も自戒していたが、臨戦態勢のときは高速をだすのもやむを得なかった。

例えば琵琶湖で鏡のような水面を、三〇、四〇ノットのような速力を出したら大きな民船はひとたまりもなく転覆することは間違いない。

ここで各国間における海軍儀礼を記述しておこう。

港に新たに来港した軍艦が、以前より停泊している外国艦を訪れる際は、艦載艇をおろしてその艦の艦長が挨拶に行くが、この時の服装は礼装で仁丹帽子をかぶり、艦載艇の三角の長流旗をなびかせて行く。そしてこれに対して、以前より停泊している艦より答礼のため新着艦を訪れるのである。

また港を離れて行く際、または着港したさい、互いにすれ違うときは必ず双方は後尾に掲揚している軍艦旗を半分下げ、直ちに元通り上まで挙げることが儀礼となっている。また旗艦などに軍楽隊が乗艦している場合は、必ず相手国の国歌がすれ違うときに吹奏されまことに勇壮なるものである。

上海より漢口に行く途中で特に面白く感じたのは、普通の汽船のほか舷の両サイドや前後を航行している汽船である。これらはエンジンで、後部にあるスクリューの代わりに大きな水車を回して航行するもので、一般スクリュー船との速度もあまり変わらぬ程度であった。アメリカ西部劇によく出てくる開拓時代の船だが、初めて実物を見て非常に珍しかった。これを外輪船という。

これらの外輪船をもっていた汽船会社は英、米、中の会社の所有船が多く、日清汽船は持っていなかった。

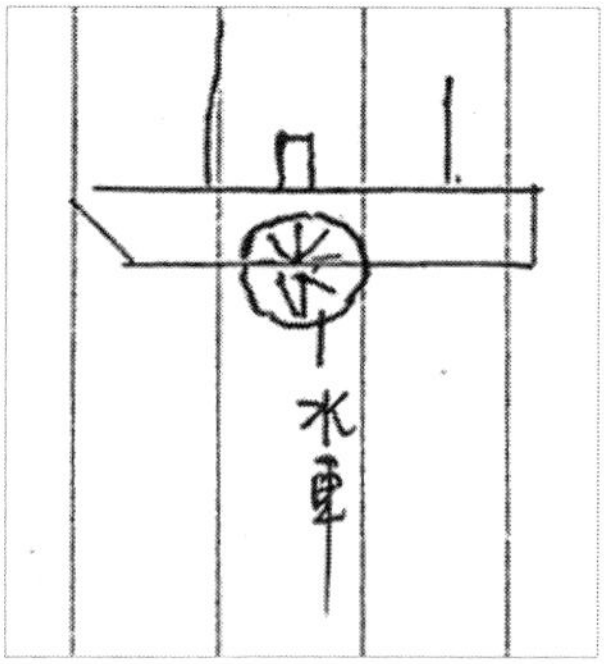

◇租界について

租界とは何か？　清朝時代に英国との間に起きたあの有名な阿片戦争、三国干渉などにより、当時の中国は各国により侵食されていた。当時租界を有していたのは、日、英、米、ポルトガル、露、独、伊、仏などで、上海、漢口、天津、厦門などにあった。上海では仏を除いた各国租界が合併していた。仏だけが単独でフランス租界を、他は共同租界として合併して在留民の保護、自国権益の保護に当たっていた。だから警察、税関なども各国人で形成されていた。また租界の租借権も九十九年の期限であり、各国領事館の設置、各国海軍の常時碇泊などの権利を有し、例えば中国人の一般犯罪人あるいは政治犯人が租界に逃げ込んだ時でも、中国警察は租界内では逮捕出来ない。いわゆる「治外法権」地帯である。

昭和四年ごろの共同租界では、パブリックガーデン（当時の流行歌に出て来る、ガーデンブリッジがかかっている公園）で英国兵やスコットランドの鼓笛隊がいつも練習していたが、この公園の入り口には「犬と中国人は入園する事を禁ず」という立て札があった。これには中国人も極度に憤慨していたが、当時の中国ではどうすることも出来ないのであった。

当時、漢口の租界は図の通りであった。

当時日本租界には約二五〇〇人の居留民がおり、そして租界の外に旧日本陸軍派遣隊跡があり、これも日本租界の一部として存在していた。ここで春秋に運動会、野球、テニスなどが行われていた（日本公園と称し、租界より十五分くらいの距離であった）。

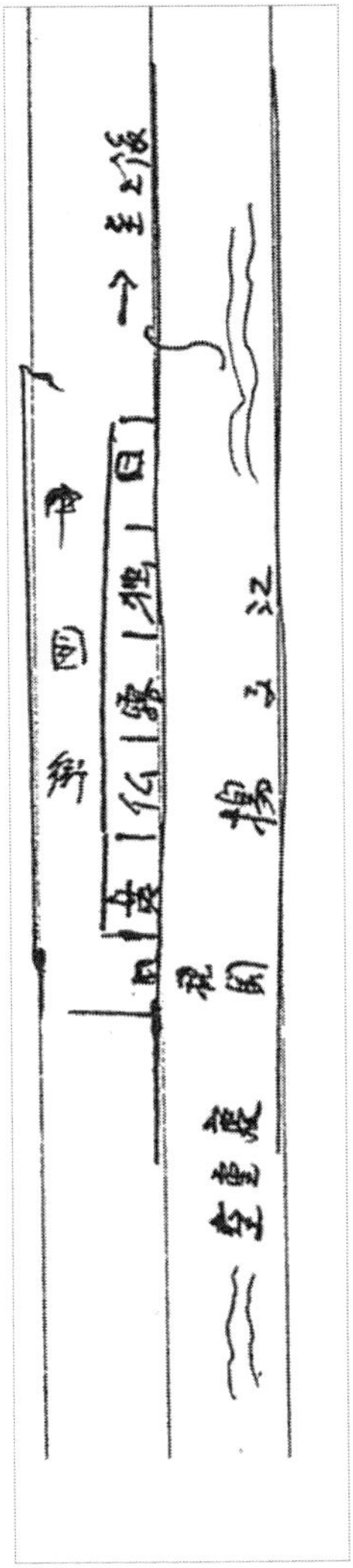

また日本租界にはいざという時に備え、一般より募集した義勇兵約一〇〇名が日頃より武装し、制服も定めたものを着用し訓練していた。日本租界に何か起きた場合は、海軍陸戦隊と協同で事に当たっていた。また一般人でも猟銃および拳銃、日本刀の所持者もこれに加わるのである。

さて、上海二日滞在後、いよいよ目指す漢口に行くのである。当時揚子江を航行している汽船会社は、中国の招商局、英国の太古、青筒、怡和、それに日本の日清汽船があり、同会社の所属船は船名に「陽」の字がつく鳳陽丸、襄陽丸など地名をとった船と、「大」の字がつく大吉丸、大福丸、大亨丸など縁起のよい字をとった船があり、十二隻くらい所有していた。このうち「陽」型船が優秀でトン数もやや大きかった。いずれも吃水の浅い四、五千トンであり、漢口～上海間を往復していた。漢口より上流の宣昌、万県、重慶などまでは、小型汽船で互いに貨客の争奪戦を行っていた。

揚子江を航行する汽船の乗り心地は非常に快適で、海のような波は全くなく静かなもので、鏡の上を行くが如くで食事も三食とも美味だった。乗客は殆ど中国人で日本人は数えるほどしか乗っていなかった。

当時の旅客運賃は「官船」（一等）で確か七ドルくらいだったと思う。

旅行客は何もすることがないから賭博、阿片の吸飲、麻雀など、公然として行われていた。特に麻雀では一ドル銀貨や紙幣など、現金を各人の前に置いて勝敗を決めていた。

この間、船は南京、無錫、蕪湖、九江、漢口へと向かうのであるが、停船毎に物売りの声がやかましい。私は特に珍しいと思ったのは九江の蛍焼の陶器類で、その後帰国の都度、日本への土産物として持ち帰り大変喜ばれたものである。蛍焼とは茶碗や湯呑みや壷などにすかした模様が入った焼き物である。また九江は避暑地としても有名である。

再び船上から両岸を眺めてみよう。両岸の風景は南画そっくりで、水牛で畑を耕作し、楊柳の下、幼童が水牛に乗って放牧しているのんびりしたのどかな風景。南画を見ているような錯覚を起こしてくる。

ここで再び揚子江について語ってみよう。世界四番目の大河揚子江、その源は遠く嘉陵江（雲南省）を発し浙江省の上海に至る。その水は黄濁水で、漢口での対岸との距離は増水期で四五〇〇メートル、減水期で三五〇〇メートル。両側岸の流れはゆるやかな逆流だが、中央は急流となっている。その最下流の上海は浦江との合流点にあり、満々たる水流で対岸は見えずまったく海のようである。

この揚子江も、ひとたび洪水に襲われると大変なことになる。私の経験したのは昭和八年

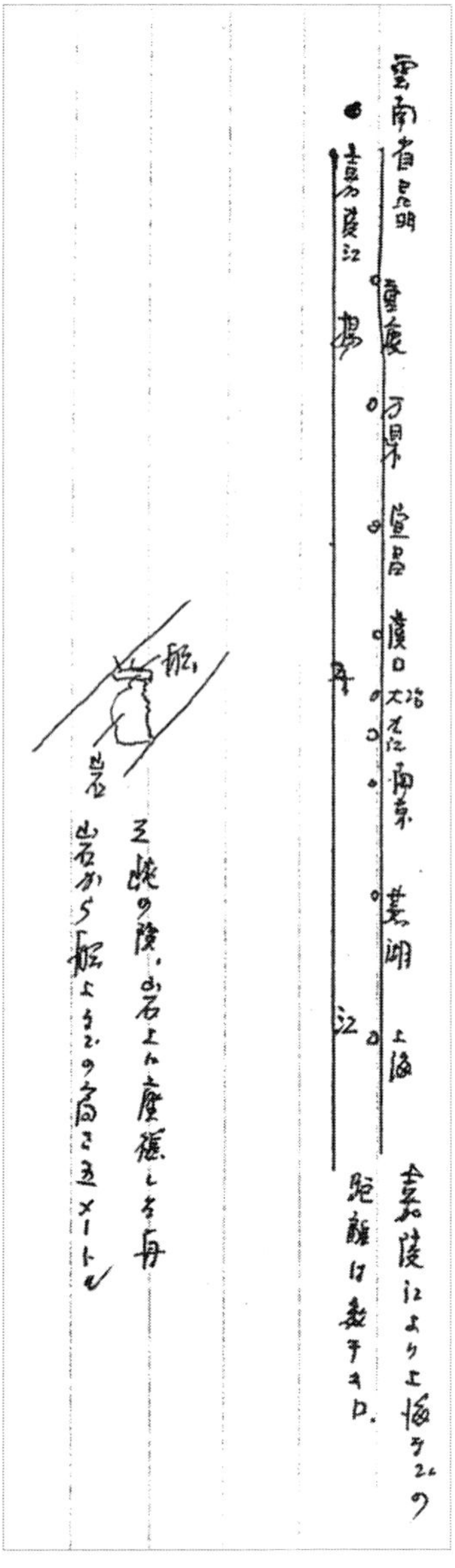

の大洪水で、減水に至る間一ヶ月も街全体が浸水し、交通はサンパンによる以外、要所要所に板で通路を作り交通路としていた。

既述のとおり漢口より上流、宜昌、万県、重慶に至る間、航行できる艦船は四〇〇トン以下のものである。私は漢口より上流には行かなかったが、漢口の次の港、宜昌には三峡（瞿塘峡、巫峡、西陵峡）の険と称される難所があり、奇岩が処どころにあり急流渦を巻く個所が何ヶ所もあるとのことである。減水期に座礁した船や大きな汽船などは、増水期まで動きが取れず、越年して翌年の増水期まで待たねばならないとのことである。

◇飲料水の問題

租界および一般中国街の飲料水は、もちろん浄水道が設備されているが、水上生活者がいる民船、艀、サンパンその他、水上飲食販売の小船などの飲料水は、この黄褐色の濁水をいかにして飲んでいるのか？　これにはまず図の如く直径二センチ、長さ一メートルくらいの竹筒を、底部の節はそのままにして他の節を取り、先端の節に穴をあけるのである。そして明礬《ミョウバン》を入れて、水の這入った桶またはドラム缶の中で、その竹筒をグルグルと適当にかき回すと、黄褐色の水泥が底に沈むから、その上澄みの水を抜いてこれを使用するのである。沈んでいる泥水は約三分の一ほどである。

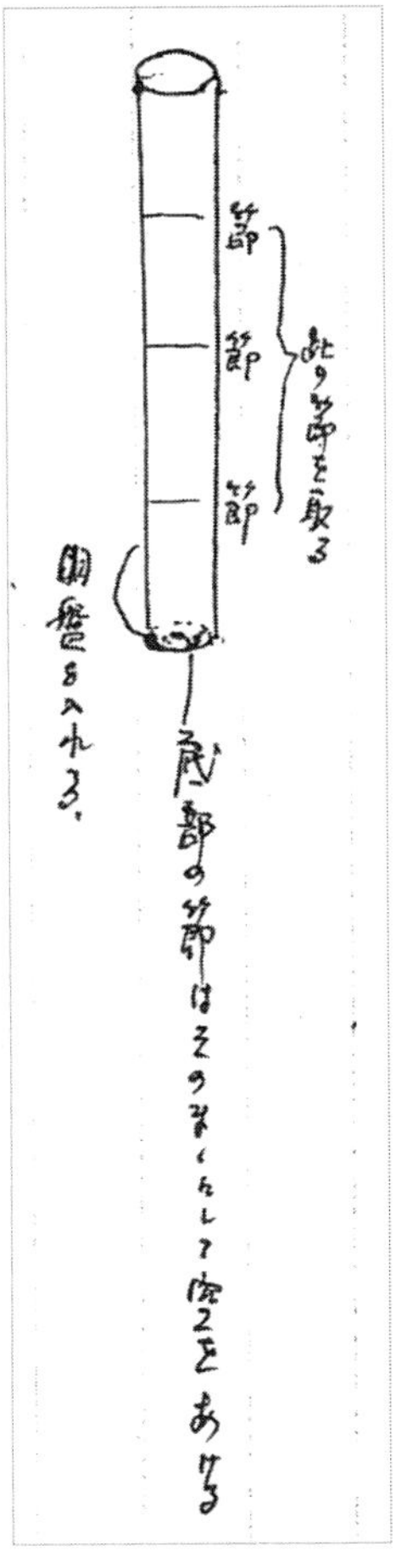

私は前述の貿易商に勤めていたが、仕事は税関の通関、商品荷造りの監督と受け渡し、人夫および艀の手配、本船の積み込み監督などの業務であった。積み込み終了までいなければならなかった。汽船のウインチによって艀上の貨物を一網二〇袋宛て巻き揚げ、汽船のハッチ内に降ろすのだが、漢口の暑さは世界でも有数の暑いところで、冬は一〇～二〇度、夏期は四五度～五〇度以上で想像に絶する猛暑である。この暑さにハッチ内は五〇度以上あり、そのなかの中国人の労務者は全裸でホントの振りチンで働いていた。そしてこの暑さに、始終ウインチマンに濁水をバケツで舷側から汲み上げてハッチ内に下げて貰い、そのままがぶがぶ飲むのである。

◇重慶について

揚子江の最上流にある重慶は、四川省の省都である。重慶は日中事変で蒋介石が徹底抗戦を唱えたところで、日本軍の渡洋爆撃が繰り返された処である。ここは河岸より直ちに山が迫り、まことに攻めがたいところである。

そして天候も一年の半分は曇り日である。昔から「蜀犬日に吠ゆ」というとおり、犬は太陽が出たら、これに吠えるほど曇り日が多いことを物語っている。

（注＝四川省は昔蜀の国に属していたのである）

◇揚子江の筏と石炭船

悠々たる流水に筏が流れてゆく。筏とはいうが、とても木曽川などを下るチャチな筏ではない。まるで小島が流れてゆくような光景で、乗組員は十数名。屋根掛けをした小屋、そして野菜畑。その前や後ろに数十羽の家鴨が羊飼いのように群をなして泳いでゆく。そしてこれらは夕方ともなれば、筏から小舟で筏上に追い上げられるのである。

それから、湖南省からやって来る一〇〇トンくらいの石炭船は、粗挽きの板を巧く曲げて簡単な船を造り、漢口に到着するや石炭を売り、船はバラして板材として材木商に売ってまた帰ってゆく。往復とも金を儲けて帰るのである。

◇漢口の雑録あれこれ

漢口地方は昔から武漢三鎮と称されていた。武昌、漢陽、漢口の三都市のことを言う。そして漢口は古来より九省の会と言われて、九省（雲南、四川、湖南、湖北、河北、山西、安徽、江西ほか各地にまたがる地）などの産物、すなわち米、小麦、粟、胡麻、綿実、綿花、菜種、アンチモニー、水銀、牛皮、牛骨類、桐油、菜種油、石炭、木材、あらゆる油粕、鶏卵、鉄鋼など物資の集散地である。

武昌は辛亥革命の発祥の地で、この革命は有名な孫文が旗揚げしたが、結局失敗に帰し一時日本に亡命していた。

これがきっかけとなって、後に蒋介石らがこの地より北伐することとなるのである。

孫文の有名な文「革命尚未成功同志仍須努力」の文句が、革命軍の標語となって至るところに貼り付けたり、役所の門に垂れ幕となって必ず掲げ

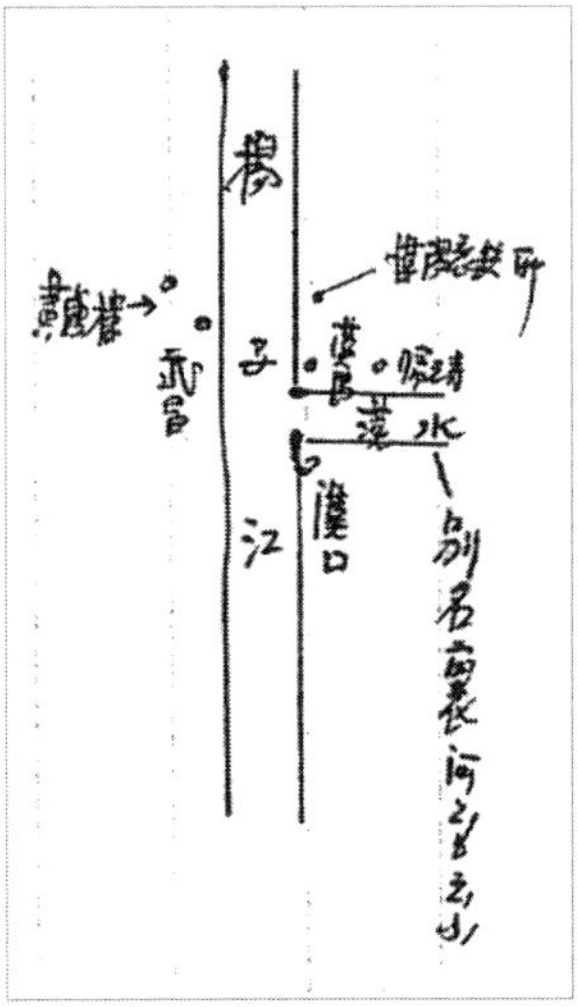

られていた。

なお武昌には山の中腹に黄鶴楼という有名な建物があり、茶をすすりながら洋々たる揚子江の眺めを見て、なるほど中国人は悠揚迫らぬ人種であることを痛感した。

漢陽には有名な大冶の製鉄所と並び称せられている漢陽製鉄所があった。名所としては、製鉄所に近いところに帰元寺《クイユァンス》という寺があり、この寺の池には無数の亀が棲息しているので有名である。

湖北省一帯の暑さは既述のとおりであるが、中国人に言わせれば湖南省、湖北省と称するごとく、有名な洞庭湖、鄱陽湖など大小の湖が非常に多く、暑いのはその水が黄変し、蒸し風呂のように昼間の余熱が冷めず、夜もさほど温度がさめないからだと言う。ただ上海などは漢口ほどではないが潮風が吹くので相当凌ぎよい。

漢口の英租界にはターバンを巻いたインド人の補助巡補が、フランス租界には竹製の陣笠をかぶった安南《ベトナム》人の補助巡補がいたが、いずれも自国より大変暑いと語っていたものである。この暑さは雀でも屋根から転落する程だと、初めて日本からきたものは誇張して言っていた。

私は中国街にある「橋口」にある店の倉庫に毎朝早く出掛けたが、その倉庫には李老三（李の三番目の息子という意味で、長男は老大《ローター》、次男は老二《ローアー》と呼ぶ。名を呼ぶよりこの方が早く通ずる）夫婦が住んでいた。私はこの李老三を伴って荷受けのため襄河の民船を見に行くのであるが、中国人は暑さを避けるため日傘を日中さしているが、この傘は特産物である桐油を塗って防水してあるため、南京虫が傘を畳んである折り目の間に潜んでいる。外出の際これを開くと、二〇匹くらいの南京虫が一分間くらいで熱気のため死ぬのを毎日のように見た。

では、私ら外国人はいかにしてこの暑気を防いでいたか？

暑さよけのため、半袖の麻製シャツ、ズボンは半ズボンでカーキー地または綿製の半ズボン、膝から下は綿製の靴下を履き、膝のところで折り返し外に向け飾りリボンを装着した。そして帽子は英国製（コルク製）の厚さ二・五センチくらいの防暑用ヘルメットを被っていた。まるで熱帯の探検家のようだ。それで黒色の眼鏡を掛けたものだ。これをかけぬとても太陽の光は防げなかった。

家屋のほうも、二枚の鎧戸でいずれも外からの熱を防ぐ防暑窓で、風通しもよくなっている。ちょうど西洋便所のように、外からは見えないが内側から外側が見える方式のものである。これらの設備のあるのは、いずれも洋式建築である。

このような暑さのため、銀行、会社は昼寝のため十二時から三時頃まで閉店していた。

漢口には各国の租界があり、江岸通りには大きな建築物が建ち並び、銀行、貿易商社及び船会社が集中していた。

夏期は右のように非常に暑さが強かったが冬期はあまり寒くはなく、せいぜい十五度くらいで、私が滞漢十年のうち揚子江の支流襄河に一度薄い氷が張っただけであった。

◇漢口あれこれ

◎ゴルフ場

漢口には外人専用のゴルフ場が郊外にあったが、いずれも日本人、外国人専用のもので、中国人は加入できなかった。当時のゴルフはニッカポッカーという特殊なズボンを着用、現在のようなフリーなズボンを履くことは許されなかった。当時は現在のように会員制度であったが会費が高く、普通のサラリーマンではちょっと手が出し難く、会員は高給取りの人たちばかりであった。

◎競馬

郊外に中国人競馬場と外人競馬場の二個所があり、馬券は誰でも自由に買えた。私も競馬は大好きでよく行ったものである。馬券はウイン（単勝式）とプレス（複勝式）の二種類である。

馬券はウイン一枚で三ドル、プレス一枚で一ドル。ウインは一着だけ、プレスは一着から三着まで賞金の配当があった。中国人は金のある者は一人で馬券を買うが、金のない者は一枚の馬券を三、四人で合同して買うのである。当選した場合には配当金は割り算が面倒なので、地面に一銭銅貨を並べて算用して分け合っている風景が見られ、まことにホホエマシイ情景であった。

◎電気及び水道

電気及び水道は中国側で経営していた。水洗式便所は租界では設備されていたが、中国側では大きな建物以外ではその設備はなかった。

◎燃料

上海地方を除きガスの設備は全くなく、無煙炭が豊富なため、これを細かく砕いて若干土を入れて手でやや扁平な炭団《たどん》をつくり、これを板の上に乗せ太陽の熱で乾燥させる。炉は高さ一二〇センチ、幅三〇センチくらいの四角な枠を作り、底から上部まで約三〇センチくらいまで泥を塗る。そして底に細い鉄棒七、八本を渡して乾燥させ炉をつくるのであり、これらは殆どが自家手製で日本などの焜炉はない。これに右記の炭団を投げ入れ、四六時中湯沸かし器を掛け、料理するさいは料理用の鍋と取り替え料理を作るのである。湯はどうしてこのように常時沸かすのか。これは、湯をとってウイスキーなどの空き瓶に詰めて冷蔵庫に入れ、氷水と称していつも冷水を飲むためである。

◎大司夫《タースーフ》と阿媽《アマ》

料理人のことを大司夫という。普通、一般商店、中流家庭、官庁、外国人のところではこれら専門の大司夫を雇い食事の用意をさせていた。当時大司夫に支払う賃銀は月給十ドルくらいだったと思う。

「阿媽」とは日本人及び外国人が使用する女中のことで、十四、五才より六十才くらいの年齢であり、給料も四、五ドルから七、八ドルが普通であった。

当時の中国女性の足は纏足と称し、生後一才くらいから指先を固く包んで、身体が大きくなっても指先は圧縮され、指先の幅は一〇センチくらいで固まってしまう。そのため形は三角型になり、この足で歩けばとても走ることは難しい。この慣習は昔からのもので、中国では古来から結婚は男の方が女の方へ金を出して買うのであるから、貧乏人ではなかなか買えない。そんな状態だからせっかく買った女にもし逃げられたら大変だから、逃げられないように纏足するのだという。また柳腰を楚々として蓮歩するさまを美人として男は好み、男の願望として顔はもちろん、足は小さいほどよいとされている。

それから耳輪を通す穴も、小さいときに穴を通してしまうのが風習である。現在日本や欧米でも耳飾りを付けているが、これはネジで耳を締めているだけだが、中国人はそのようなことはなく、幼時からホントに耳に穴を通しているのである。

だが、中共になってこの風習も廃止されたと思う。しかし今でも六十才以上の老婦人に纏足を見ることが出来ると思う。

纏足と言えば、思いだすことがある。私の勤めていた児玉貿易商行の漢口支店長夫妻が、郷里の鹿児島に帰国した。その際二人の子供がいるため、使用している「阿媽」を連れて帰国したが、中国婦人は纏足はおろか身体も絶対見せることはなく、見せる事は恥としていた。しかし日本に行けば銭湯しかなく、どうしても足は見せなくてはならない。日本人はこの中国人の足を見てアッと驚いたとのことである。

中国婦人は自分の履く布鞋《プーシェ》はもちろん自分の主人の履く布鞋も手縫いで作る。女の履く布鞋は花柄模様を刺繍したりして大変美しい。

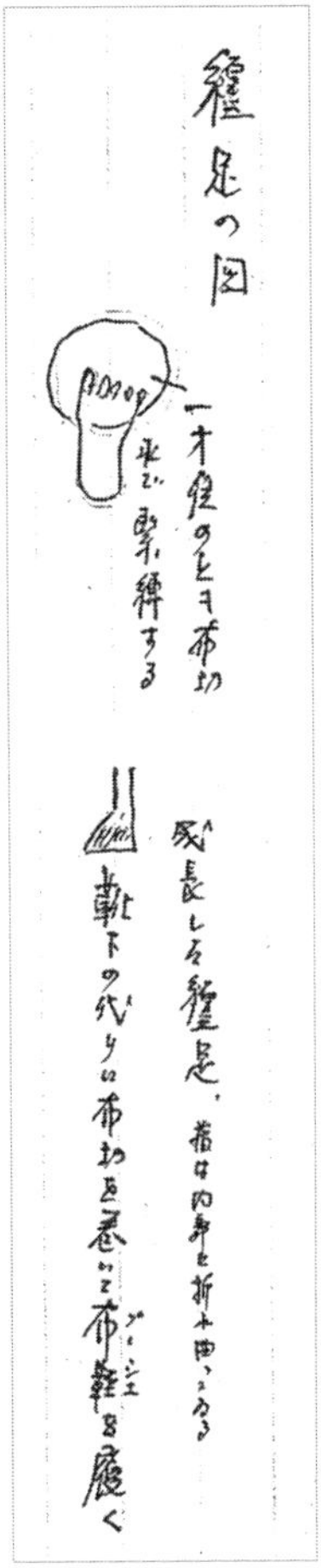

◎茶館

中国人ほど茶を好む国民は世界でも稀であると思う。日本人以上である。茶館とはその名の通り茶を飲むだけの店であり、一種の社交場であり、貧富、老若男女の差はなく、茶は烏龍茶、広東、台湾茶が多く、日本茶とは全然違いホントにおいしい。一杯が銅貨二銭で、蓋付きの大きな茶碗で飲むときは蓋をちょっとずらしてその隙間から啜って飲むのである。その間熱湯を入れたブリキ製の薬罐を持ったボーイが、茶の減った茶碗に注いで回る。茶館に来る者は商談をする商人、警官、軍人、工人、雲雀の入った大きな籠をもってその音色を賞し自慢する閑な老人など、まことに多種多様な人が集まり茶を啜っている。一杯二銭の銅貨で何時間でも腰を据えて茶を啜る人たちは、誠に悠長なるかな中国人と言いたい。

しかし、この茶館は中支より南で、北方および満州では殆ど見かけなかった。

◇種子取り専用の西瓜

中国人ほど瓜子児《グワズル》（西瓜の種子）や南瓜子児《ナングワズル》（南瓜の種子）を好む人種はほかにはそんなにいないだろう。料理屋に行ってもいつもこれらが前菜（突き出し）として、あるいは普通道を歩いたり茶をすすりながら噛っている。

ちょうどアメリカ人が始終チューインガムを咬んでいるのと同様である。面白いことは、北方地方（河北省）では小玉の西瓜を種子取り用として専門に栽培、味は殆ど甘くないが、栽培農家は道行く旅行者に無償でこれを提供しているところがある。旅行者は、味はまずいが水分があるので喜んで只の西瓜にありつく。その代わりこの代償として、竹で編んだ大きな平籠に種子を吐き捨てるのを義務づけられる。農家は集まったこれらの種子を水で綺麗に洗い、若干の塩を加えて太陽に晒したあと煎るのである。中国では、この種を舌を使って縦にして歯で二つに割り、舌で中の実を取り出せるようになると一人前である。

◇中国人の食生活

中国のような広大な地域での食生活は、どんなものであるか。私は明治三十九年より昭和二十年まで奉天省の安東、山東省の青島、張店、済南、河北省の天津、北京、湖北省の漢口、九江、浙江省の上海、蘇州、旧満州の大連、旅順、湯崗子、本渓湖、奉天、哈爾浜《ハルビン》、吉林、敦化《ドゥンファ》、間島、東寧、牡丹江、綏芬河《スイフェンホー》、佳木斯《チャムス》、勃利、依蘭、富錦、斉斉哈爾《チチハル》、満州里、孫呉、黒河、昂々渓、錦州、承徳、古北口、海拉爾《ハイラル》、内蒙古などに足跡を残している。

満州地帯は包米（唐黍）、粟、高粱などを釜で煮て常食としている。高粱《カオリヤン》は軍歌「橘中佐」の初めの文句で出る。

「遼陽城頭夜は更けて　中なる塹壕声絶へて　霧たちこむる高粱に　眠覚勝なる敵兵の　夢轟かす秋の風……」

高粱は炊くと小豆色になる。中上流ではこのほか小麦粉を練って小判型の饅頭《マントウ》と称して食するが、この饅頭は殆ど全国的に食べている。この饅頭は味は付けず、フクラシ粉と小麦粉を入れて練ったものをせいろうで蒸したものである。

なおこのほか、煎餅と称するものを食べる。小麦粉を水で溶いて、大きな広い鍋に油を塗って焼き薄い煎餅を作り、或る程度千切って葱に味噌などをつけて巻いて食する。

このほか山東、山西省では、粟を粉にして同じく蒸して、底部を狐色に焼いたものが主食となっている。これも焼き餅の一種であるが、饅頭ほどにおいしくない。

中国で料理の味付けの仕方は旧満州、北京、上海、広東と大別される。何れも独特の味を出しているが、我々日本人には北京料理が最たるものと思う。上海、広東料理はしつこいように思われる。広東料理はとくに蛇などを用い、気味は悪いが味は大変結構である。

日本における中華料理とは、日本製中華料理で、似ても似つかぬもので、これを中華料理とはおこがましい。

中華料理は個人でも家族連れでも同様の値段で食べさせるが、特に一卓を取る場合、燕席《イエンシー》にするか魚翅席《ユーチーシー》にするかなどによって決まる。燕席とは岩の絶壁に棲んでいる岩燕の巣をとってこれを料理したものである（スープ。ところてんに似た色だが、ゼリー状になって大変旨い）。

魚翅《ユーチー》（鱶《フカ》のひれ）料理は、日本からも盛んに輸出されている鱶のひれを料理したもので、これをそのままの形でドロドロになるくらいに炊き、酢、砂糖、醤油などで味付けしたもので、サジでこれをバラバラに突き崩すとちょうど糸そうめんのように細くなる。

燕席と魚翅席とは、料理にこれらが出るか出ないかによって決まる。値段（一卓）はもちろん燕席の方が高い。

私が上海、北京に滞在中、特に天下一品と思われる「烤鴨子《カオヤーズ》」と称する料理は、字のとおり家鴨を一羽まるごと油いためしたものを薄く刺身風に切って、これを独特の甘辛い味噌と葱を共に、煎餅《チエンピン》と称する小麦粉を薄く丸型に焼いたもので包み込み食べるのである。この烤鴨子の出るときは、料理人が家鴨を客席に持ち込み、「これからこれを料理いたします」と宴席の人に披露するのである。烤鴨子用の家鴨はどこにでもあるが、特に北京及び周辺のものが最高とされており、〇〇産及び屋号がついているので、客はそれで満足し「好好」と賞讃する。

とくにこの料理が出るときは、家鴨の頭を真っ二つに割り、その宴席に出ている主賓の最長老の前に置き、最長老者はその脳みそを賞味するのが礼となっている。このほか上海付近で取れるドジョウによく似た「鱔魚《シャンユイ》」という魚は、みたところ全身に赤、黄、黒など錦蛇のような紋様があって一見気味が悪いが、油炒めしたその味はホントに美味しい。この料理店では店頭の大きな盥のなかに、二〇〇尾くらいの鱔魚がザワザワしている。全身は前述のように甚だ毒々しいが、これを注文すると鋏で器用に頭と腹を割き、骨を取って油で炒めて料理する。

この魚を売る店はいわゆる大衆食堂であり、一流店では料理しなかったようで、漢口では見られなかった。また南京に近い蕪湖は蟹の名産地で、有名である。

漢口でとれる「桂魚《クイユイ》」は、これまた美味である。薄い切身にあんかけをした羹《あつもの》である。私は中国街に行った時よく食べたものである。

中国では料理店で金を支払う際、釣り銭があったとき、あるいは釣り銭がないときには、幾ばくかの金を「酒銭」（チップ）として与えることがある。その場合は、料理用の鉄鍋と鉄の杓子をカンカンと鳴らし、大きな声で「お客様より酒銭として〇〇銭頂きましたよ」と大きな声で従業員に知らせるので、従業員はこれに応じ「謝阿《シェア》」（有難うございます）と大きな声で返事が戻ってくる。

これらの酒銭は新年の春節、五月の端午節の二回、店のすみに立てかけてある大きな竹筒

（長さ一・五メートルくらい）に放り込まれた金を全部あけて、全従業員で分配するのである。

なお、酒銭については右のほか、郵便配達人、電報配達人、市街の掃除人たちが前日にやって来て堂々と酒銭を請求してくるので、一ドルか二ドルくらい与えていた。

中南北中国及び旧満州などでは、春節、端午節の当日は、どこの家でも餃子《チャオズ》（日本ではギョーザと言っているが、これは日本製中国語である）、別に水餃子（スープの中に餃子をいれたもの）、三鮮餃子（海老、蟹、豚などを入れたもの）などがある。これらの餃子は料理店でいつでも売っていた。

中国通の人が、中国人は絶対生身の魚は食べないとよく言っているが、それは嘘である。七月頃であったが、問屋で昼食をご馳走になったが、その時約三センチくらいの河海老と冷奴が出された。海老は生きたまま大きな皿に盛られていたが、ピンピン跳ねていた。これを胡麻油と塩その他香辛料を振りかけ、頭及び胴体の皮をむき食べるのである。そして冷奴の豆腐も同様の香辛料を振りかけ食べるのであるが、豆腐は絹ごしで全く好い味であった。

中国の下層階級が一杯やる時は、蒜、胡瓜、葱などと落花生で呑むのである。落花生を除き他の野菜には味噌をつけて食べる。

また、錦州地方は落花生の生産地で、これの塩漬けと、黄瓜の先にまだ花のついている熟さないものを塩漬けして、名物として売っていた。

私は昭和十六年公用で内蒙古に出張した際、その蒙古部落では中央官庁から官吏がやって来たというので大歓迎を受けたが、これら蒙古人の主食は羊肉である。彼らは放牧のほか一部畑を開墾し粟を生産しているが、粟はなかなか貴重品である。この粟をそのまま焼いて、これに羊乳がチーズになる一歩手前の羊乳をぶっかけ食べさせられたが、焼き粟は口がほおばり、羊乳も臭い匂いで半分以上はとうてい食べられなかった。だが、蒙古人はこれを大きな茶碗で三杯も四杯も平気で食べていた。酒も羊乳で造るがその香りは一種異様で、とても飲む気持ちにならない。

蒙古人はすべて羊肉を食べるときは蒙古刀(長さ二二センチ)を各自所有して、焼いた羊肉を適当の大きさに切って食べる。この蒙古刀は柄と鞘には美しい真鍮やその他の金属を象眼して、その鞘には赤や紫などの飾り房がついている。また柄口より下方に長さ二〇センチほどの骨製の箸が差し込まれるようになっていた。

蒙古人は常時野菜などを採らぬから(田畑を耕作していない)、これを補うため「磚茶《ジュアンチャ》」と称する煉瓦状に固めた茶を砕いて、チュウインガムのように永く口中で咬んでいる。この磚茶は主として広東から移入されてくる。

◇住居について

旧満州では冬期厳寒を過ごさねばならないので、家屋の暖をとるため泥煉瓦づくりを行う。地面より一メートル二〇センチくらいの高さに各室とも泥と煉瓦で「炕《カン》」（朝鮮ではオンドルと言っていた）を作り、平面に泥を塗り、そして乾燥させ、その上に高粱の皮を剥いでその皮で編み上げたアンペラと称するものを敷くのである。敦化地方では朝鮮に近いのでその影響を受け、アンペラの代わりに油紙を全面に敷き詰める。この朝鮮式の炕の方が清潔で気持ちがよい。

そして炕は、家の入り口に大きな鍋が二個かけるだけの大きな竈を築き、これに鍋をかけ煮炊き一切を行うのである（もちろん新築された家は炕全体が乾くまで二つの鍋をかけ、炕が乾燥するのを待って炊事が出来るのである）。

炕から出る煙は、各室を這うようにして家の後方にある煙突を出る仕組みとなっている。だから炕の焚き口のところは冬でも布団はいらないくらいの暑さである。一日三回の煮炊きでこれくらい暖まるのは、人間の知恵である。またハルピンにいたり、私自身捕虜としてシベリアに送られたので、ロシア式暖房である「ペーチカ」の事はよく知っていた。

「ペーチカ」とは一個所の焚き口で、薪あるいは石炭の熱が各室の壁面を這って暖をとる仕組みになっている。ハルピンは白系ロシア人が多数おって、私の友人も白系ロシア人から間借りしていたから「ペーチカ」の経験はもっていた。ハルピンでは石炭が主だったが、シベリアでは薪も使われていた。

壁を伝わって行く暖かさは、適度の温度で快適であった。

炊事用の鍋は副食を作る毎に一回一回鍋洗いをして、鍋底に溜まった水は高粱や粟殻で作った小さな手箒でかき回し、乾瓢を二つに割って中の実を出し乾燥させ、これを杓子として鍋の汚水をかき出し、底部の残水は手箒に残水を含ませ地面に振り切る。五、六回で底部の水を全部出し切り、つぎの料理にかかるのである。

この鍋の水洗いは満州、北支、中支とも同様である。

揚子江一帯の家屋を見ると、下層階級のものはバラック式が多いため雑然たる建て方だが、それでも木造瓦葺きの屋根である。中流以上になると庭園を造り、塀をめぐらし、家屋も堂々たる物が多い。だが一般的に見て暑気をしのぐような建て方である。

つぎに蒙古地方の「包《パオ》」について述べてみよう。

「包」とは、羊毛でつくったフェルト製の天幕のことである。そして床面もまたフェルトを一面に敷き詰め、出入り口もフェルト製の垂れ幕があり、この垂れ幕から出入りすることになっている。

「包」内部には採暖用の小さいストーブがあり、服装も冬期は頭の上から下まで羊毛製であるから、エスキモー同様全く毛皮だらけの生活である。

なお、蒙古人は牛糞を貴重品としている。これは牛糞を乾燥させ燃料とするほか、蒙古人の一部は放牧生活をせず畑を耕作し、包《パオ》に住まず家屋生活をしているので、農家では家の修築用としてこの乾燥牛糞を土砂に混合して使うからである。

元来蒙古人は騎馬放牧民族である。六、七才の子供が裸馬に乗り自由自在に操る。訓練された蒙古騎兵は馬を寝かして楯として射撃し、また騎乗して片手または両手射撃などを行い、全く見事なものである。これらの馬はポニーと称し、日本馬より小さい馬である。

食事については中国人ほど重要なことはない。毎日決まった言葉に「你吃了飯了麼《ニーチラファンラマ》」（貴方はご飯をお食べになりましたか）。その答には「偏過了《チークワラ》」（既に済ませました）。

最近の中国では「你好《ニーハオ》」（今日は）、「你早阿《ニーザア》」（おはよう）と挨拶されているようである。

浙江、湖南、湖北及び揚子江一帯の食事の習慣を述べてみよう。

私の漢口及び上海方面での経験を語ってみよう。

一般下流階級では殆ど自家の入り口で、それが道路に面しようが面しまいがそんなことは頓着なく食事を取る。

これでは道路に面した家は歩行者から丸見えで、どんな物を食べているか一見して解る。これは一種の見栄から来ていると思う。

甲の家ではこんなもの、乙の家ではこんなものを食べているということを誇示するためだろうと思われる。そして中国人は食事時には滅多に訪問することはない。大きな問屋、商店などの食事の際は、使用人の小僧より主人まで十名以上いるので、戸外で食べることはなく、入り口から這入ったところが「賬房《チャンファン》」といって、大広間になっており、常に十数人が座れる大卓が置かれている。そこに出入りの商人が来て商談や金銭の受け渡しをやっている。

そこで昼食になると、この大卓に図のような順序により腰掛けてゆく。ここでも道路から丸見えである。

末席に座る小僧さん（学生）は、同じ卓についている。お客様と一緒の場合は自分でも食べているが、お客様の碗が空になるのを始終上目遣いで空になるか否か確かめて、間一髪立ち上がり添飯する。これがチョットでも間に合わぬようなときは、主人または番頭よりこっ

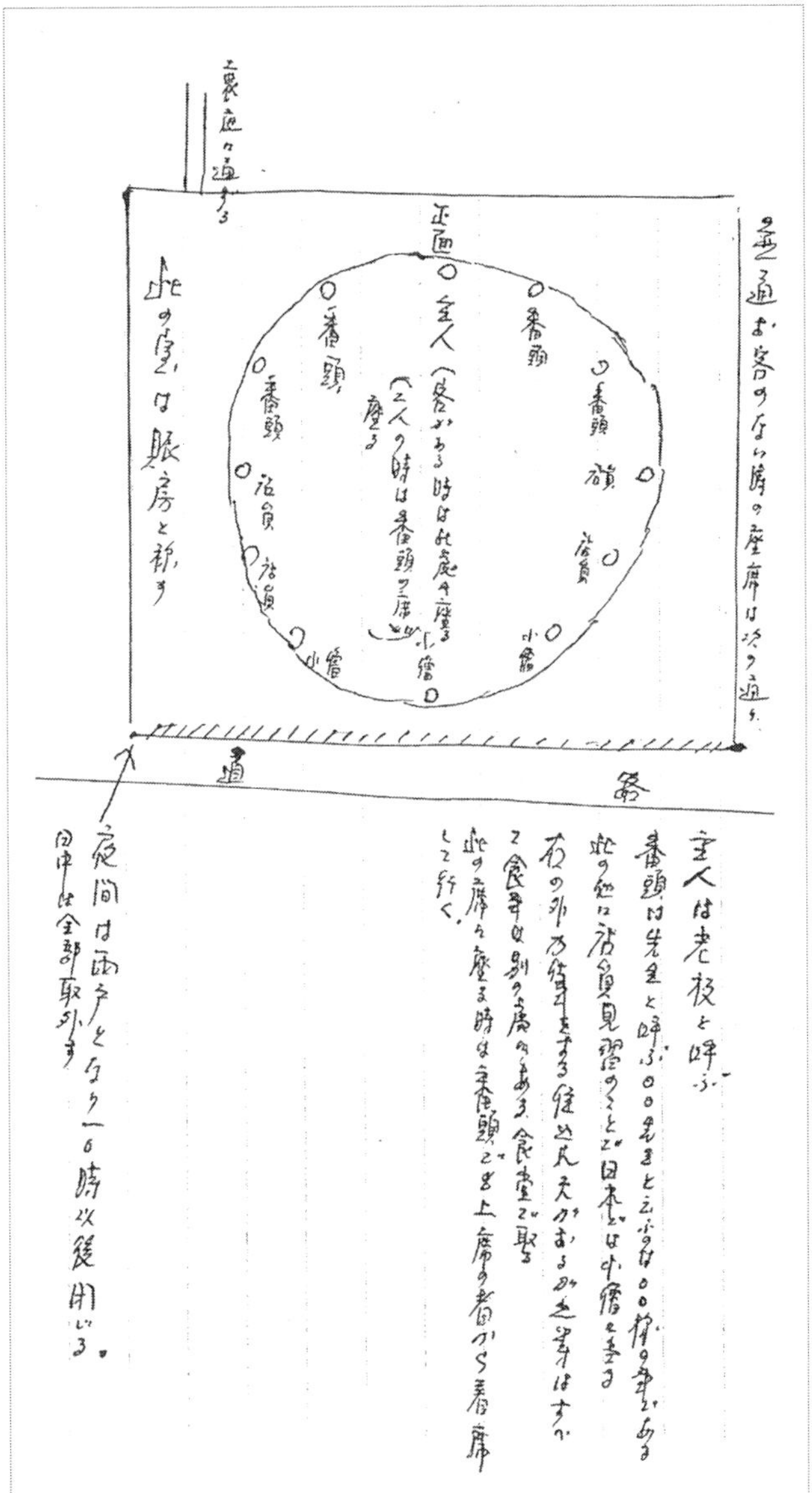

ぴどく叱られる。

食事の際、老板《ラオパン》（主人）は、お客様が遠慮しているなぁと感じたとき「不要客気《プヤオコーチ》」（遠慮するな）と自己の箸でおいしい料理を取って客の皿に入れてやる。鄧小平副主席が来日し、同副主席主催の晩餐会のときに、お客達にこのような場面が見られたと思う（中国の箸は二五センチくらいあり、日本の割り箸よりよほど長い）。

お客様の方は食事を終わったときは、必ず空の碗を持ち、右手に箸を持って茶碗の上にかぶせるようにして、それを右手を小さく振りながらぐるっと周囲の人に「謝謝《シェシェ》」と礼をいって、休息用の籐の長椅子または座椅子に依り掛かって休むのである。

私は在漢中一日中問屋におって仕事をしていた関係上、毎日の如く昼食に招待されたが、夏期になっても問屋には扇風機などはなく、食事中汗びっしょり。もちろん汗拭き用の手拭いを配ってくれるが、それで拭いても拭いても汗が噴き出してくる。ホントに漢口の夏は暑かった。

それでこれらの問屋では、生活の知恵とでもいうか、室の中央天井の上に図のような人力で風を起こす工夫がされていた。この垂れ幕のような人力起風器は、ちょうど単身用くらいの掛け布団の横幅を縮め薄い木綿を入れたもので、これを前後に煽ると風が起き涼しいが、引っ張る後ろの小僧は大変である。一定時間が来ると休むが、間をおいて度々起風してくれた（この幕の中央には細引きがついており、これを前後に煽るのである）。

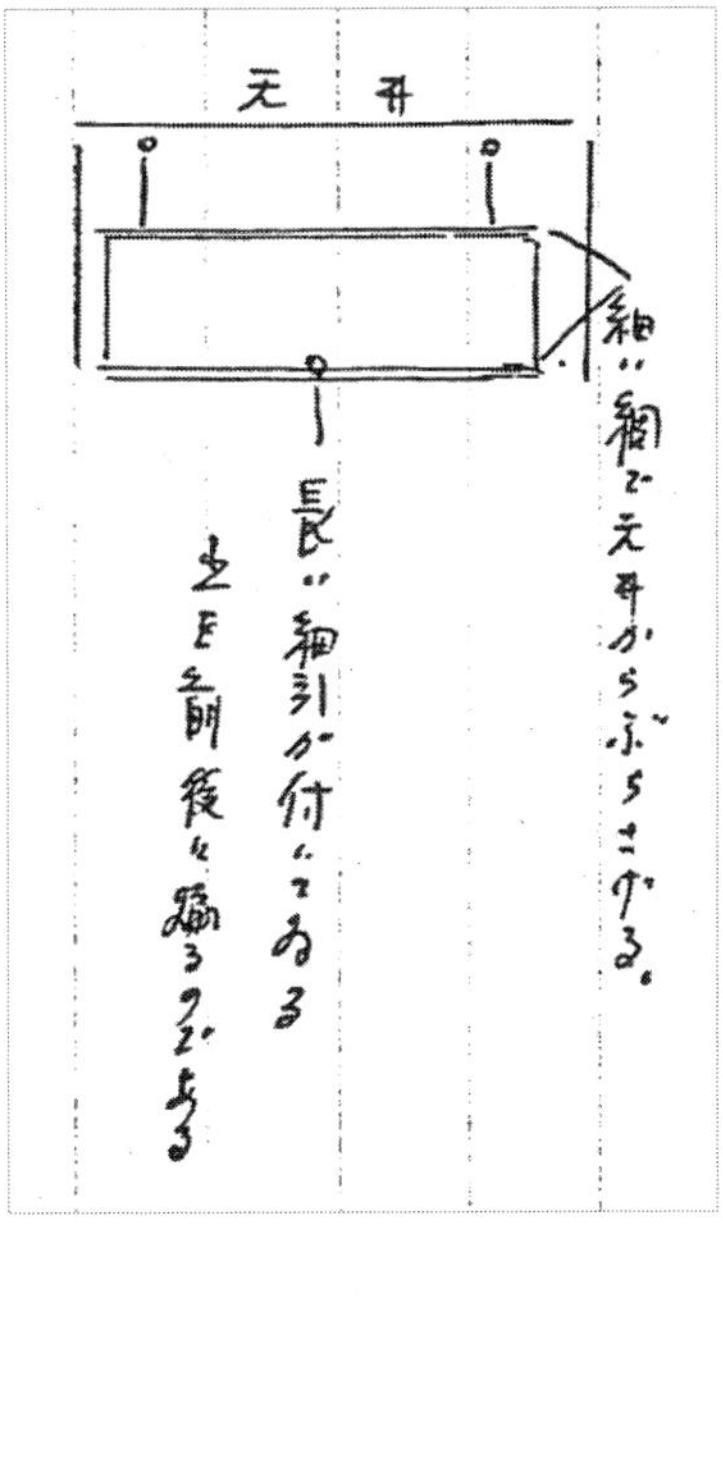

◇家畜について

蒙古人は元来が放牧騎馬民族であるから、牛、羊、馬が主財産である。衣食住ともみなこれらがなければ生活はできない。

主食は粟および羊肉その他、手製衣服は羊の毛皮、羊皮または羊毛で作った長靴、あるいは羊毛を圧縮して作ったフェルト製の長靴およびフェルトで作った「包」（天幕）など、主に羊に依存している。

このように蒙古では重要な財産であるから、結婚の際は貧富の差はあるが、男の方より女の方に羊を贈らねばならない。贈る頭数は貧富の差異によるのはもちろんである。

蒙古馬は日本馬より一段と小さいポニー種であるが、結構速度も速い。中国馬もポニー種だが、蒙古人は六、七才より裸馬を乗り回し、自由自在である。ほかに何の楽しみもない彼らには乗馬と蒙古角力だけが楽しみである。

中国では、旧満州で総てがこのポニーで、昔から「南船北馬」と称し、北支（満州を含む）から揚子江を境とした北地帯は馬、クリークの多い南地方は舟が交通機関として枢要な地位を占めている。

駱駝は外蒙地帯で見られるが、内蒙地帯では殆ど見られない。

中国の家畜には牛、水牛、馬、驢馬《ロバ》、騾馬《ラバ》があり、交通のほか耕作に従事させている。

騾馬は日本人にはあまり知られていないが、雄が驢馬、雌が馬を掛け合わせて生まれるのが騾馬であり、雄が馬、雌が驢馬を掛け合わせて生まれてくるのが驢騾子《リュウローズ》（ケッテイ）と称する。

騾馬は山東、山西、河北、河南地方に多く産出され、農耕輸送用として使用されているが、これら騾馬が馬より多いのは、騾馬は馬より力が強くまた食糧も馬に比べて小食であるためである。特徴としては馬より尾が短い。

驢騾子の特徴は、驢馬よりやや大きいが尾が驢馬よりやや長い。

騾馬及び驢騾子はともに生殖力はなく、一代で終わるのである。驢騾子は体格も力も騾馬に劣るのであまり生産されず、稀に見かける程度である。

驢馬はほとんど穀類の運搬または粉ひきのために使われる。目の両側を隠され、一日中農家の庭で重たい石臼をゴロゴロ挽いている様は哀れである。そしてこの驢馬の鳴き声は非常に高く長く五、六回は鳴くので、農村に入り込んで聞くときはホントに悲しげに聞こえる。

◇回々教について

中国人の一部及び蒙古人は回々教《フイフイ》に帰依し、すなわちイスラム教を信じ、アラーの神に特別の信仰を抱いているので、食事なども一切豚肉を食べない。羊肉を主としている。

これは豚は汚れているものとしているからである。中国、旧満州を旅行する人が注意していると、次のような料理屋の看板を見いだすことだろう。

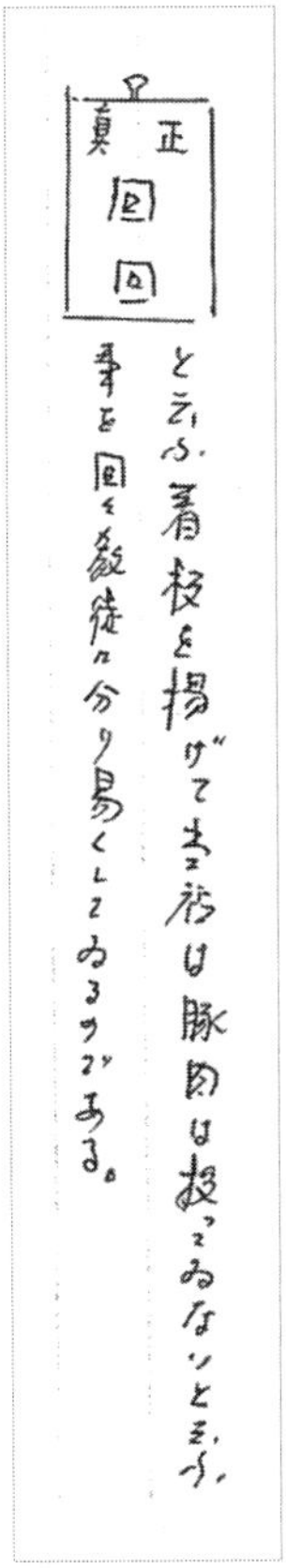
真正回回
と云ふ看板を掲げて在るは豚肉は扱ってゐないと云ふ事を回々教徒に分り易くしてゐるのである。

私が漢口在住当時英租界の巡補である印度人と知り合いとなったが、非番のある日、印度カレーを味わいに来ないかと昼時に呼ばれたことがある。印度人には牛は神様であるから一切使用しない。他の肉を使用する。これは宗教上からきているので前述の回教徒と同様である。

さて、カレーを出されてその味の辛いこと、全く口中が焼け付くような味で、水でこの辛さを消すほかない。これは何種類もの香辛料を使うので、こんなに辛いのである。

南北朝鮮の人も韮、ニンニク、唐辛子などを常用しかなり辛いが、印度のカレーはこれ以上の辛さである。

ちなみに印度人が食事をするときは、スプーンなどは一切使わず右手でカレーを丸めて食事をする。これは左手は不浄なもの、右手は神聖なものとされているからで、我々とは大分相違しているので面食らった。

◇緑林の出とは？

字の如く緑の林であるが、これは馬賊または匪賊の出身のことを言う。

清朝崩壊後中国十八省は麻の如く乱れ、日本の戦国時代と同様実力のある者がその省を支配（時には二、三省を統治）し、軍隊を養い、小は数千名より多いのは四、五万の軍隊を保有していたが、これらは○○省督軍と称し、自己の支配する一般民より各種の税金を徴収、誠に苛酷な取り立てを行い悲惨な状態であった。特に農民らに対しては各種糧穀の生産税、畜産類に対する課税、農民の所有する小車（一輪車）及び大車（馬六頭くらいで曳く）への課税、地税、家屋税、馬賊・匪賊よりこれを守ための保護税、その他あらゆる名称をつけ、または阿片の原料となる罌粟《ケシ》を栽培させ、これによる生産税などあらゆる名目をつけ課税するのであった。

これらの督軍は殆ど緑林の出かこれに関連する者であった。袁世凱が中華民国の大統領のころ、日本の士官学校を出て故国の下級将校より昇進して督軍となったものは少数であった。この督軍連中は豪壮な邸宅を築き、酒池肉林の生活を送っていたのである。

当時、私の脳裏に浮かんでいる督軍の内、最も異色のものは山西省の馮玉祥で、彼はキリスト教を信じ外人達は彼をクリスチャンゼネラルと称して他の督軍と異なり、かなり善政を布いていたようである。他に私の頭に残っているのは、張作霖、張作相、宋哲元、張作義、孫殿英、孫伝芳、張作英、張学良、閻錫山、石友三、呉佩孚などがその雄たるものである。

中国共産党に入党していて重要幹部であった林彪が、後年飛行機でロシアへ亡命中に墜落したが、彼は当時延安にいた毛沢東の率いる共産党に入党、順次昇進し党内に重きを為した者である。賀龍もまた匪賊の出であってのちに入党、昇進し党幹部となったのである。

これら馬賊たちも条件次第で軍に改編される場合もあり、また逆に寝返りを打って馬賊に転向する時もあり、当時の中国軍隊ほど当てにならないものはない。

馬賊の襲来は武田信玄の旗印にあるように「静かなること林の如く、襲うときは疾風の如く」と同様に、目標の部落を急襲し一村全く空になるような大掠奪を行うのである。

日露戦争のとき、参謀本部ではこの馬賊をゲリラ戦に利用せんため、花田仲之助中佐に命じたが、同中佐は馬賊の頭目を懐柔し側面より露軍を攻撃、大いに活躍、露軍を苦しめたことは、老人ならば大抵知っているはずである。当時花田中佐は部下より「花大人《ホワターレン》」と尊称されていた。

それから嘘かまことか定かではないが、日露戦争のとき張作霖が馬賊の頭目として露軍を援助して捕まった際首をはねられようとしたが、上層部はこの奴は将来見込みのある奴だから助けてやって、日本軍の為に尽くさせようと助命され、その後日本軍の援助もあって奉天を基地として東北三省の督軍として威勢を張ってきた。しかし関東軍に楯突く様なことを度々起こし遂に軍部の怒りを買い、最後に柳条溝の爆死へとつながっていったとの説もある。

近くは清朝末期の粛親王の末孫の子女を、これと親交の深かった満州浪人の川島浪速が自分の養女（日本名・川島芳子）として育て上げたが、日中戦争の末期関東軍の諒解のもとに川島芳子は馬賊の頭領となり、抗日軍を大いに苦しめた。後中国人に捕らえられ、北京に於いて一発の銃声と共に銃殺されたことは、既に皆が知っているとおりである。

馬賊の首領として活躍中は、芳子は常に男装をしていた。

昭和初期にこんな流行歌がはやった。

「僕も行くから君も行け、狭い日本にゃ住みあきた」

「海の彼方にゃ支那がある、支那にゃ四億の民が待つ」

これは満州馬賊にあこがれて歌われていたのである。

また国境警備隊の歌も満州事変前に唄われていた。

「此処は朝鮮北端の、二百里あまりの鴨緑江、渡れば広漠南満州」

「極寒零下三〇度、卯月半ばに雪消えて、夏は水沸く百度余ぞ」

「河を渉りて襲い来る、不逞の輩の不意打ちに、妻も銃取り応戦す」

日本政府と中国政府は鴨緑江の半ばをもって国境とすると定め、密貿易の看視及び馬賊の襲来を防ぐため、朝鮮総督府は要所に国境警備隊（軍隊ではなく警官）を置いていた。員数はせいぜい四、五十名で総て家族一緒に警備に当たっていたのであるが、少数のため馬賊の襲来で警備隊が全員討ち死にしたことも度々であった。

さて、前述した督軍及び各将軍は、兵衛以外でも自己を防備するため常に百名くらいの今で言う親衛隊（護兵）を置いていた。

私も漢口在住当時これら要人の外出に出逢ったが、特別に外国に注文して作らせた外車の全体に防弾設備をしていた。フロントガラスも防弾ガラスが使用されており、しかも車の前方両サイドステップには十七才から二十才位の護兵が実弾を入れた抜き身のモーゼル一号を手に持っているのである。

これらの少年護兵に対し「很漂亮《ヘンピャオリャン》」（非常に可愛いとの意味）と見物人が言うように、まことに美少年である。

これは彼らの高官が男色用として選抜して護兵としているのである。

◇馬賊の武器について

一般の馬賊は旧式のロシア銃、日本軍の三〇式歩兵銃、日本軍を襲撃して奪った三八式歩兵銃、重軽機関銃、チェコ製の空冷式重軽機関銃などが主で、これにキャンバス製の弾帯（一区切りが五発宛て）を左右の肩から十文字に掛けて、その上腰にも皮帯の上に弾帯を巻いている。総計四、五十発の小銃弾を持っており、その他チェコスロバキア製の重軽機関銃を持っている馬賊の部隊もある。チェコ製の軽機関銃は銃身の外側に、昔の一銭銅貨大の穴が銃身の覆いに沢山あけてあるのが特徴である。

その他ドイツ製のモーゼル一号の拳銃が、満州および中国本土でよく見られた。

このようにモーゼル一号が多いのは、古くからモーゼル社が、如何に多数のモーゼルを中国に売りつけたかということだ。

モーゼル拳銃には一号より三号まであり、私が満鉄経済調査会及び満州国の調査出張中、匪賊よりの防禦用として手渡されたのはモーゼル三号であったが、あまり性能はよくなかった。

その他ドイツモーゼル社製のモーゼル一号が満州及び中国地方で常に見られた。

では、モーゼル一号とはどんな拳銃か。

銃身約一五センチある大型拳銃で、携帯するときは木製のサックに入れる。戦争中日本軍憲兵が携帯していた南部式拳銃サックより大型で、遠距離を発射する時は銃身の根元を木製サックの先端に取り付け、小銃のように肩に当てて狙撃する事ができる、誠に性能のよい拳銃であった。

◎一般中国兵の武器について

大体匪賊と同様であったが、チェコスロバキア製の小銃、重軽機関銃（いずれも空冷式）その他重火器として迫撃砲、小口径砲が相当配備されていたが、大口径砲はそれほど見かけなかった。このほか図のような亀の甲型と丁字型の二種の手榴弾を各自四、五個、腰にぶら下げていた。これらの手榴弾は発火栓のピンを抜いて、一、二、三と十まで勘定するちょっと前に目標に向かって投擲するのであるが、もし早すぎたら敵がこれを拾って投げかえすか、或いはちょっとでも遅すぎたら味方の近くで炸裂するから、この投擲演習は在漢当時中国兵営で模擬弾で訓練しているのをよく見かけた。

それから馬賊の中には宗教的な部隊が二つある。ともに抗日救国を旗印にした部隊で、何れも紅卍会の狂信者で、その一つは紅槍会匪、もう一つは大刀会匪である。ともに騎馬部隊で、いずれも銃器のほか槍や刀を使う。大刀会匪は長さ八〇センチくらいの幅広の青龍刀。重さも日本刀より重い。そして束の末端に赤い布きれをつけ、普段はこれを皮の鞘袋に入れ、背中に負い、敵前に至ればこの大刀を抜き放って突撃してくる。この青龍刀は非常に重く、切れ味は日本刀より悪く重さで斬るのである。

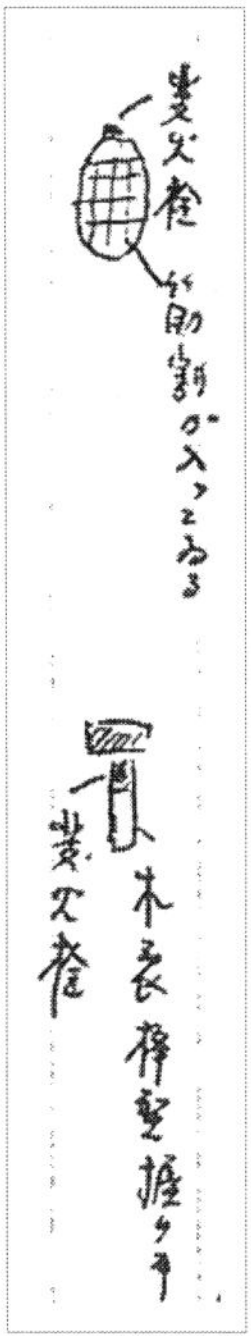

紅槍会匪も大刀会匪と同様騎馬部隊で、銃器のほか一メートル五〇センチくらいの槍先に朱色の麻糸の細い房を垂らし右手に槍を抱え、左手に手綱を取って襲撃してくる。大刀会匪、紅槍会匪ともに白兵戦が得意であるが、これらは突撃する時は大声で「我們不怕死《ウォーモンプーパース》」（我らは死ぬを恐れず）と

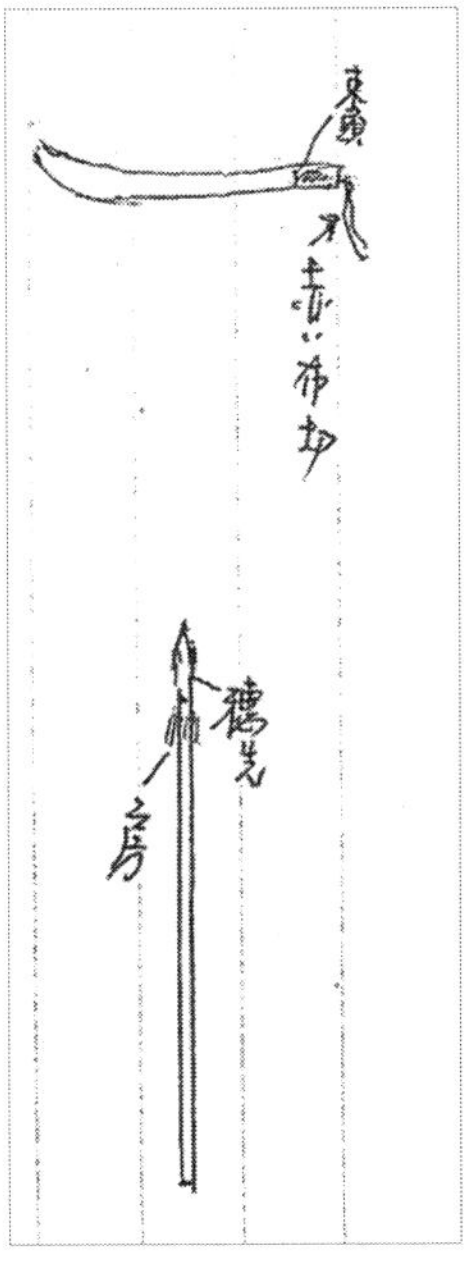

叫んで襲撃してくるのである。

◇軍閥とは

大商社でもその重要な地位にある人を中心に、一連の親戚縁者が一丸となって財産を結集して金儲けをやると同様、軍閥でも同様であって一丸となって自己の軍隊勢力を伸ばしてゆくのである。

一例を挙げれば、満州事変で柳条溝で爆死した張作霖も、これを中心として張学良、張作相などが主となって、彼らの親戚縁者が結集して一大軍閥を形成していた。

◇中国の軍隊について

中国の兵隊は徴兵制ではなく、仕事のない者が、軍隊に行けばなにがしかの給料と飯の食いはぐれがないので兵隊になるのが普通である。

従って年齢も十五才くらいから四十五才くらいの者まであり、もちろん階級に応じ僅かながらも給料も支給されていたが、一般市民はこの兵たちを極度に忌み嫌っていた。物を買っても代金は只同様に値切り、あるいはゴロツキのように一般市民を苦しめていた。憲兵も日本の服装を取り入れ、桃色の襟章に肩章をつけ「憲兵」と書いた腕章を付けてはいたが、これらの兵隊がトラブルを起こしている時でも見て見ぬふりをしていた。

それで中国の諺に「好鉄不打釘《ハオテエブダーテン》、好人不当兵《ハオレンブタンピン》」（好い鉄は釘をつくらず、好い人は兵隊にならない）というのがある。これを見てもいかに兵隊の質が悪いか判るのである。

物を買うにも正常な価格で買うことはまずない。

現在の国民革命軍は規律厳正、訓練も行き届き、古い督軍時代の兵とは雲泥の相違である。

旧中国軍隊の素質の悪いことは前記の通りであるが、もし兵隊が悪いことをして新聞種になる時は、遠慮して『兵』と書かず、兵の字を二つに分けて丘八《チューバー》と書いていたのが普通だった。さすがに文字の国である。

中国や旧満州などではよく調査旅行で田舎の安宿に泊まった。田舎には高級旅館などはなく四、五人ないし六、七人の合宿だったが、どこの宿屋でも必ず次の文字が貼り付けてあった。

〈禁止喧嘩　勿談政治〉

この標語のような貼りビラは、如何に一般大衆が官憲を恐れていたかが判る。ことほど左様に一般市民はこれを語らず、政治には全く無関係の態度を取らざるを得ないのである。もし官吏の悪口や督軍の噂や評判をしたら、引っ捕らえられ監獄行きである。

◇拉夫及び拉船について

「拉夫《ラフ》」とは、軍隊が移動するときに鍋、釜、糧食などを運搬する際、病気その他の事故でその補充人員を間に合わすとき利用されるもので、必ずこの「拉夫」が行われるのである。日本軍では輜重《しちょう》部隊があって糧食その他の必需品は駄載或いは輜重車（馬などによる）が用いられるのだが、中国軍では人夫を徴発して運搬させていたのである。拉夫の際は一般人夫を強制的に徴発し目的地まで無償で使役に使うので、一般人夫は軍隊が近づいたとの知らせを仲間から聞くと、四散してその難を逃れるのである。かつて私が在漢当時中国街にある私の店の倉庫前の道路上に休憩している時、十五才くらいの拉夫に聞いたことがあるが、この少年は湖南省長沙で拉夫となり漢口まで連れてこられ、この先何処まで行って解放されるか判らないと悲しげに語ってくれた（これは昭和三年頃と思う。呉佩孚《ごはいふ》軍が通過する時のことである)。

天秤棒の両側に鍋や薬罐類をがちゃがちゃ鳴らし、去っていった少年拉夫の姿は、今でも目に浮かぶ。

さて、この拉夫以上に日本人を苛酷な地獄に追い込んだのは、外でもないあの憎むべきソ連である。これは拉夫どころの騒ぎでない。昭和二十年八月九日、当時日露不可侵条約締結後間もなくの話で、満州へソ連軍が数カ所の国境線より侵入、関東軍の何等の抵抗もなく全満州を占領。掠奪、強姦など悪の限りをつくし、殆ど工場の機械設備類を取り外し自国へ持ち帰ったほか、関東軍の殆どを捕虜とした。これに飽きたらず、日本人会に命じ各区毎に一般市民を集め、これらを捕虜にしてシベリアに送り、酷寒のシベリアで地獄の労苦を味わわせたのである（これらの事項については、シベリア抑留記で後述する）。

拉船とは拉夫と同様艀の徴発である。

拉船のときは、武昌より退却するときの一番の早道は、武昌からの対岸漢陽へ漢水を横切り漢口へ出ることである。追撃するときはこの逆である。武昌から漢陽へ、あるいは漢陽から渡江するとき百名くらい乗れる汽船を徴発するが、漢陽より漢口へ渡る際は、漢水の川幅が狭いので艀を横に並べ（八隻くらい）この上に板を並べて橋を造るのである。退却のときなど大変で、我先にと乗船を急ぎ大混乱を呈する。

しかし戦争で気の立っている兵士どもはそんなことに頓着なく、艀を持って行こうとするので、この艀は日本側で雇い入れてあるからそんな不法なことをされては困ると話しても、相手にテンデ通じぬため、将校と談判の結果、国際関係を恐れやっと放免された。その時のことを思うと、若いときは向こう見ずなことも出来たんだなぁと、若かりし頃を振り返って見る。

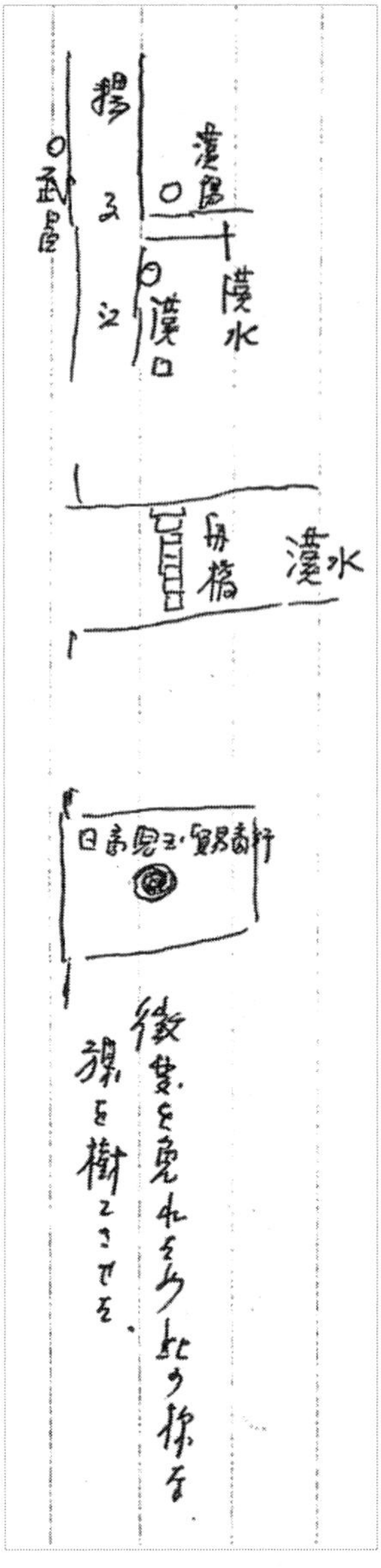

◇蒋介石軍の北伐

当時の大軍閥呉佩孚《ごはいふ》の守備していた湖南省地区を攻略するため、昭和五年広東の浦口を出発、湖南省洞庭湖付近にある南昌、長沙方面に進み、破竹の勢いで武昌城を囲み攻撃を開始した。

この武昌城には呉佩孚将軍直轄の猛将劉玉春の率いる一ヶ師（師団とは言わず師と呼ぶ。旅団は旅、連隊は団と呼ぶ）が武昌城内に立て籠もり、約一ヶ月間の攻防戦を行い、糧秣、弾薬の欠乏のため遂に蒋介石軍に投降した。当時の中国軍同士の戦いとしては激戦であった。

この戦争により一ヶ月間夜昼となく機関銃、小銃、大砲などの音が轟き、これが漢口の日本租界では手近に聞こえた。武昌から約一四キロほど下流にあり、さほど遠くもないので何時如何なる処に流弾が来るやも知れず、ヒヤヒヤした気分で観戦していた。その間さすがに商売は出来なかった。

蒋介石の目的は腐敗した政治、貪官汚吏《ドンカンオリ》の粛清、及び共匪との対決で、それを旗印としていた（現在の日本でも全く同様で貪官汚吏が未だはびこっているので、大きな事は言えない)。

そしてこの戦で中国の国内戦としては珍しく戦闘機を使って武昌城を爆撃した。これを撃つ劉玉春軍は高角砲などがないので、野砲の角度を上げて一定の地点に飛行機が来たとき砲門を開いて狙撃していたが、たいした効果もなかったようであった。

武昌を陥れた蒋介石は、誇らしげに漢陽を経て続々漢口に集結して来たが、その時前記の「拉船」が始まった(その内容については「拉船」の項を参照されたい)。

当時蒋介石は孫文が早くから唱えていた三民主義を大衆に宣伝していた。三民主義とはなにか? 民主、民生、民権の三つをいう。これらの内容は宣伝将校が民衆を集めて盛んに啓蒙運動をやっていたが、一般民衆はこの三民主義を「三皮主義」と冷やかしていた。

これは、第一に革命軍将校の服装が、従来の革命軍及び従来の中国軍隊のそれより非常にスマートで、右肩から左腰部にかけて幅広い皮帯を締めていたからである。それは指揮刀を吊るためのものであるが、指揮刀を吊った将校は殆ど見なかった。第二はスマートな長靴(膝まである)をピカピカに磨いたのを履いていたからである。第三は革製で編んだ馬鞭をいつも所持していたからで、大衆はこれを冷やかして三民主義とは三皮主義なりと陰口を言っていた。

右の服装は英軍をまねて作っていたと思う。

では一般兵士の服装はどんなものであったか。兵隊の服装は、これとは反対に夏は灰色の木綿の半ズボン、冬期は灰色の木綿の綿入りの上衣及びズボンを履いていた。履き物は夏冬とも草鞋《ワラヂ》履きである。革命軍は広東より漢口までの間、一貫して竹製の大型な笠を被っていた。その表面には中国革命軍と大書していた。漢口進攻以後普通の軍帽を被り、徽章は白日章をつけていた。

昭和六年ころより共産軍を粛清する戦争が始まった。蒋介石軍は誇らしげに軍歌を唄って通過していた。

◇上海生活

私は本店の命令で昭和二年三月より昭和三年八月の間、漢口支店より上海本店に勤務することになった。仕事内容は漢口支店同様であったが、言葉が普通の中国語ではない「上海語」という独特の言葉である。中国は広大な国で、四川、湖南、南京、湖北、江西、山東、及び外の地方を含め各地方によって訛りがある。標準語として「北京官話」が誠に美しい発音で、次は「南京官話」である。私が山東省に居たとき感じたのは〈チ〉の発音は全部〈キ〉の発音に変わるのである。例えば今日は今天《チンテン》だが、これをキンテンと発音し、また漢口では語尾の末尾に必ず〈サ〉というのを付ける。例えば「你来サ」（ニーライサ）のように軽く〈サ〉の音を末尾につけて発音する。各省何処へ行っても必ず訛りがある。

ところが上海に来て驚いたことには、漢口土語で話しても半分以上通じないのである。例えば日本においては東京弁が標準語とすれば、鹿児島弁が上海語に相当する。当時児玉貿易商行店員は鹿児島県人であった。本店長はもちろんのこと縁戚関係で全部鹿児島県人で、他県は私一人だけであった。その話していることは半分くらい判らなかった。娘のことを「おごじょ」、若い者を「二才《ニセ》ドン」等の如く言い、難解だが慣れてくれば苦痛でない。いまでも一般人には鹿児島弁は難しいと言われているが、私は話していることは殆ど解る。

さて、その上海語たるや誠に厄介千万。簡単なる例を挙げてみよう。

　　　　一、二、三、四、五、六、七、八、九、十

上海語　イ、ニ、セ、ス、ン、ロ、チ、パ、チュ、セ

普通語　イ、アル、サン、ス、ウ、リュー、チ、パ、チュー、シ

右のように、総て上海人だからホトホト手を焼いたので、それで店長に六ヶ月間閘北《ダペイ》（上

海事変の時の大激戦地）にある倉庫番夫婦の別室を借り、上海語を憶えるために生活をともにしたいと申し入れ許可されたのである。倉庫番である劉阿二《リューアニ》（劉の二番目の子の意味）、通称「阿仁《アニ》」で通っていた。

倉庫はクリークの側にあって、トタン板で造られた頑丈な倉庫であった。そこは約八千袋くらいの貨物を収容することの出来る大きな倉庫である。

語学というものは文法も何もない。ただ聴く事が一番である。とにかくこの半年は貴重な日時であった。そして曲がりなりにも人夫への指揮、船積みなどが出来た。

それに上海は国際都市である。いわゆる上海のピジョンイングリッシュという独特の訛りのある英語が生まれていたのである。

店で使用している買弁（買弁の項参照）、或いは沖仲仕のボスなどもみなこのピジョンイングリッシュで話すから始末に負えない（後年私は伊丹の米軍飛行基地ＰＸに勤務したが、この経験が如何に役にたったことか）。

一例を挙げると、本船の積み荷をする際仲仕のボスが、「ユーガブミイカミソン」と言う。当方は初め何のことかと問いただすと、「私に口銭を呉れ」つまり酒銭《さかて》をくれとの意である。

だから、上海には外国人のほか各省より上海大学などへ入学していたが、出生地により言葉もマチマチであり、中国人同士で英語を使うほうが好く分かるので、英語で話しているのを耳にした。

上海は東洋一の海港である。海岸通り（バンド）には大厦高楼が林立し、日、英、米、伊、仏、印度、ポルトガル、安南人など、まるで人種の展覧会である。そして物価も安く食物も豊富で美味だった。

日本人は主として共同租界（仏を除く）の虹口《ホンチュー》に集まっていた。そこにはすべて日本人の集団部落があり、料理屋、料亭、芸妓置屋、本屋、その他あらゆる店があり賑やかであった。またディックミネが唄っていた「夢の四馬路で……」、或いは「夜霧のブルース」などの歌詞に出てくる四馬路、大馬路などのメインストリートなどを散歩していたら、どこからともなく女郎（これを野鶏《イエチ》という）が飛び出し、被っている帽子や腕に抱えている上衣をさらって逃げて行く。これを追いかけると女郎のいる家に引っ張り込まれ、とんだ目を見ることがあった。

上海から南京までは鉄道が通っていたが、上海から約二時間三〇分くらいのところに有名な蘇州がある。ここは日本で言うならば京都と同じような古都で、縦横に走る運河《クリーク》、特殊な高い塔、石の太鼓橋、河岸の楊柳、全く南画そっくりの景色の街で蘇州美人といわれる美女の産地である。

高襟で肩までしかない袖無し、長さは膝までしかなく、そして腰まで両側が割れているワンピースを着て、楚々たる容姿は誠に美しい眺めである。

有名な寒山寺もここにある。「月落ち烏啼いて霜天に満つ」の石碑もこの寒山寺にある。元の石碑は壊れ、これと同じものが二代目として建っており、側にこの碑の石刷りを売っていた。私はこの蘇州が大好きで、一ヶ月のうち二、三回は遊びに行ったものである。

前述の「野鶏《イエチ》」のほか相当大きな建物の中、○○幣《パン》という看板を揚げた正式の妓館もあった。それより高級の妓女は西洋式旅館に屯していた。

これらの妓館を素見するにはヤリテ婆に五○銭チップを与え、在館中の妓女を総見して五、六名をピックアップして瓜子児《グワズル》（西瓜や南瓜の種）をかじりお茶を飲み、話をしたりしてワアワア言いながら引き揚げる。これを「打茶囲《ダーチャーウェイ》」と称し費用は二ドルであった。もしお目当ての妓でもあれば、ヤリテ婆と交渉して決めるのである。これを「宿夜《シュウイエ》」と称す。

◇碼頭における工人の家族たち

揚子江における各港には碼頭（埠頭）と称する汽船の発着場がある。船が着いたら倉庫への荷揚げ、艀への積み込み、或いは倉庫より汽船への積み込みなどの作業がある。

この仕事にありついた工人の妻子らは、自分の主人や子供らは主人の担いでいる麻袋に手鉤を掛ける際小さな穴ができるが、これを少々拡げて穀物類をこぼすようにする。そしてその家族達は手に手に小さな藁箒、小さなブリキ製の塵取りを手に持ち、主人の担いで来るそれらと並行して歩き、こぼれてくる穀類を要領よく塵取りに集め、また地面にこぼれているのは砂ごと集める。そして荷物の置き場所に近づく十歩手前くらいで大至急に逃げる。監視員はこれを見つけると竹製の鞭で引っぱたくのだが、砂糖に集まる蟻のように追えども追えども集まってくる。

彼らはこれらの穀類を水で振り分け、食物の不足を補うのである。

私の住んでいた英商が大口の綿花を取り扱っていたが、この粗綿から精綿の製造を行っていた。精綿は梱包機械で固く荷造りしたうえにさらに帯鉄によって荷造りされており、盗むことは全くできないが、冬期には工人は綿入れの中国服を着て着ぶくれているので、大きな布袋に縄で荷造りされている粗綿を、破られているところから三、四握り盗み、内懐に押し込んで何食わぬ顔で担いで行く。しかし荷揚場から工場は相当距離があり、要所要所に監視員が配置され、監視員は竹製の鞭を持っている。そして盗んだと思ったらその場で工人を裸にして綿花を本人の目の前に置き、鞭で十回くらい殴るのである。付近には英租界交通巡補（中国人）がいるが、これに対してもなんらの干渉を行わない。

こんなに看視され殴られても、毎日のようにその場面が見られた。破れた布袋からこぼれた粗綿はあちこち散らばって落ちているので、これを拾って回る者もあった。

◇私と親友弘中貞雄君の離漢と渡満の理由

昭和七年上海事変が起こり、昭和八年全国に日貨排斥事件が起こった。日本人を倭奴（倭奴とは中国では日本人を軽蔑した言葉で、四国の村上水軍の流れを汲む海賊で、上海から広東、厦門《アモイ》など一帯を襲撃、当時八幡船として恐れられた乗組員たちを倭奴と罵って言ったことから起こったもので、背の低いことから軽蔑した言葉である）と呼び、「日本人には商品を売らず、また商品を買わず」のスローガンの下に大デモンストレーションを展開、学生を中心に工人会が主となって、デモ行進や日本人商店に投石、掠奪などの暴威をふるった。デモの先頭には大きな横幕に「頭を断たれ血は流されても、排日の志を忘るべからず」という文句を大文字で書いて、その横幕を先頭に、次には小人《コビト》の日本人（倭奴）が下駄を履き日本刀を振りかざして中国人の頭を斬っている漫画を掲げ、その他「打倒日本帝国主義」という大旗を打ち立てながら街を練り歩いた。

日本租界ではこれら暴徒らの租界への乱入を防ぐため、租界周囲にバリケードや土塁を築き、陸戦隊および日本人義勇隊が機関銃や猟銃などを構えて進入する暴徒を防いだ（陸戦隊とは、軍艦より乗員の半数以上の兵員を武装させ揚陸させる兵員を言う）。当時漢口租界保護のために二〇〇〇トン級の磯風、浦風、天津風、浜風などの駆逐艦と砲艦六隻が、日本租界前面の水域に投錨、砲口を中国側に向け待機していた（上海事変当時は普通の陸戦隊では間に合わぬため、各海兵団より特別陸戦隊を編成していた。アメリカネービーのマリンと同様である）。

このような状況のなかで貿易は殆どできないので商売は成り立たず、食べて行ける筈もなく、日本に引き揚げる商社もボツボツ出てきた。

私はここで親友弘中貞雄氏のことを語っておかねばならない。彼は山口県人で鉱石類を日本に輸出していた石原産業ＫＫの輸出主任をしていた。彼は私より渡漢の時期も四年ほど早く、中国語も非常に達者で、妓館などに行ったときでも胡弓師の弾く胡弓に合わせて京劇に出てくる武劇の一節を好く唄っていた。私と最も気の合った友人だった。

彼はこの抗日運動が起こったときから見切りを付ける決心を私に話し、当時満州国官吏をしていた先輩を頼り、満州国政府に就職運動をするので、私にも来られるようなら渡満しないか？　食べるだけは何とかなるさとの話があり、私より六ヶ月早く新京（長春）に旅立って行った。

当時彼はなお独身であったが私は妻子があり、直ちにこれに同調することも出来ず、吉崎君および支店長も大変心配してくれた。だが私も日本で骨を埋める気は毛頭なく、心配されぬよう相談をした。そして家内の実家がある兵庫県三原郡山添（いまの緑町）に昭和八年六月十四日送り届け、忘れもしない昭和八年七月七日七夕の日に、大阪発鉄路で釜山、安東、奉天経由、目指す新京に着いた。新京で弘中氏と久しぶりに対面し大変嬉しかった。同氏はまだ就職運動中であったが、そんなときに私が飛び込んできたものの、同氏は少しも意に介せず、職が見つかるまでゆっくり居てくれとの情けある言葉におおいに感激し、持つべきものは親友なる哉と思った。

後に私が満州国官吏となった七年後、彼が満州国吉林省官吏として勤務中に上司との意見があわず退官したとき、私の監督下にあった特殊法人満州農産公社の企画課長に推薦して恩返しをした。

その数年前弘中氏に良縁があったので、私ども夫妻が媒酌人となって彼と彼女はよき夫婦となった。だが終戦となって互いに別れ別れになった。私が捕虜となってのち昭和二十三年帰国して、山口市の援護課で彼の引き揚げの有無を調べて貰ったが、不明だとの返信があった。もし今でも再会できればどんなにか嬉しいことだろう。

「妻を娶らば才長けて　見目麗しく情ある　友を選ばば書を読みて　六分の侠気四分の熱」

全く以てこの歌の通りで、男子意気に感ずべし。

当時の新京は見渡す限りの畠で国務院、司法部、外交部などが建築されたばかりであった。遠方から見ると大きな戦艦が地上に浮かんでいるようで、関東軍司令部その他の官公署も未完成であった。が、主要幹線道路だけは急ピッチで日本鋪道ＫＫの施工で工事中だったが、なにもない畠だから道路幅も思い切って広く、御堂筋よりモット広く作られていた。

◇陸軍軍属となった経緯と討匪行

前述の弘中貞雄氏の食客となっていた同年九月、海拉爾《ハイラル》駐屯（習志野より移駐）の騎兵第一旅団（騎兵第四旅団は洮南に移駐）と満州国軍騎兵第一旅（旅団とは言わない）の二ヶ旅団が、当時吉林省内を荒らしていた匪賊討伐を開始するため新京に集結し、千代田公園に約六〇〇頭の馬繋柵を作り軍馬が繋留された。兵員は市内の各小、中、女学校などに分宿したのである。

当時これら二個師団の中国語通訳が不足し、討伐開始日の十月四日まで急遽関東軍司令部が募集したのである。私は匪賊討伐も男一匹男子の本懐と思い、また弘中貞雄氏の食客生活のことを思いこれに応募することに決め、九月二十五日に関東軍司令部（従来よりあった庁舎で、新庁舎の城のような庁舎は当時まだ建築中だった）に出頭、受験の結果幸いにも合格。即日同部で軍属徽章、被服類一切、拳銃及び馬一頭を受領した。待遇は判任官待遇、翌日より勤務することとなった。所属は騎兵一旅団機関銃隊本部付きである。

当時の騎兵一ヶ旅団の編成は、主力たる騎兵と機関銃、迫撃砲、小型戦車などを含めてまことに偉容堂々たるものであった。しかもこのような二ヶ旅団の集結したのを私は初めて見た。

そして午前十時、新京駅前広場から大同大街にかけて関東軍司令官の閲兵式後、各部隊ごとに行動を開始した。

最初の宿営地は吉林省の煙筒山であつた。部落に這入って見ると、部隊の到着前に民家はすでに掠奪、放火され、まだ焼け跡からブスブス煙が立っていた。

部隊は焼け残りの家や天幕などで野営するのである。土間には高粱殻などを敷き、防寒具をそのまま着て一枚の毛布を被り休息するのである。

これから此処を出発して約三ヶ月間の匪賊討伐に従事するのである。まず吉林を目標に進発する。

行軍を行うときは、尖兵部隊約一〇名ないし一五名が本隊より約一〇〇〇メートルくらい先を先導し、これには尖兵長（少尉）以下の下士官及び通訳官が加わり、約一〇名が通過部落の農民や農家の家捜しを行う。これには土足のママ家屋に上がり、櫃子《クイズ》（衣裳箱）の探索及び通匪部落ではないか（通匪とは、匪賊を援助して、あるいはまた軍の動向を報知するものである）、怪しい部落では徹底的に探索する。そして匪賊の動向を聞いたらこの通訳をして尖兵長に伝える。

この討匪行は匪賊も恐れを抱いたのか、事情を察知してか、殆ど事前に逃亡していた。なにしろ二個旅団の騎兵集団だから抵抗する力もなかった。

通匪部落は全く無人で、このような村落では再び通匪者が帰村しても住めぬように焼き払ったものである。

この討伐のとき、私の最も煩雑な仕事は、通匪者のいない部落に分宿した際、村長または屯長に対し主計軍曹が一名五十銭宛の宿泊料を現金で支払い、この領収証を取る任務であった。この間本部隊は既に先発し、主計軍曹と共に馬に鞭をくれて追いつくのがやっとのことである。

そして部隊は、二、三の戦闘はあったが大した戦果もなく、敦化《ドゥンファ》に二日間宿営したのである。この敦化では私の甥鈴木良一（私の長兄の長男）が製材会社を経営していたことは知っていたが、渡満後なかなか行く機会もなく、偶然にも軍属として従軍、敦化で再会することができてホントーにうれしかった。

討伐行動中は入浴は一回も行われず、湯を沸かして身体を拭くだけで、肌着、下着、靴下などもそのままで、ゴロ寝の状態であるから虱《シラミ》が無数に発生、それこそ何百匹もわいていた。

これはウソではない。ホントーのことである。入浴もせず放っておくとドーシテ虱がわくのか。これはシベリア抑留中の時も同様であった。そこで鈴木良一を訪ねるに当たって新しい下着、肌着類を受領、仲のよかった班長（軍曹）一名も同様の状態であったから、馬で乗り付け鈴木と面会し、その夜は大歓待を受けた。肌着類は全部風呂で焼却し、初めて人心地がついた感じがした。その夜は新京出発以来初めて布団に寝て、翌朝帰隊した。その鈴木も引き揚げ後尼崎の材木会社に勤めていたが、病気で十年前に亡くなった。

かくして敦化に二日宿営の後、敦化より二〇〇キロほど離れた鏡泊湖に到着（鏡泊湖には鏡泊学園と称する学校があり、そこは主として農業開拓する学生を日本から呼び寄せ、開拓青年として教育する学校である）。三日滞在後最後の集結地である東京城に到着をして、三ヶ月間にわたる討匪行は終わった。

◎鏡泊湖などでのエピソード

鏡泊湖で面白かったのは雉が無数に棲息し、付近に村落もまばらであるから、雉は人を恐れる気配は全くない。脱糞中でも手で捕まえられるくらいの近くまで来る。

結局今回のこの騎兵集団の討匪行は、一大デモンストレーションに終わったのである。そして何等の戦果もないまま、軍命令により敦化から軍用列車に乗り各原隊に復帰を見た。

この第一騎兵旅団の駐屯地は海拉爾《ハイラル》で、これを西に行けばソ満国境の満州里である。この海拉爾は興安南省にあり、有名なノモンハン事件のときはここが戦線への指揮、弾薬補給基地であった。

海拉爾は内蒙地帯にあり殆ど砂丘地で、内蒙古人、白系ロシア人、満州人などが雑居していたが、寒さは満州一の寒いところである。

当時の第一騎兵旅団の機関銃隊は二個中隊で編成され、兵士は主として東北県人が多かった。性質は誠に従順朴訥で、この部隊は前年起きた有名な馬占山将軍の反乱事件に出動して、相当な打撃を与えた部隊であった。

私の勤務していた時の機関銃隊長は青森県出身の岩田文三中佐で、副官は有名な毛利子爵の御曹司であった毛利中尉だったが、なかなかスマートな副官だった。また私の待遇は下士官（判任官）待遇で、営内に六畳くらいの個室をもらい食事等もその都度兵隊が持ち運んでくれた。

その当時の私の給料は五十円で、営内居住のため一銭も使う必要がなく、タバコ、羊羹、キャラメルなどの甘味品も一週間に二回くらい支給された。その他慰問袋が週二、三回配給されていたので、淡路への仕送りも充分間に合った。

また郵便等については、軍事郵便局という特設された郵便局もあって、手紙やハガキ類などの表書きに「軍事郵便」という赤スタンプを押したら総て無料であった。

ちなみに当時の騎兵の武装は、四四式騎兵銃（三八式歩兵銃より約二十センチほど短く、約二十五センチほどの折り畳み式の剣がついており、戦闘の際はこれを引き起こし、普通のときはこれを折り畳んでおく）を右肩より左腰部に背負い、鞍の左方に長剣を差し込み、白兵戦のときは抜き放ち襲撃する。帯革には左右二〇発宛て這入っている弾薬盒を左右に付けた。

前記の匪賊討伐出発時はすでに十月四日で厳寒期に這入っていたので、防寒被服類一切が支給されていた。まず防寒外套は襟、袖（袖の裏折り返しを含む）、外套の裏全体は羊毛または兎皮が付けてあり、防寒帽は通常耳覆を上に揚げているが、寒さが厳しい時はこれを下のあごまで降ろし顔全体を覆うようになっており、完全に凍傷が防げるようになっていた。防寒靴は羊毛で固めたフェルトの長靴で、軍足を履いただけで結構暖かであった。これに手を守るために、親指だけ分かれた一体型の防寒手套をはめる。もちろんこの時には素手で入れるのではなく軍手を二重にはめて、交戦のときは軍手だけ使用する。この防寒手套は左右に紐をつけて落ちないように首に掛けて紛失を防いでいた。

このような完全武装をすると、普通の鐙《あぶみ》では騎乗するのは困難であるが、補助鐙をつけると容易に乗れた。

とにかく満州での騎兵の行動としては、寒気のため常に路、川、畑など総て結氷するので、行進中普通の蹄鉄では危険なため氷上蹄鉄を着用する。

そして行進中落鉄（蹄鉄が抜け落ちる）するので、後続する兵隊は「落鉄」と大声で叫び蹄鉄を拾い、蹄鉄兵を呼んで蹄に蹄鉄を打たせて行進を続ける。

満州では旅順、大連を除くと殆ど零下以下である。奉天一〇～一五度、新京（現在の長春）一五～二五度、ハルピン二五～三〇度、チチハル二〇～二五度、海拉爾三〇～三五度（何れも零下）であった。

後で述べるように私は捕虜となってシベリアに抑留されたが、普通零下二五～三五度くらいであったが、最後の知多では零下四〇～五五度を体験した。

◎通信筒のことなど

三ヶ月の匪賊討伐の時、軍歌「討匪行」で歌われている場面によく直面し、つくづく感無

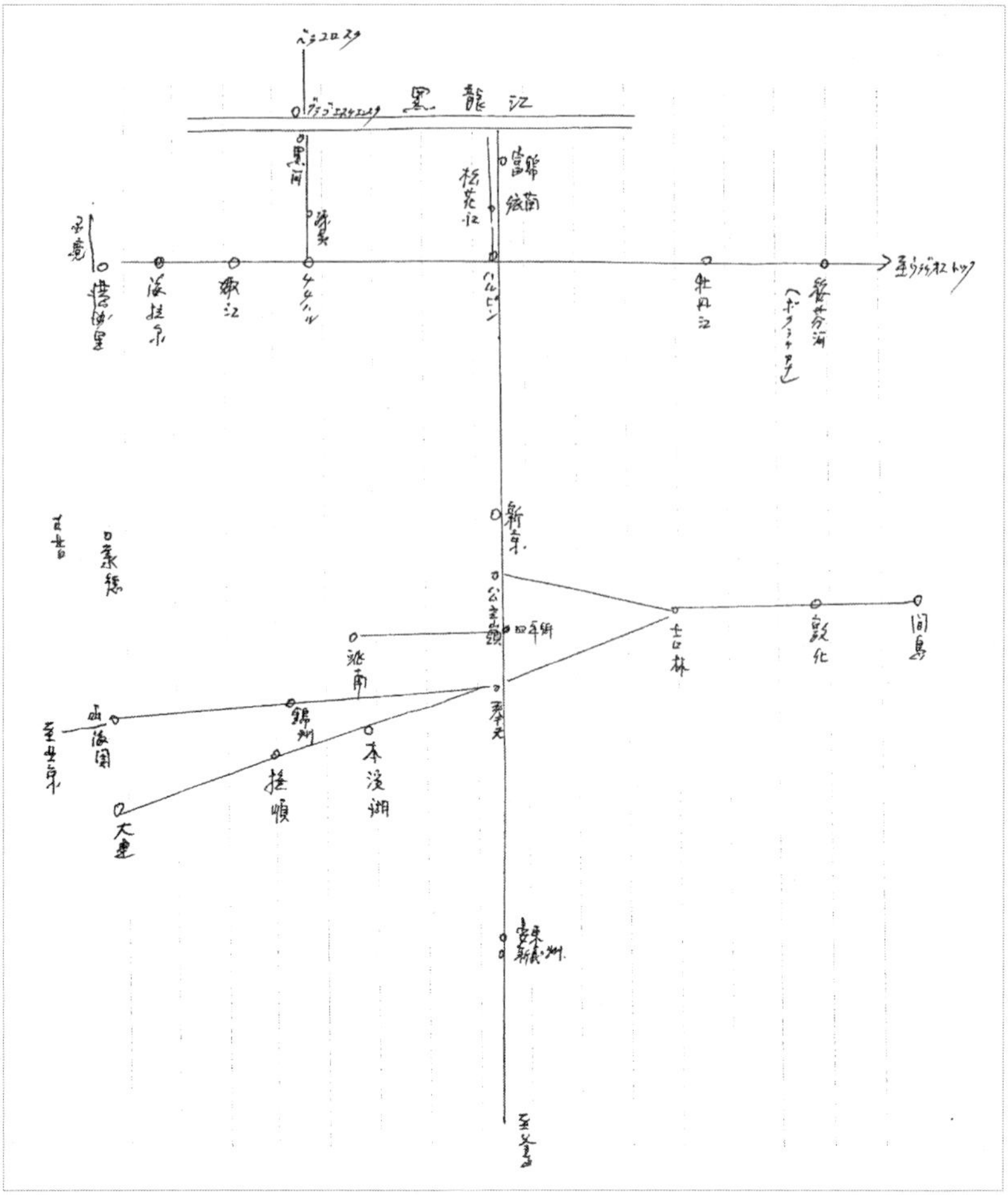

黒龍江
チチハル
ハルピン
牡丹江
新京
四平街
吉林
敦化
洮南
錦州
奉天
本渓湖
撫順
大連

量で感激したものである。

「ああ東の空遠く　雨雲揺りて轟くは　我が友軍の飛行機ぞ　我が友軍の飛行機ぞ」

「通信筒よ乾パンよ　声も詰まりて仰ぐ眼に　溢るるものは涙のみ　溢るるものは涙のみ」

当時の通信方法として軍用鳩を使用した「鳩班」という特殊部隊があった。これはよく訓練した鳩を十羽宛てくらい入れた柳条製の籠を「鳩班」の兵隊が背負って、通信する際足首に軽いアルミ製の金属の筒に文面（薄い紙）を小さく巻いて鳩を飛ばし、本拠地との連絡に当てた。

また、当時飛行機と地上部隊との連絡は、無線連絡および無線電話などは発達しておらず総て通信筒に依ったものである。地上に大きな×または○印を石灰で描き、飛行機はこれに向かって通信筒、その他物資を落下するのである。

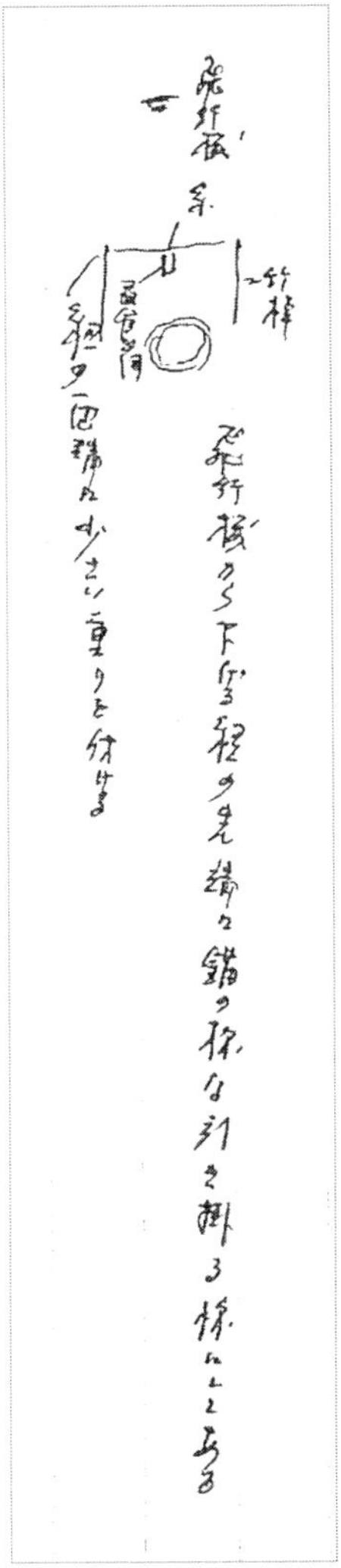

また通信筒を飛行機につり上げる場合は、このマークのところへ図のようにしてつり上げるのである。

世間では、騎兵という兵種は二等兵でも長剣を吊って馬に乗っているので楽だろうと考えているものが多いようだが、実際はそんな生やさしいものではない。行軍中歩兵らは休止のとき、背嚢を降ろし草原にひっくり返り休めるが、騎兵は一番先に鞍側にあるズック製の水槽に水を汲み馬に水及び馬糧を与えねばならず、宿営地に到着すれば鞍を降ろし毛並みにブラッシュを掛けねばならない。これがすんで初めて自己の夜食をとるのである。そのほか厩当番、厩掃除、馬糞掃除などがありなかなか多忙である。

海拉爾は前述の通り零下三五~四〇度に下がり、地下壕に掘ってある倉庫に格納されている酒、ビール、醤油などは寒さがヒドクなればポンポン割れてしまう。試みに瓶の形のまま割れたこれらの凍ったものを口にしてみたことがあるが、何の味もしないただの氷の味である。

馬車夫（主に内蒙人であった）らも、馬車を走らせているときは凍傷にかからぬよう顔の向きはまともにせず、横に向かったまま走らせている。防寒帽を被ってもこのとおりである。

一月頃新たに入隊した新兵が、ウカツに防寒帽を着用せず便所または酒保へでも行こうものなら、痛烈なるビンタを喰っているのをよく見かけた。これは防寒の服装を身につけて行かねば忽ち凍傷にかかるからである。

私も海拉爾のほか満州各地及びシベリアに行った際、これを体験させられた。防寒帽を被らず無防備で外に出ると、二、三分で頭に鉄の輪をはめられたようなシビレ感を覚え、とてもじゃないが耐えられるものではない。

岩田中佐は私をとても可愛がってくれ、希望すれば内地より妻子を呼び寄せ、白系ロシア人の家屋に間借りしてもよいとの好意的なる言葉をもらったが、私は内地より急に家族を呼び寄せても、このような寒さに耐えられないと思いお断りしたのである。

（注＝大正七年帝政ロシアに政変が起こり、ロシア人のうち過激派なるパルチザン軍と旧帝政派を支援する者との間に内戦が起こった。パルチザン軍の勢力が優り、日本人及び外国人がニコライエフスク付近において多数殺された（有名な尼港事件である）。そのため日本軍及び外国軍が連合して出兵したのである。この戦では日本軍はチタまで進攻した。ここで休戦となったのであるが、このパルチザン軍の勢力が強かったので、シベリアその他のロシア内地に帰国できず、日本、ハルピン、大連及び上海付近に亡命したのが白系ロシア人である。パルチザン軍は革命政府を樹立する）

◇軍属をやめて大連満鉄経済調査会へ

右のような事情で南満方面に就職したいものと思い、青島時代の恩師里村英雄先生が大連満鉄本社に勤務されていることを、私が青島を離れるときに聞いていたので、満鉄の同先生宛に現在の状況を書き、南満方面で何か適当な職の斡旋方を依頼したのである。

同先生は日独戦争で日本軍が占領した膠済鉄道を管理するため、満鉄職員の多数出向を依頼、里村先生（京都生まれ）も抜擢されて青島に本部文書課長として勤務される傍ら、私らの宿舎の寮長をしておられた。そしてその後満鉄本社に復帰されたのである。

その里村先生より早速返事を頂き、その内容は、満鉄経済調査会に欠員があるが至急連絡するように、との文面であった。

そこで私は以上の経緯を岩田隊長にお願いした。なかなか許可されなかったが、遂に許可された。

忘れもしない昭和九年四月二十七日の機関銃隊日々命令で、「海拉爾《ハイラル》より大連に帰還を命ず」の命令書を戴いて、部隊の各幹部方に挨拶に回った。短い軍属生活、今までのことを思い出して非常に名残が惜しかった。

私は離隊する一ヶ月前、岩田隊長より以下のような命令を受けた。すなわち、従来の機関銃は分解して駄載して、いちいち機関銃を降ろして戦闘隊形を取っているが、これでは直ぐ射撃体勢が取れない。氷上地帯では馬橇に機関銃座を設定して対戦すれば、準備時間の短縮になるので、氷上橇の製作を中国人大工に試作させろとの命令である。氷上橇については既に述べたように中国語では「扒力《パーリー》」と称し、鴨緑江及び松花江では人力によって貨物や人員を乗せて運搬している。これを想定して作成にかかった。

両側の底部に高さ二センチくらいの鉄を先端から後部へ打ち込み滑りやすくする。操縦者は後方に位置し、股と股との間に二メートルくらいの棒の先端に槍のように尖った金具をつけ、これで氷を突き刺すようにして前進する。

私はこの命令を受けて中国人大工を探したが、中国人大工としてはこんなものを作ることは初めてで、図面を書き、つききりで説明して作製

に当たらせた。とにかく試作品は出来たが、銃座の固定位置や馬が引く馬具の取り付け個所などを改正してようやく出来上がった。

岩田隊長はこれを見て非常に喜び褒められた。なにしろ従来の駄載は馬より機関銃を降ろし組み立てるが、この橇ではそのまま自由に移動射撃が出来るようになった。

◇満鉄経済調査会へ就職

さて、昭和九年四月二十七日、私物行李から背広、外套などを出して、身も心も軽く支給されている被服類の一切を返納したが、四月末とはいえ海拉爾は少々寒かった。

かくて四月二十九日の天長節の午後四時、目指す大連に到着。翌朝満鉄本社に出頭、里村先生の所に行きお礼を申し上げたあと、満鉄経済調査会人事部に連れて行かれた。

調査会は第一部より第五部に分かれ、水質、地質、鉱質、交通、運輸、農水産物の各専門がそれぞれ調査に当たっていた。これら調査員は各々専門家が多く、大学の教師などもいた。あのゾルゲスパイ事件で有名な尾崎秀実もここに籍を置いて働いていたのである。

この調査は軍に協力、並行して行われた。私は第四部に配属された。入社当時の身分は嘱託である。

◇軍の兵要地誌班について

当時は各師団は、満州の主要都市に師団ぐるみ移駐していた。各師団には必ず兵要地誌班なる調査班があり、班長は中少尉で、この下に二、三名、兵六名、計一〇名から成り立っていた。当時ハルピンに姫路第十師団が駐屯しており、この兵要地誌班より満鉄経済調査会へ出動の要請があった。

要請があったので、直ちに各部に参加人員の編成が行われ私もその選に這入った。これは中国語が話せるので這入ったものだと推察した。そこで参加者は直ちに携帯用具の毛布、水筒、飯盒、リュックサック、拳銃（モーゼル三号）、弾薬二五発および拳銃所持許可証を受領して師団本部に集合。目的地は東部ソ満国境の綏芬河《スイフェンホー》（ロシア名ポグラチニアナ）、東寧、ソ満国境にそった地帯、最後の集結地は間島である。六月四日ハルピンを出発した。調査期間は一ヶ月、最終集結地は間島である。

我々の調査中の身分は満鉄社員ではあるがこの期間中軍属として取り扱われ、高等官待遇者は金モールの☆章の腕章、判任官待遇者は銀モールの☆章、雇員は赤となっており、この階級章を付けなければ大変な事になり常に注意を怠らなかった。私たちは殆ど判任官待遇であったが、水質鉱質班には金星マークの高等官待遇者が三名もいた。

兵要地誌班長及び調査員に参謀本部から発行された精密な地図を渡された。これらの地図には細かい部落まで記入され、〇〇屯（村の下）など記入されていても実際は農家など一軒もないところもあった。

これらはロシア側と事ある場合に備え、各部落の畜産類や農産物の調査、何名くらい部落を占拠宿泊可能かという調査、地形の調査、資源の調査、また鉄道を敷設する時はどの地域を選ぶか、水質はどうか、等々あらゆる点について調査を行うのである。

綏芬河には独立守備隊があり、この部隊より約一個小隊が援護警備することになった。

我々はハルピンより牡丹江経由終着駅であるソ満国境のポグラチニアナに到着。駅近くにある守備隊の世話になるため営門に入りかけたが、ちょうど討伐隊が帰営した直後で営門歩哨の立っている側にビール箱大の箱があり、調査員の一名がその蓋を開けてみると、何と匪賊の首が三個這入っていた。私もこれまで匪賊の首は何回となく見つけていたのでなんともなかった。これが戦の常道であると思った。

独立守備隊に二泊後いよいよ東寧を目指し出発だ。綏芬河より東寧に至る間に恐れていたのは、山峡に軽便鉄道（トロッコを一〇台くらい連れて走る）が敷設されていたが、両側の標高一〇〇〇メートルくらいの山上より機関銃、小銃などで発射されるのである。兵隊はこの道を「地獄谷」と名付け充分警戒していた。兵隊は下車、散開、遮蔽物を利用して直ちに応射、約四〇分間くらいで敵からの攻撃も止んだので再び東寧に向け出発、幸い被害はなかった。この東寧には一〇〇〇人くらいの住民がおり、ソ満国境の要衝である。軍隊も五〇〇名くらい駐屯していたようである。ここは日ソ両軍が境を接し、「小烏蛇溝河」及び「大烏蛇溝河」が国境線である。東寧の防衛陣地からソ連軍やトーチカが見えるところで、関東軍としても最も要衝の土地としていた。

当時流行歌手の東海林太郎が歌っていた「国境の町」のなかで

「橇の鈴さえ淋しく響く　雪の曠野よ街の灯よ

ひとつ山越しゃ他国の星が

凍り付くよな国境」

と歌われていたのが東寧に来て初めて実感が湧き、思わず感傷的な気分になった。

その翌日、八〇名くらいの兵と調査員はいよいよ間島に向け出発。当初糧秣は駄載していったが、東寧を一歩離れると大密林地帯で人馬の行進は難渋を極め、四日目よりは馬および馬夫は東寧に帰らせた。そして糧秣運搬を三〇~四〇名の兵隊が行なったが、この密林の大縦走行軍は初めてだったことと思う。それでも対ソ作戦上どうしてもやるよりほか仕方がなかったのだろう。

出発四日目に動物の大きな足跡が見つかった。満人のいう「老虎」である。この辺一帯はシベリア産の大きな虎の棲息地である。しかし隊長は隠密調査であるため極力発砲を禁じた。それは部隊が「小烏蛇溝河」に沿って進行しているためこの間を何度も渡り、進行中五回もソ連領に入り込んだのである。

隊長の双眼鏡を借りて前方を見れば点々とトーチカが見え、歩哨が歩き回るのがよく見えた。幸い満領、ソ連領とも河にそって萱や雑草が背丈と同じくらい伸びているので、極力身体をかがめ通行するのであった。東寧より間島までは前述の通り大密林地帯で、地図面では八戸屯《パーフートン》とか三戸屯《サンフトン》とか書いてあるが殆ど村落は見あたらず、あっても二、三戸が点々としてあるくらいである。

農民は落雷等により上から下まで真っ二つに焼き倒された大木の株などを掘り起こし、粟、高粱、包米などを栽培していた。私は大密林を生まれて初めて見たのだが、その落雷は物凄く、三抱えもある大木が焼け倒されていた。

さて、この間の我々の食糧はどうであったか。主食である米は既に食べ尽くし、後は乾パンと缶詰である。だがこれらも制限配給である。缶詰には鰯、鯖、または茶碗蒸し風のものがあったが、これとてもホントの茶碗蒸しとは似ても似つかぬ代物だったが、これが毎日続くのでこれらを見ると食欲が起きなかった。だが乾パンの袋の中に金平糖が十五、六粒這入っている。これが唯一の甘味であった。

人家も殆どないので天幕生活であるが、歩哨は虎、狼などの来襲を避けるため焚き火をしていた。この辺りは国境より大分離れているので焚き火もあまり目立たなかった。

このような生活を今の若い者にやらせてみたら、果たして耐えられる者は何人くらいいるだろうか。

調査旅行も悪戦苦闘のうちに進み、後三日の行程で最終集結地である間島に着くという日、木の根を掘り起こして作った畑を遠くから眺めてみると、頭から煙を出している異様な農夫の一団があった。近づくにしたがって解ったが、これは禁制のけしを栽培している一群であった。頭から煙を出しているのは、虻、ダニ、蚊などの防除のため、鉢巻きの額の上部に蚊遣り線香様のものを焚いているのであるが、遠くから見ると異様な風態である。

阿片を採るには右手で小刀を持ち、けしの実を傷つけると乳白色の汁が出る。これを左手親指にブリキ製のコップ様の物をはめてその汁を集めるのであるが、それを固めたものが生阿片である。さらにこれを精製したものがモルヒネ、コカインとなるのである。

東南アジアで採取する方法もおおむねこのようである。

当時の間島は大きな営舎のなかに二個大隊くらい駐屯していたようである。

ここで奇異に感じたのは、同等の位の兵隊でも、上等兵が同じ位の上等兵に対し先に敬礼していたことである。不思議に思って聞いてみると、同等の上等兵でも五年上等兵、四年上等兵、三年、二年上等兵と古い兵隊が多いから、このような珍現象が起こるのであると話をしてくれた。

さて、我々はこの守備隊に三日間世話になり、援護小隊は綏芬河の原隊へ、兵要地誌班はハルピンの師団へ帰隊、満鉄調査班は調査書を兵要地誌班長に提出、帰連した。

それから一ヶ月してハルピン第一師団の兵要地誌班より再び浜江省の勃利《ボーリー》及び佳木斯《チャムス》間の

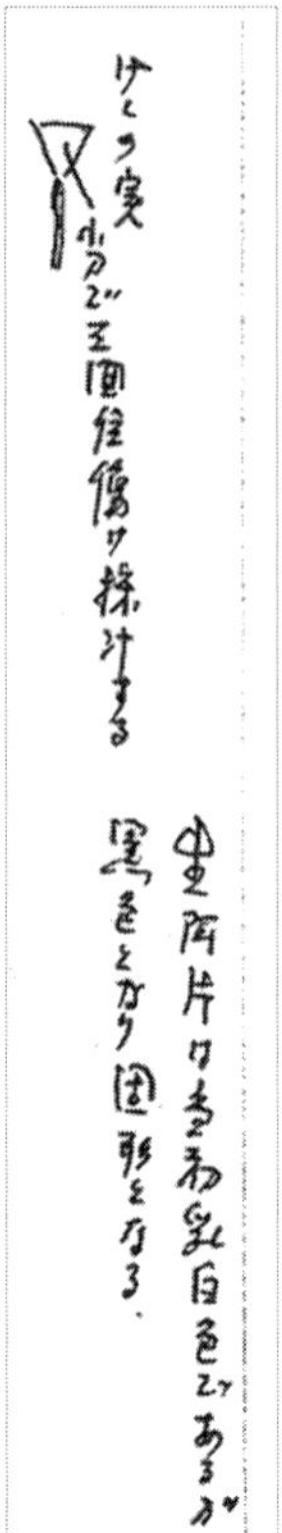

調査を命じられた。急遽準備をして各部より十名が選ばれ、私もその内の一人で行くことになった。期間は約一ヶ月、出発は六月四日である。

牡丹江より軍用トラック十台を連ねて目的地である勃利に約二週間滞在。これから第二目的地である佳木斯に出発することとなったが、我々の通過する地点に「土龍山」というさほど高くない山があったが、この方面の「謝文東《シエウエントン》」というのが匪賊の首領として勢力を張っていた。当時この「謝文東」を抗日の英雄として、農民達は「老謝《ラオシェ》」と呼んで尊敬していた。

我々がこの土龍山を通過する四日前に、軍用トラック四台で日本軍が通過するのを謝文東匪が待ち伏せして、飯塚連隊長以下四〇名が全員壮烈な戦死を遂げた。これが有名な土龍山事件である。我々はこの地点を通過するとき停止した。戦死者は既に荼毘に付されて収骨されていたが、軍用トラックは殆ど全半焼しまだブスブスと残煙を立てていた。我々は全員黙祷して出発した。ホントに凄惨な場面に出くわしたがこれが戦争である。

ここを通過し目指す依蘭に到着（依蘭は松花江の中流にある港で、約三〇〇〇名の人々が住んでいた。下流の富錦とともに有名な港であった）。ここから更に奥地の部落について調査が行われ、各班とも全力を尽くした。この間約一ヶ月間。依蘭の県城に引き返し汽船でハルピン第十師団兵要地誌班に帰着、報告書を作成提出後、大連満鉄本社に帰任したのである。

かくして満鉄経済調査会就職後に二回の調査が行われたが、自分自身の身の回りの整理が殆ど行われず、内外共に大多忙の日が続いた。満鉄での私の待遇は嘱託であった。

そこで生活も安定し、日本橋を渡った処の児玉町にある五階建てビルの三階にある二DKの社宅に入居することになったので、妻の郷里においていた妻と長女智恵子を呼び寄せた。

社宅の二階には平佐一二三という人が居住し、この人に私の一家は非常に厄介になり、後に私が満州国官吏として新京に移ってからも終戦まで親交を続け、勤務上よく私の宅に来たり、私も公務出張の際は同氏宅にも泊まってお世話になった。

この夫婦は智恵子をことのほか可愛がって、新京に出張してきた時は大連までよく連れて行ってくれたものである。私がソ連より帰国後、夫人は帰国早々亡くなられたとのことである。十年前同氏二男が大阪の水産会社に入社し私も同行して祝福したが、惜しいかな十二年前郷里山口で他界された。

◇満鉄経済調査会より満州国官吏への転属

満州国建国当初には、日本よりドンドン優秀な日系官吏を満州国に転属または出向させ、また民間人を採用していた。

そして関東軍の指令により満州国実業部が創設され、その外局として臨時産業調査局を新設したが、その構成局員を急に多数には採用不能のため関東軍より満鉄に交渉、或る程度の人員を引き抜き、満州国臨時産業調査局へ転出させよとの指令があった。産業調査局はこのほか、日本政府より或る程度の官吏を転出及び出向もさせていた。

そこで満鉄経済調査会としては、満州国産業調査局に官吏としての転属希望者を募ったが、三、四名の者を除き応募者がなかったので、軍の命令でもあり結局指名転出となった。私もその一人である。満鉄経済調査会の一部より五部まで、各部を通じ四十二名の者が満州国官吏として転出が決定した。これらの人の中には一流の農業経営の学者もおられた。

さて、ここに転出は決まったがその待遇はどうなるのか。身分は満州国官吏と決まったが、待遇問題で一週間くらい討議され、満鉄で受けている待遇より上の待遇と給料が決められた。

私は属官（日本では属という）として委任官（日本では判任官という）五等として任官した。

◇満州事変の発端

さて、昭和七年当時の満州では、奉天省督軍張作霖が北京に乗り込んで自ら中華民国の大元帥である事を称号し、意気盛んな折で関東軍を軽視し、反日に向かっていたので関東軍の目の上の瘤であった。機会あらばこれを抹殺せんものと機を狙っていたが、同年九月十八日北京より奉天に帰還中、張作霖の列車が奉天間近の柳条溝に差し掛かった際大爆発を起こし、張作霖は爆死したのである。これは皆も承知している通り、中国側はこれを「忽忘九一八」（九月十八日を忘れるな）と宣伝し、全国に排日貨運動へと展開して行くのである。

関東軍の言い分は、同地付近の日本守備隊が演習中、突如中国軍隊（奉天付近の北大営の軍隊）より襲撃されたもので、自衛のためこれに応戦したものであると言い、中国側はこれは関東軍の鉄道守備隊の仕掛けた一大謀略であると言っていた。

何れにしても関東軍はこの機を外さず、北大営の中国軍兵営を攻撃殲滅占領するとともに、奉天省城をも全面攻略し、その戦火は全満に拡大されていったのである。

これが発端となり、満州事変より日中戦争へと野火のように広がっていった。

その当時、関東軍は清国の廃帝溥儀を天津の日本租界に保護軟禁していたが、同人を新京に連行、ここに満州国人民の総意によって満州帝国を創立、溥儀を満州帝国の皇帝として迎え五族協和を旗印にして揺るぎない国を建てたのである。しかしこれは全くの関東軍の策略で、裏面では関東軍が実権を握り満州国全体を支配するようになった。当時の関東軍司令官は植田謙吉大将であった。

このように満州帝国は建国されたが、当初の満州国の政治機構は次の通りである。

満州国→国務院（内閣官房に当たる）

- 司法部
- 商工部（のちの経済部）
- 軍政部
- 治安部
- 実業部（のちの興農部）
  - 外局として臨時産業調査局
- 交通部
- 文教部

この下に司、科、股の機構になっていた（司とは部、科とは課、股とは係）

満州帝国は五族協和を旗印に日、漢、蒙、朝鮮、白系ロシアなどの共存共栄をモットーにスタートしたが、これらの人事任免権についても全面的に関東軍が把握していたのである。従って人事は上は大臣より下は股員まで（三、四の例外はあるが）満人を主として、次長、司長、科長、股長は殆ど日系で、股員級は日系他民族を含め五対五くらいの比率であったように思われる。

それで大臣以下主要なポストは総て満人（例外はある）で、それ以下の次長は日系によって占められ（例外として満系の場合もある）、県長は満人（少数の日系は県長となっていた場合もあった）、そして副県長は殆ど日系によって占められ、科長、股長も同様であり、股員以下において初めて主として満人が多く他民族の人及び少数の日系が這入っていた。

それで仕事の実際は日系によって行われ、大臣以下主要の長はいずれも飾り物であった。決裁書類に印鑑を押すくらいで殆ど何もしていなかった。お供え物同様であった。

しかし中国で知られていた張景恵などの大物が国務院長に据えられていた。ほかにも三、四名の大物もいた。これらの任免権は全て関東軍司令部の許認可によって行われていたのが実情であった。

私の在勤中、日本政府より出向官吏として頭に残っている人には、岸信介（当時の実業部次長）、故椎名悦三郎（当時の経済部次長）、谷垣専一（現文部大臣）、柳田桃太郎（当時の実業部畜産科長のち参議院議員となる）、始関伊平（当時興農部農政司特産科長、現在参議院議員）などがあり、岸信介氏とは、重要持廻り文書などに度々決裁を頂きに面接しており、いまでもテレビ画面に時々放映されるたびに懐かしい思いがする。また始関伊平氏については、特産科時代その下で働いていた時分、文章の起案などについて教えられる事が多かった。

右の各部は首都新京（現在の長春）にあり、地方の組織は次の通りであった。

安東省
間島省
奉天省
吉林省
龍江省
濱江省
黒河省
三江省
錦州省
興安北省
興安南省
興安東省
興安西省
熱河省

前記の如く「長」と名のつく役職は殆ど満人であった。
副は二、三の例外を除き殆ど日系によって占められていた。
各省には省長―次長―県長（旗長）―副県長―科長―股長―股員
以上のほか内蒙古自治省の下に旗があった。（旗は県に相当する）

なお、右の各省の下に六～一〇の県及び旗があって統率されていた。その頃の満州国官吏の待遇はどうであったろうか。昭和二十年五月現地召集された当時の私の俸給を参考までに述べてみよう。

事務官（薦任官――日本では高等官に当る）としての俸給は三七〇円を給与されていたが、満系官吏は同一等級でも二九〇円くらいであった。このような格差を付けられ、他民族官吏の内心は当然不満だったようである。首都新京より奥地に出張した県公署の満系官吏が、蔭でコソコソ日系官吏を非難しているのを時々聞いたことがある。

満州建国と共に満州防衛軍として陸海軍も創設されたが、特別部隊として近衛兵に相当する禁衛隊があった。

当時の満軍や警察隊の素質はすこぶる悪く、匪賊上がりの者を軍隊や警察官として採用していた。これらは何時匪賊に変身するやもしれない状態であった。

私は匪賊討伐に従軍中に夜間満軍部隊本部に遊びに行ったとき、日系指導官が宿営の際は全部隊の銃器一切を本部に集め、日系軍官が不寝番を立てて保管していると語ってくれたが保管場所も見せてくれた。

満州国軍は関東軍の一翼として力を入れ、日本軍の現役や予備・後備の下士官、将校を指導官として採用して指導に当たらせていた。日本軍の軍曹・曹長級は少・中尉に、日本軍の少・中尉級は少佐または大尉級に約二段階高く任命されていた。これらの軍が反乱を起こすときは、日系軍官は皆殺しとして寝返りしたものである。

有名なノモンハン事件の時でも満軍の殆どがソ連軍に投降、または逃亡したのである。また終戦時ソ連軍が新京に進駐して来た際、真っ先に反乱を起こしたのが禁衛隊であった。

満鉄経済調査会より転職したことは前述の通りである。

そしてその勤務個所は満州国実業部臨時産業調査局農産司（司は部に当たる）特産科で、農産司の下部機関である財団法人大豆検査所の監督官となった。この大豆検査所とは満州国建国までは満鉄の一機関として存在していたが、建国後はこの機関を満鉄より全面的に移管したのである。

大豆検査所はちょうど日本の米穀検査所と同様の機能を持つもので、輸出する大豆の粒の大小、含油量の検査をし等級を格付けするのが仕事の内容であった。

満州産大豆は国内農産物のおおかたを占めるもので、世界第三位の大豆生産量である。

当時満州国建国後間もない頃であり、産業調査局（以下産調という）では国の基本となる農家経済調査を速やかに行う必要に迫られ、全満州のうちより或る県を抽出して満州農業の実態を把握することが急務とされたので、県名を決定し「農村実態調査」を実施する事になった。これには満州経済調査会より移籍した者殆ど全員、及び大学で経済学を専攻した人々を加え急ぎ班の編制が行われた。幸いにも私もその一員に加えられた。

当時匪賊、抗日軍が各地に蟠鋸していたので満鉄経済調査会在職と同様、産調より拳銃及び実弾の支給を受けて一ヶ月の期間で各班ごとに指定された農村に出発することになった。このような治安の悪い状況では警備の必要があるため、各調査対象の県警察隊（満人）より約一〇名ほどの警察官が護衛として調査中警備に当たってくれた。これらは各県公署に事前に連絡、保護を要請するもので、この満人警察隊は全員武装している者である。この警備兵にはその期間中、一人当たり毎日五〇銭が支払われるのである。

調査班編成後は、警備費、宿泊費、宣撫費、所要経費を概算して会計課より班長が受け取り帰局後精算するのであり、食事などは総て現地調達である。

私の調査県は龍江省の三姓、富錦の二県であった。

目的地である屯（村より下の単位の部落で、約四、五十戸の農村である）に這入りその屯長の家を本部として宿泊するので、警察隊も適当な家を探して宿泊した。

この調査を開始する前に宣撫品（農民を手ならすための慰問品または贈り物。飴、糸、針、その他仁丹などの薬品類）を準備、到着早々部落長及び部落民を集め調査の目的等を説明して協力するよう依頼した。

余談になるが仁丹、味の素などは、日清戦争後より中国に進出、宣伝販売されていたが、中国や満州ではどこへ行ってもこれらの商品を知らぬ者のない程で、万里の長城の土壁にも仁丹、味の素の広告が貼ってあるのを実際に私は見て驚いた。これほど徹底した宣伝は他にはないだろう。

仁丹については、不思議なことに中国及び満人らが病気（腹痛や下痢）をしたときに、これを五、六粒与えると不思議に治るのである。これは滅多に飲まない事に起因するのであろう。

さて、農業実態調査とは、

昔から継承されている土地関係

土地売買関係

地主と小作人関係

作男と雇い主との関係及び仕事の種類、身分関係

建物を建てる時の相互扶助関係

賦付加金及び租税
農産物の耕作方法と農機具の種類と名称
生産物の売買方法
金融関係及び利子
家畜の種類及び頭数
粮機への借金、青田売り
家屋関係及び家族関係
冠婚葬祭

このほかあらゆる問題を各戸ごとに綿密に調査する。なにしろ一人二時間も三時間もかかるので、老人相手の調査は相手も調査員も誠に気の毒であった。

とにかく満州建国と共に国の根本になる農業全体の調査をする必要があり、根こそぎ調べるためこのような調査を急ぐ必要があった。この時の調査対象農家は四六戸であった。

私は調査中は通訳なしで一人で調査を進めたが、他の人は満人の通訳を付けているのであった。調査もすんで帰局の際は、屯長に若干の謝礼金を与え礼を述べて帰局した。

そして帰局後これら諸種の統計図の作成、集計、報告書の作成、まとめ及び調査洩れの有無を確かめ、洩れた部分については補遺調査のため大野保氏（東大経済学部出身の秀才であったが、この調査後一年ほど経過したとき、左翼分子として憲兵隊及び警察本部に逮捕され間もなく獄死された。非常におとなしく親切な人で、現在生きておられたら立派な業績を残されたものと思う。ここに謹んでご冥福を祈る次第である）と二人で約二週間再び調査部落を訪れ、帰局後ようやく各論毎の調査結果を班員一同でまとめて報告した。

次いで六ヶ月後に満州国中堅官吏を養成する大同学院（日本の各大学卒業者を一年間入学させ特殊教育を行った）の卒業生五十名を五班に分けて、十名を一班として編制し、私は一つの班長として第三回目の農村実態調査をすることになった。調査地は奉天省鉄嶺県の一部落を選んだ。

今度もまた前回同様の調査であり、大同学院の卒業生も大いに張り切り一ヶ月の調査期間も順調に進んで終了した。この時も補遺調査のため二週間、再度部落を訪れた。

これら度重なる調査は満州農業政策の基礎を作るための調査であり、満州農業の根底を洗い、新満州国の基盤を作る誠に得難い資料ともなったのである。

このようにして二十余県にわたる「満州国農村実態調査報告書」は印刷製本された。発行部数は限定され（三〇〇部）、マル秘文書に準じて軍及び関係官庁及び関係調査員に配付、日本の農林水産省にももちろん贈られた。

私もこれらの調査書を受領していたが、八月十日ソ連軍の新京進駐により散逸したのは残念でならない。

この調査は一県一冊ごとに出版（一冊三〜四百ページに及んでいる）された。この調査書は各県毎の調査員の氏名が記入されており、いまでも農林水産省の資料室に保管されている。

◇鉄嶺県調査中のエピソード

私の班に大同学院卒業生で楢木というのがいた。確か十月中旬だと思われるが、我々の警護隊の満系巡警の持っている三〇式歩兵銃を早朝に借りて（実弾五発装填してある）、これを下げて一人で出ていった。一時間ほどして大きな声を出して「中島班長、雁をしとめて来ました」と言う。

私はビックリして外に出ると、右手に銃を、左手に大きな雁を一羽提げているではないか。しかも一発のもとに仕留めたとのことである。この雁はとても大きく肥えていた。

習性として雁は群れをなしており、地上に降りたときでも一羽の雁は必ず見張りを立てるのである。楢木班員は見張りの雁を見事一発で仕留めたのである。しかも日本軍の三〇式歩兵銃である。

とにかくその晩はこれを料理して、班員一〇名と私を入れて十一名がタラフク食べても余るほどであった。

雁は群れをなして飛んでいる時はさほど大きいとは感じないが、さて手に持って見ると真に重量感がありまことに美味である。北部方面に棲息する山七面鳥にも相当するだろう。

私は昭和十年より終戦の五月まで満州国官吏として勤務したが、その間機構改革により実業部は興農部となり、糧政司事務官（薦任官六等）となった。昭和十四年四月一日付だった。日米開戦後日本は物資統制令が布かれ、食糧、衣料類も統制下に置かれていたが、まだその頃には満州では比較的ゆるやかで、日本から親類縁故者を頼り来満する人が多かった。しかし戦局もようやく厳しくなってきたので、軍命令により満州においても物資統制令が行われることになった。そして糧政司なる機構が生まれた。その仕事は物資動員計画で、略称して物動計画と呼んでいた。

私はここで全満物資動員油脂類担当官として勤務することになった。

油脂類とは大豆油、ヒマシ油、胡麻油、落花生油、日廻油、菜種子油など総ての油脂関係を網羅したものを対日、対支、対鮮、対軍などへの物動計画である。たとえばヒマシ油は、飛行機の潤滑油として関東軍としては最も重視しており、これに基づき糧政司としては全満各地に作付け面積を割り当てその集荷に努力していた。需要が高かったのは大豆油であって、これらは日本への輸出のほか、現地の満人の食生活にも不可欠で、日本より移駐した製油工場、菓子工場、油揚げの工場などに配分せねばならなかった。

当時満州では旧来の楔型木製の絞り機を使用していた在来の工場約三五〇工場のほか、新式設備を持った豊年製油や日本製油などの大手工場など数社が大連に進出して、油粕と油を産出していた。そして新式の製油工場で出る粕は粉粕であり、在来粕は丸型固形粕である。当時日本では食料不足のため、大豆粕は物動計画によって対日、満州国飼料、軍関係などに向けられていた。

米の配給の際これらの粕類は、食糧として苞米《パオミー》（トウモロコシ）などとともに混合支給されていた。満州国の農産物は既述のとおり主として大豆、小麦、高粱、黍、唐黍などであり、その他一部地方では米、陸稲などが朝鮮人によって生産されていた。

満人の食料は白米を除き前記の農産物である。なお一部の県では葉煙草、及び砂糖が生産されていたが、これらもまた総て供出させられていた。これらの農産物の生産については、全部農産物物動計画に基づき県別生産割当を強行させていた。

当時の農産物の集荷については左のような機構であった。

農家→屯長→甲長→県農事合作社→農産公社支社→農産公社本社

出荷の場合も農産公社本社が、物動計画による数量を本社より各地農産支社へ各県農事合作社に指示、出荷することとなっていた。

集荷も当初は割当額に近い数字だったが、昭和十九年初めより集荷量は悪化の一途をたどり農村よりの集荷も思わしくなくなった。そこで農民に対し出荷奨励対策としてその数量に応じて生活必需品である白布、白麺（メリケン粉）など当時なかなか手に入らぬ商品を交付するようにしたが、それでも思わしい成績は上がらなかった。

一方日本商社大手の三井、三菱その他中小の業者も農産物取得のため連日のごとく接待政策をとりはじめ、工場監督官などが現地調査の際、自己工場で生産された羊羹、味の素、砂糖、味噌、醤油、酒など当時内地ではなかなか入手出来ない諸品を土産品として贈っていた。

これらは勿論一般ではなくごく一部の者であった。

言い忘れたが昭和十六年、日本賞勲局より日中戦争の功労に従軍徽章と銅製の大きな楯と、満州国政府より勲六位景雲章の叙勲を受けた。

満鉄より転属してきたものは賞勲局より勲七等または勲六等の叙勲を受けていたが、これは軍属及び満鉄勤務年数が足りなかったためで、賞勲局への申請は総て満鉄が行ったものである。

当時の官庁勤務は多忙であったが、夏期七、八月は午前中だけで午後からは半休となっていた。その当時の私の官舎は南湖（大きな湖である）のそばにあった。この官舎は第五官舎と呼ばれていた。その官舎から南湖には五分も要しない近距離であるため、午前中を除き殆ど魚釣りに熱中していた。

魚の種類は鮒、ハヤ、草魚、雷魚などが釣れた。これらの魚は草魚を除きとても泥臭く、釣った魚は焼いて鶏の飼料とした。

近くに大同公園という大きな公園があって此処には四面の軟式庭球場があり、魚釣りに行かない時は暇があったら練習を行った。

◇妻ふみゑとの結婚及び長女智恵子の誕生

昭和五年当初、カメ姉のところに寄宿していた旧姓宮先ふみゑ――兄光三郎の妻の妹――の写真を漢口の私の処に送付してきた。そして気に入れば嫁にしてほしいとの手紙が来たので、それまで渡満以来まだ一度も帰国していなかったので約一ヶ月の休暇を取って帰国した。そして逢ってみて結婚することに決心した。

そしてそれは、私が二十八才、ふみゑが十八才の時である。カメ姉の媒酌により昭和六年二月に挙式を行った。その後が大変である。日常品はたいていのものは日本人商店で売っていたが、なにしろ日本から五日の日数がかかるので日本製品は大変高かった。そのため日常品一切を京都で購入。携行して行ったのである。

彼女としては見ず知らずの土地であり、親戚友人など一人もいない遠い漢口までの初めての新婚旅行兼初旅である。しかし思ったほどの心配もなく、よく私に付いてきてくれた。いまの女の子なら決して行かなかっただろう。

そして、結婚して間もなくの昭和六年の五月に懐妊した。当時日本租界にはただ一人の日本人産婆がいたので（もちろん日本人経営の病院はあったが）この産婆を頼んだが、これが出産のとき大変なことになった。

というのは、昭和七年二月二十八日（閏年）の日曜日のことであった。朝七時ころ腹痛を訴えていたが、当日は店の用事で是非とも事務所に行かねばならない仕事があり、自転車で約二〇分の距離にある英租界に着いた。約二〇分ほどして支店長夫人より電話で、どうやら産気づいたようだから急いで帰宅してくれとの事であった。

我々が結婚してからの住所は漢口日本租界鶴風里四号の三階建てビルで、一階は中国人の家主、二階は支店長宅、三階が我々の住所で、十畳敷きくらいの洋間に十枚の畳を床上に並べ、細い木の枠に釘を打ち込み畳が動かないようにしていた。

その間支店長夫人は産婆の家に連絡に行ってくれてはいたが、当日はあいにく日曜日であるため産婆は友人のところに麻雀に行っているとのことで、どこの家に行ったのか家人もわからず支店長夫人もウロウロされていた。

そこで私は飛ぶように全速力で自宅に帰り、産婆の立ち寄りそうな家を片っ端から訪ねたがわからないので一旦自宅に帰ったが、その時は既に子供は出産していた。しかし臍の緒はついたままである。

　ここで私が感心したことは、支店長宅には六十五才くらいの「阿媽《アマ》」が女中としており、この「阿媽」は十数年来支店長に仕えていた。私の家には十五才くらいの「阿媽」を雇っていたが、このようなときには何の役にもたたなかった。

　中国人の老女中でも、さすがに産婆が来るまで作ってあったおしめで赤ん坊をグルグルと柔らかく巻いて、その上から毛布をかぶせると共に湯を沸かしていてくれた。

　そのうちに産婆にだれか連絡してくれたのか、アタフタと慌てて来てくれたが怒ることも出来ず、後産の処置をして臍の緒を切って貰ってやっと寝かしつけた。私は一時はどうなる事やらと、冷や汗をかいていた。

　初めて見る私らの子供、それも女の子である。当時の写真を見るとまるで人形のように可愛いかった。そして生まれ月も二月二十八日で、翌日だったら閏年であるから四年に一度しか廻ってこないからこの点二十八日でよかった。

　この子が智恵子である。本当に可愛かった。

　それから来満後次女淑子（昭和一二年五月二九日生まれ）三女照美（昭和一五年二月二一日生まれ）長男彰（昭和一七年一月二日生まれ）四女幸代（昭和一九年二月二三日生まれ）が生まれ、合計七名の家族となって、なかなか家中が賑やかになった。

智恵子も淑子も順天小学校に通学していたが、冬の一月頃だったろうか、毛皮のシューバーに毛皮の帽子をかぶせてあるのに二人とも泣きながら帰ってきたので、私は仕方がないから二人を連れて登校させたことが二、三度あった。

また照美も三歳くらいの春の頃、誰も遊び相手がいないのか官舎の中階段で春の日差しを浴びてコクリコクリと眠っていたのが未だに印象に残っている。この子供らは智恵子を除き何れも新京市立病院で安産したのである。

◇中国及び満州アレコレ見聞記

◎万里の長城

満州国官吏だった私は昭和十五年と昭和十七年との二回、北京と天津に出張を命じられた。第二回は熱河省承徳から古北口を越えて汽車で北京に出張した。

第一回の時は奉天より錦州を経て中国と満州の国境山海関を通り、北京に行ったのである。

世界に名だたる万里の長城は、夷敵を防がんがため歴史に名高い秦の始皇帝によって築かれたもので、暴帝始皇帝は何十万という人を徴発築城させ人柱も多数埋められたとのことである。

万里の長城の起点は山海関の海岸から始まっている。その城壁の関門の上部に石で「天下第一関」と左から右へ大きな字が彫刻されている。この長城は山海関を起点として延々数千里、雲南省の嘉陵門に終わっているが、城壁は大きな焼土煉瓦で高さ数十メートル（定かではないがビルの四階建てくらいの高さである）。そして所々に見張りの屯所があり防塁も出来ている。そしてその幅は四輪馬車が二台並行してもまだ余裕があるほどの広さで、これから推定してもいかに大きな物であるかが判るのである。

そして長城にまつわる悲しい出来事も沢山ある。どこを廻っても各省で、津々浦々で大人も子供にも唄われている「孟姜女《モンチャンニュイ》」という唄は、一月から十二月まで分けて唄われているまことに哀調切々たる唄と節で、一例として一月分のものを書いてみよう。

正月裡来是新春　　お正月が来て新しい春が来た
家々戸々点紅灯　　家々では紅い提灯に灯を点けている
別家丈夫団圓聚　　他家では夫を中心に一家団らんをしている
私家的丈夫去造城　　私の夫は築城人夫として働かされている

なんと悲しい唄ではないか。ここで唄われている主人公は後に長城の人柱にされたのである。

いずれにしても世界三大工事の一つとして築かれた万里の長城は、これだけの大工事でも夷敵からの侵入を免れる事が出来なかった。

◎中国及び満州の便所について

汚い話であるが、中国の中でもまず漢口方面の便所について語ろう。

大きな問屋になると裏門の入り口の処に約二メートルくらいある太い杉丸太を横たえ（地上から約五〇センチくらい）上半身を前にかがめ、尻を後方に出して排便するのである。ウッカリ重心を後ろにかけ過ぎると、糞壷に落ちて黄金仏となるのである

このような大便所は私は漢口以外では見なかった。便壷が溜まれば付近の農家が汲み取りに来ていた。

腰をかけながら隣の人と談笑して大便するとは、なんと呑気でユーモ

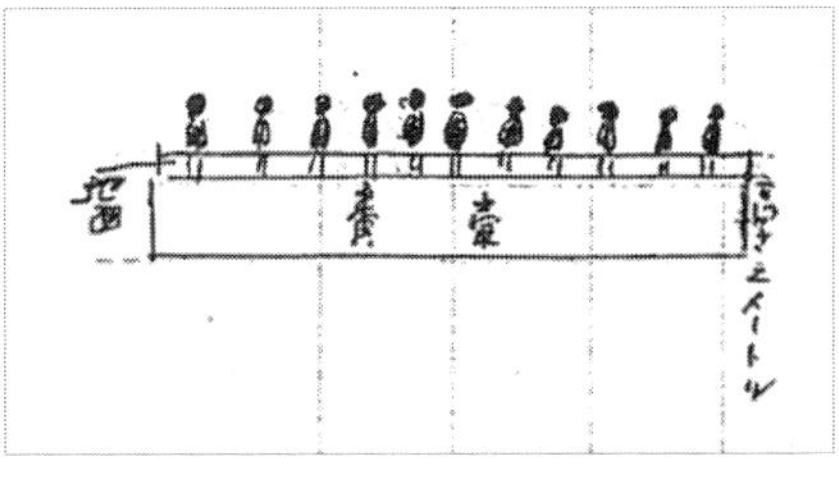

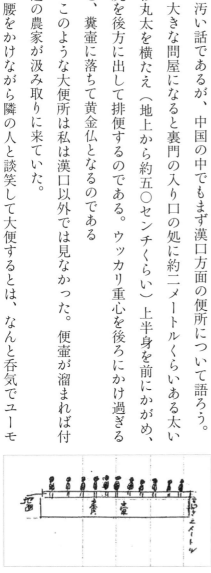

ラスであることか。

この便所の使用は、上は店主から下は人夫まで上下の関係はなく誰でも使用できるのである。この便所はもちろん男子のみで、女子は自分の室に備え付けている馬桶と称する便器を使用するのである。

満州では洋式建築物には水洗便所の施設はあったが、それ以外は屋外に粗末な便所が建てられていた。それで結氷期になると糞尿が凍結されてしまうのである。尿のほうは水であるから平面的に凍るが大便の方はそうはいかない。底部からしだいに凍結し始め、それが段々とピラミッド状になって来て、便所の踏み板の近くまで来ると赤信号である。なぜならピラミッドの先端が槍状に凍結してくるので、そのままでは肛門を傷つける恐れが多分にある。各戸では鉄棒を用意してこれを突き破って崩すのである。このようなことは日本では想像することも出来ないであろう。

なお、シベリアでも同様であった（第二部の抑留記の項参照）。

◎古北口

二度目の北京行きは昭和十七年四月で、熱河省の省公署所在地である承徳への公用の出張である。承徳は喇嘛《ラマ》教（チベット仏教）の本山が在るところで喇嘛寺も数多くあり、仏像も普通の仏もあったが主として陰陽仏が多かった。喇嘛教は殆ど蒙古人が信心しているもので、外蒙の首都ウランバートルに活仏がおった（中共政府になって迫害を受けて印度に亡命した）。喇嘛寺の本殿は普通の日は開放しておらず秘仏などはなかなか見られなかった。中央政府から出張してきた者であるから、是非拝観させてほしいと頼み込んで渋々中へ入れてくれたが、一元紙幣を握らせたら忽ち笑顔になった。どこも金次第である。秘仏の写真を二ダースほど撮ったがなかなか得難い写真だった。だが、八月十日ソ連兵が進駐してきたので種々な写真とも散逸したのは残念である。

承徳に滞在四日後、有名な古北口越えである。この列車は北京行きであるがその途中に古北口の峻険な鉄路が待ち受けていた。古北口に着いてみて驚いた。山頂から下を見れば急坂になっており、遙か下を見ると下にまた古北口の駅が見えるのである。

この鉄道工事を当初英国が請け負ったがあまりの難工事のため放り出したので、日本がこれに代わって完成させたのである。七曲がりの急所として有名である。

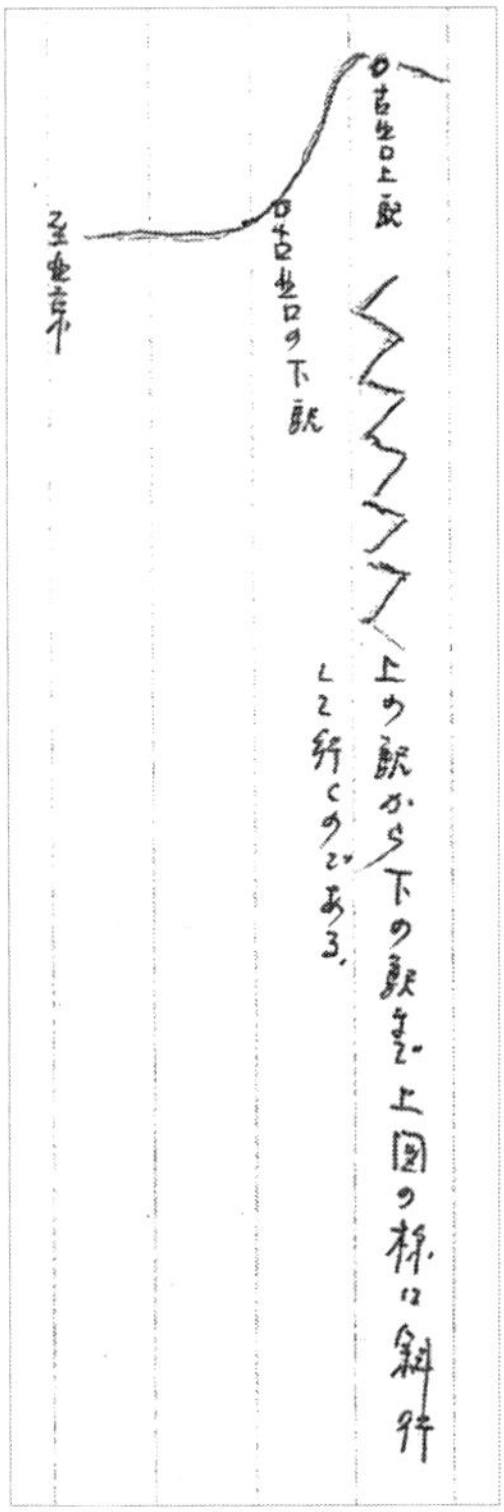

◎北京

北京は歴代の皇帝の王城地であり、街路も整然としている。天壇、故宮博物院、西湖など、とても二日間の滞在では見られなかった。故宮博物院には歴代皇帝の宝物が目を奪うばかりにあふれていた。また西湖は西太后の命で作られた一大人造湖であるが、その景観は誠に結構である。

それから王府井という何でも売っている誠に賑やかな街が、北京を訪れた人は必ず一度は訪ねる北京の名所となっていた。現在の中共になっても新聞紙上などに報道されているが、相当賑やかな街だろうと思う。

北京の居住地区は高い煉瓦塀をめぐらせている。そして路地が非常に多く、○○胡同、○胡同と数多く小路がある（胡同《フートン》とは、小路のことをいう）。北京はまことに落ち着いた静かな景観のよい都市で公園なども整然とし、白髪の老人が雲雀の籠をベンチに置いて、その声に聞き惚れている呑気な姿も見られた。

食事では北京料理の本場である。広東料理、上海料理などがあるが、それらのうちでも最たるもので、これらの味は到底日本のどこを探しても見当たらないであろう。

◎死刑について

私が満州の安東県に住んでいた尋常四年生の時、強盗殺人犯の賊の郊外処刑があるからとのことで、好奇心のある少年時代の頃だからその処刑地に友人と行ってみた。

死刑囚は三名。周囲には二〇名くらいの兵士が死刑囚を囲んで銃を外側の観衆に向けて警戒していた。一時間ほどして死刑執行人がやって来た。囚人は上衣を脱がされ、褌子（支那式のズボン）を履いて麻縄で後ろ手及び両肩からたすきがけで縛られ、膝を折って座らされていた。そして奇妙なことには、一人一人に麺を係官が食べさせていた。

これはこの世への最後の囚人に対する情けであったのだろう。そして目隠しをして、食べ終わるや執行人は青龍刀と称する先幅の広い重量のある刀で首を刎ねたのである。

それからその後、姦通した男女二人が青龍刀ではなく藁を切る押し切りで首を切られたのを見物したことがあるが、これは儒教の国である中国では姦通は大罪であるから、見せしめのためこのような刑死を行ったものと考えられる。私は漢口在住当時中国街で、姦通した男女が上半身裸で背中合わせに立木に縛られているのを見たが、見物人に聴いてみると三日間晒して見せしめのためにこのような事をしているのだといっていた。警察ではべつにこれに干渉する模様もなかった。押し切り刑もさりながら、この晒し刑もなんとも残酷な刑であろう。

つぎに滅多に見られない銃殺刑である。これは大正四年の五月頃と思うが、守備軍の架設した軍用電線を多量に切断した犯人三名が捕われ、占領下の中国人に見せしめのため郊外で銃殺刑が執行された。これは立木に二メートル間隔に犯人を目隠しをして、犯人一名に付き各中隊より選抜の射手三名が三〇メートル手前から狙う。将校が指揮刀を抜き放ち「弾を込め」「狙え」「撃て」の号令で頭部を狙い即死である。その後このような場面には出合わなかった。

さてその次は、見るも凄惨な斬首刑を見たのである。

昭和六年六月蒋介石軍が共産匪十六名を、こともあろうに日本租界と中国街との境の繁華街で処刑した。繁華街が処刑場となったのである。アスファルト約二〇〇メートルほどを遮断し、人馬の通行を許さなかった。

共産匪賊（共産党員）が確か午後二時頃から斬罪に処せられることとなったのである。これらの罪人は武昌の軍事審判所より五〇名ほどの兵隊に護送され、何れも上半身は裸体で下は褲子《クーズ》（中国のズボン）を着用し、細縄で高手小手に縛られていた。

そのころは既に黒山の人だかりである。日本人も刑場が日本租界と中国街の境の華景街の路上で処刑されるというので、多数集まっていた。

妻ふみゑもこんな場面に出合ったこともなかったので見たがったが、ちょうど妊娠中でもあり、卒倒でもされては大変なので絶対行かせなかった。

竹の棒のついた昔の武者の旗指物のようなものが、罪人の首の縄目に一人一人差し込まれていた。

そして護衛してきた兵は一斉に銃に弾薬を装填して、グルリを取り巻いていた群衆に向けたものであり、これは共産党員の奪還に備えたものである。

午後二時すぎ右から左へ首切りが始まった。刀は青龍刀である。首切り役人は七名くらいだったと思う。一人の首切り役人はせいぜい三名くらいしか切れず、精神上の圧迫からか、切ったら付近の一杯飲み屋に飛び込み白酒《パイチュー》を一気に茶碗一杯飲み干していた。

（注＝白酒とは高粱から精製される強烈な酒でアルコール分四〇％以上を含む。マッチを近づければ

アルコールと同様火がつくので、ロシアのウォッカより強い酒である）

なかでも悲惨であったのは、刀を振り下ろされるとき意識的に罪人の首がすくみ、見当をつけた所は切られず肩を切られ、丁寧にも二度目の大刀で打ち落とされる者が四名あったことである。そのうちの一名は後頭部を切られ、二度目の大刀で斬首されていた。

この首切りは首を切られた瞬間、首の切り傷から一メートルくらいの高さの血が吹き上がる。そして見る見る首が収縮してゆき、血が全部出切ったら全身蝋色となり透き通るような身体となる。そして満州の斬首刑のときには見られなかったが、中国本土では首が刎ねられたとき群衆一同は一斉に「ホー」という声を発したのである。これは殺された者の死霊が自己に乗り移らないためだという。

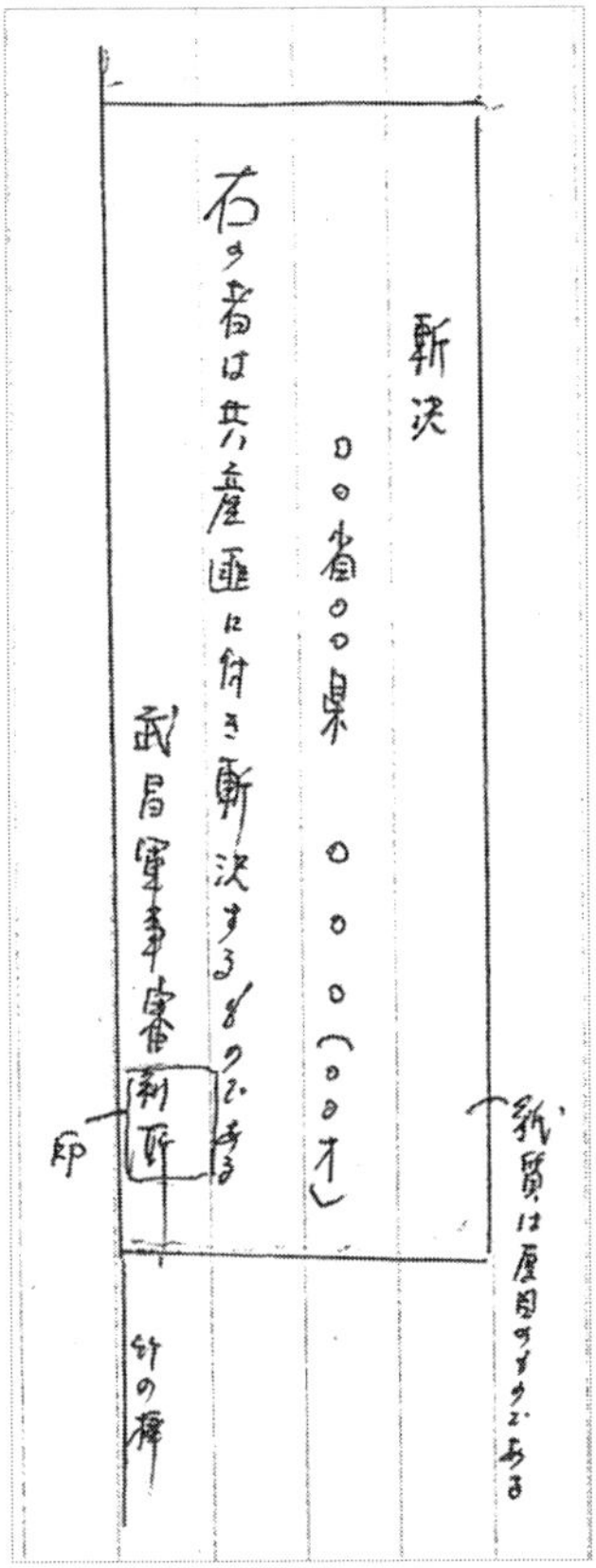

そして兵隊は一人一人死体の側においてある斬決状の一人宛の紙に一人宛の首から出た血を塗りつけ、斬決した証拠としてラッパを吹奏しながら武昌の軍事審判所に持ち帰るのである。

さらに奇怪なことは、群衆中のある者は死刑前から「饃饃《モーモー》」と称する小麦粉で練ってふかした饅頭を持ってきており、斬決がすむやいなやこの饅頭を二つに割り、首から出る血潮をペッタリと塗り家に飛んで帰る。これはその家に労病《ラオビン》（肺病患者）が居るので、その特効薬として食べさせるのである。誠に変わった奇習で迷信も甚だしい。

さて、処刑後の始末は血が流れているアスファルト道路に砂利を撒き、何でもないように普通の道路として人馬が往来する。これらの死体の処理は市衛生局が粗末な薄い板、鉋掛けしていない粗板の棺に収納して、所定の地に埋葬されるのである。前記十六名の内ある者は「共産党万歳」「毛沢東万歳」と死の直前に叫んでいた。

この処刑を日本人の発行する漢口日々新聞（日刊）社の堤という記者が密かに取材、写真を見つけられ銃の台尻で尻を殴られ、写真機は没収されるという一幕もあった。

また、銀行や大商店などを襲った犯人が死罪となるときは、どういうわけがあるのかわからないが、あるいは大衆への見せしめのためか、皮肉にもその死刑場を襲われた銀行、大商店の道端にすることが多かった。

◎拳銃での銃殺

前記共産匪の処刑の前であったと思うが、これも共産匪の処刑であった。その日私は通関手続きのため税関に行く途中、黒山のような人だかりで何事かと思って見たら、中国軍（蒋介石軍）憲兵により男三名女二名が既に処刑された後であった。このときは青龍刀ではなく憲兵の所持するモーゼル一号の拳銃で、五名を一列横隊に並べ頭のこめかみに直接銃口を当て即死させていた。

◎晒し首

満州事変中でもその他の時でもそうであったが、匪賊や共産党員の斬罪あるいは日本軍により捕われた匪賊の晒し首はイヤと言うほど見飽きていた。

吉林省の匪賊討伐中、ある部落を通過した時のことである。馬上よりその部落を見たとき楡の大木に椰子の実大のものが十五、六個ぶら下がっていたが、近づくに従いそれは匪賊の首に針金を通し、地上四メートルくらいのところの枝にぶら下げたものとわかった。もちろんこれは日本軍によってなされたものである。戦場におれば或る程度神経が麻痺しているのか、無神経になっているのか、このようなことは決してコワイという感じは起こらなかった。

漢口当時でも蒋介石軍に捕われ斬首された名の通った者は、その首を繁華街の道路の電柱に図のように晒し首にされていた。

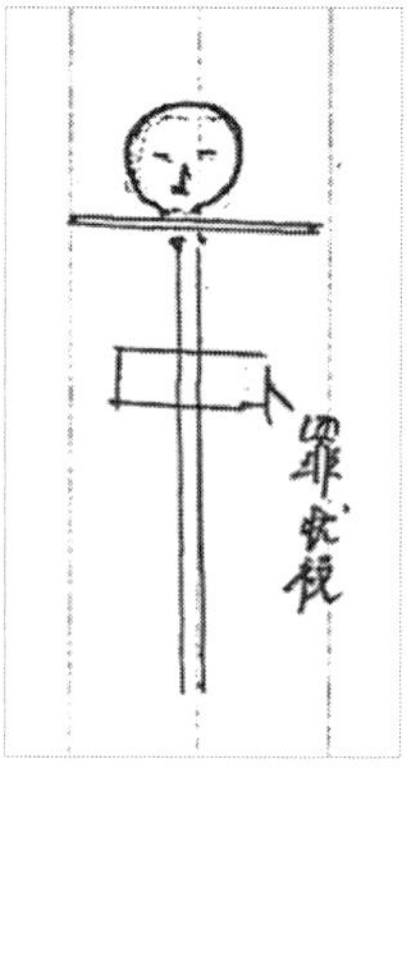

◎中国人の喧嘩

中国でも満州でも喧嘩するのを度々見かけたが、双方怒声を発し今にもつかみかからんばかりの勢いで鼻と鼻とがくっつくくらいに迫り、互いに「罵声」を浴びせかけているが、決して殴り合うことなくその一歩手前まで口喧嘩でやりとりしている。これは先に殴った方がドンナ理由があっても負けだからである。そして見物人はグルリと取り巻いているが、双方とも喧嘩の内容を自分の方が有利だという事を訴える。

そのうち見物人の中から必ずといってよいほど七、八十才の白髪の老人が出てきて「どちらも理由があろうが、商量、商量」といってお互いをなだめる（商量とは、相談するの意。

つまり双方言い分はあろうが、仲直りせよという意味）。これで喧嘩の当事者と仲介の老人の面子を立てて、その場は納まるのである。
もしどうしても話が付かぬ時は、この長老が取り巻いている群衆に各自の意見を聞いて決着をつける（一種の人民裁判である）。

◎罵人《マーレン》

中国でもソ連でもチョットしたことに、自分のやったことでも他人に対しても罵る言葉が平気で飛び交う。例えば「アッシマッタ」「コンチクショウ」というような時に罵人が出てくる。

「我肏你媽砑」　私はお前の母を姦する
「〃　祖宗」　〃　祖宗を姦する
「〃　奶奶」　〃　祖母を姦する
「你是混蛋」　お前は馬鹿だ
「你是忘八旦《ワンパタン》」　お前は恥さらしの人間だ
「你是我的児」　お前は私の子供だ

「你是我的孫子」　お前は私の孫だ

そのほかにも聞くに堪えない罵る言葉がある。

最近日本でもテレビ、ラジオの放送語で「ワンパタン」という語が出てくるが、これはどんな意味で使われているのか。これを中国人が聴取したらなんでこんな言葉が最近日本語に混じって出てくるのか不思議に思っていることだろう。

「ワンパタン」すなわち「忘八旦」とは前記のごとく、国、家、自己、義、智、仁、信、礼の八つを忘れた者という意味である。

（注＝恥さらしの意味の「ワンパタン」は一般には「王八蛋」と表記する）

日中間は同文同種というが、右のようにワンパタンでも日本では流行語として何気なく言っているが、中国ではとんでもない反対語である。

大阪の地下鉄駅に「我孫子《あびこ》」という駅があるが、「私の孫」という意味で中国人は頭を捻るだろう。

ちなみにソ連でも人を罵る言葉は中国以上のものがある。彼らの罵言は猥雑な言葉を日常茶飯事で使っている。

かつてダークダックスが昭和四十九年か五十年頃ソ連で公演したことがあった。日本民謡を唄うときの合いの手に「ホイ」または「ホイホイ」というかけ声があるが、ソ連ではホイはタブーである。何となればこれは男性の性器のことで、この点、出し物で相当苦心したようである。

◎関東軍特別大演習（関特演）

日支事変中、朝鮮とソ連との国境線問題で紛争が起こったが、これを張鼓峰事件という。圧倒的なソ連軍の戦車、重砲などの攻撃を受け日本軍は苦戦。相当量の戦傷者及び捕虜をだして、関東軍はこれを局地戦として取り扱い、屈辱的な敗北を喫したのである。その後昭和十四年ころ、あの有名なノモンハン事件が起こり日本軍は戦車、飛行機の劣勢と、圧倒的多数のソ連・外蒙連合軍のため多数の戦死者、負傷者及び多数の捕虜をだした。

この戦で関東軍は完敗し、しかもこれらの捕虜の中には〇〇〇〇《原稿ママ》もいた。捕虜交換も一対一の等量交換で、従って日本軍の捕虜が多いので余った者は総てシベリアの強制捕虜収容所に送られたのである（後述の捕虜収容所の項で述べることとする）。

新京では当時ソ連製の撃墜した飛行機その他の兵器が一般に公開されたが、その中で珍しい新兵器としてピアノ鋼線があった。これは日本軍が侵攻してくる道に、鋼鉄を旋盤で削るとクルクルと縮まる長い鋼線を攻めてきそうな道にバラ撒き、そこへ戦車が通るとキャタピラにその鋼線が巻き付き動きが取れなくなるもので、攻撃され日本軍戦車が全滅した部隊もあった。

関東軍では昭和十七年に如何なる戦略かは知らないが、関東軍特別大演習（別名関特演）が全満に展開された。これは全くの特秘演習で、関東軍を除き日本内地より七、八十万の兵士を満州の国境に配置したのである。この兵員輸送は日夜をわかたず窓にはカーテンを降ろし、大砲などを積載した無蓋貨車は完全に遮蔽し、全く外から窺い知ることができないよう駅の要所要所に憲兵が配置され厳重に監視されていた。もちろん普通列車も全て窓のカーテンを掛け、外の状態が判らぬよう窓の開閉も厳禁されていた。

今になって考えると、この時期はソ連側は我々に劣り、ソ満国境の四、五カ所より侵入すればシベリア領内に一挙に占領出来る好機会であったが、みすみす好機を逃し単なる示威運動に終わらせたのは如何なる理由によるのであろうか。かえすがえすも残念で、多大な軍費と人員を動員してなんらの行動も起こさず、動員部隊を南方方面に振り向けたのであるが、一か八かソ連領を制圧していれば終戦時のソ連軍の満州への侵入を防ぎ得たほか、ヨーロッパ方面の戦いにも多大な影響を与え得たであろうと悔やまれる次第である。

ちなみに張鼓峰事件、ノモンハン事件で捕虜となって帰って来た者は殆ど自決または南方の激戦地に投入された由である。
この関特演に関する件について戦後なんら発表されず、それに関する書籍を一冊も見たことがない。
そのころ関東軍では「関東軍の歌」を作詞作曲させ、士気高揚のため各部隊に食後円陣を組ませ歌わせていた。
「暁雲の下《もと》見よ遙か　起伏果てなき幾山河
我が精鋭のこの威武に　盟邦の民いま安し
栄光に満つ関東軍」
この関東軍も昭和二十年八月九日、各方面より侵入してきたソ連軍に鎧袖一触投降したのである。嗚呼何をか関東軍と言う。心の底から怒りがこみ上げて来る。

◎中国の四大節

春節（新年を迎える式）
毛沢東が中華人民共和国を統一した以後の事は私は知らない。が、以前から春節、清明節、端午節、仲秋節などの行事がある。何れも旧暦で行われるが、中でも盛んなのは春節である。何れの家も爆竹を鳴らし、家々には紅灯籠を吊り祖先の霊を祀り、そこには蝋燭、線香、造化の金貨、銀貨その他種々の紙製の造花などを持参し祖先の霊に三拝九拝する。

街中は爆竹が耳が痛くなるほど炸裂し、高脚踊り（約一メートル五〇）の高さの先に足を縛り、男性が女性に扮して扇子や色の付いた布帛を振りながら手を振り面白く街中を練り歩いたり、大きな蛤の中に女性に扮した男が身を入れて、貝殻を閉じたり開いたりして踊り歩くのである。また龍踊り（長崎でも現在行われている）がある。十五、六名の人が長龍を棒で支え、先頭には大きな金の玉を持って上下にその玉を振り、龍は口で入れようとして踊るので誠に見事な踊りである。

家庭では貧富に応じてご馳走を作るが、餃子《チャオズ》（日本でいうギョウザ）は必ずどこの家でも作って食べる。

そして各家では門の入り口の両側及び家の両側に目出度い文句を書いた長方形の紅い紙に、七字あて目出度い文句を書く。これを対連という。他にも大吉、発財とかその他千客万来とか赤紙に大書している。そして一字だけ「囍」（双喜《シュワンシー》——喜びが重なるという意味）の字を門口に貼り付ける。

夜が来ると紅い中国灯燈を点す。そして知人や友人が来たときまたは逢ったときは互いに「新禧」「恭禧」と挨拶するのが礼儀である。

＊清明節（四月五日頃）

これは先祖の霊を招く祭りで、近くの寺院に線香蝋燭と金紙や銀紙で造った船、家、馬などの模型のものを持って行きこれを焼くのである。

＊端午節（五月五日）

日本と同様に端午の節句を祝うのは同様であるが、鯉のぼりなどの風習は日本独特の風習である。ちまきの形は日本のものと大して変わりはないが、ただし餅米で包んだちまきの中には棗の実が這入っているのである。

＊仲秋節

いうまでもなく旧暦の九月十五日である。日本のように月を見て楽しむようなことはないが、この頃になると菓子屋では「仲秋月餅《チュンチュウユエピン》」を売り出す。

一般の人もコレを買って食べるが、友人達にもコレを贈り物とする習慣がある。この味の一番濃厚なのは上海地方のもので、味が最も美味である。この餡のなかには種々な果実の種や皮の甘漬けにしたのを細く切って入れてある。これが本当の月餅である。

私は過去に各地の月餅を味わってきたが、上海の物が一番旨かった。上海の物が最高であろう。また上海では黒胡麻の餡の這入っている月餅などもある。しかし味があまりにも濃厚で、大きな月餅を割って食べるがせいぜい日本の菓子の二個分くらいしか食べられない。

◎入浴

中国及び満州地方には日本のような銭湯などは殆どなく、お湯を沸かすかまたは熱湯をいつでも売っている湯売り屋がある。そこからお湯を必要なだけ買ってたらいで行水するのである。暑熱地帯では仕事が済めば必ず行水をしなければ不快であるからであろう。女子は戸外で行水するようなことは全くない。総て自室に内部から鍵をかけ行水をするのである。

だが満州地帯では冬期は寒気のため殆ど体を拭く様なことはなく、冬期汽車に乗車すると車内はニンニクのにおいが漂い、熱気と汗のためとても堪えられない臭気である。我々は出張の際は一等車であるため、大衆車である三等車には滅多に乗らないことは幸いであった（この入浴の項については「シベリア抑留記」にも出てくる）。

◎婚礼

現在の中国における婚礼の風習は知るよしもないが、中共建国以前は結婚がしたければ先ず金を用意しなければならなかった。つまり妻は金をもって買われていたのである。もちろん女の美醜、男の財産などにもよるが、婚礼費用などは殆ど男の負担とするのである。そして婚礼の道具なども日本では箪笥、長持などであるが、中国では衣裳を入れる「櫃子《クイズ》」と称する衣装箱、布団などを持参するのは日本と同様である。しかし満州、北支方面では花嫁を驢馬などに乗せて輿入れするが、北支方面では駕でする場合もある。とくに中支方面では「馬桶《マートン》」と称する女子用の便器を嫁入り道具の一つとして持参するのが特徴である。この馬桶は赤い漆で金線の模様が這入った美しいもので、桶の中には陶製の便器が這入っている。

都市によってはキラビヤカな服装をした音楽隊が先頭に立って賑やかに行進して行く。その後ろにチャルメラ、ドラなどを打ち鳴らしてその間爆竹を盛んに鳴らして行く。披露宴はその家の貧富によって違うが普通は二、三日間が通例であった。

現在の中共ではそのようなことはないが、以前の中国では一夫一婦制ではなく金持ちは何人でも夫人が持てたものである。

漢口在住当時私の借りていた家主は実に六人の夫人を持っていた。そしてこれらを別々の家に住まわせていた。

中でも驚いたことは「了頭《ヤートゥ》」制度で、この家主は前記の他新しい女中（十三才）を雇い入れとは違い金で或る程度美しい顔の少女を買い、十七、八才までは女中として酷使して、十八才位になると第○夫人とするのである。

◎葬式

中国人の葬式ほど賑やかなものはない。その柩は在漢当時でも数百ドルもするものがあり、高価なものほど堅い木を選択し厚さ約一三センチくらいの良木で作られる。一番高価な柩は楠である。貧しい者の柩は荒削りの薄い板である。

中国の葬式は総て土葬である。

死後七日間死者の棺は出入り口に安置され、頭から裾まで白布を着て幅細の白布を裾まで垂らしている。棺の前では額を地面に打ち付けるように礼拝して号泣し「なぜ私たちを残して早く死んだのか」、未亡人になった女は「私たちや子供を残して、私はドーシテ生きて行ったらよいか」などと各自テンデンバラバラに泣き言を言って、その泣き声はヤカマシク屋外まで響いてくる。その間チャルメラや銅鑼を鳴らしていっそう騒々しい光景を呈してくる。七日経過したら郊外に埋葬するが、別に墓標や卒塔婆などを立てることはなく棺に土をかけ、さらにその上に一メートル五〇くらいの土饅頭を掛けるだけで、中国の郊外に行けば至る所にこの土饅頭が見かけられる。

かつて私が新京地帯に住んでいたとき、官舎の近くにある南湖に釣りに行ったときのことであるが、湖の対岸地に釣り場所を探していたがその辺には土饅頭の墓地が沢山あった。古い墓地で殆ど上部が盛り上がっているか否か分からない位の高さで、この墓地に誤って右足を踏み入れた。そこには十五、六歳くらいの男女不明の白骨が粗末な棺に這入っていた。私はビックリしてその辺の土をかき集めて埋めておいた。

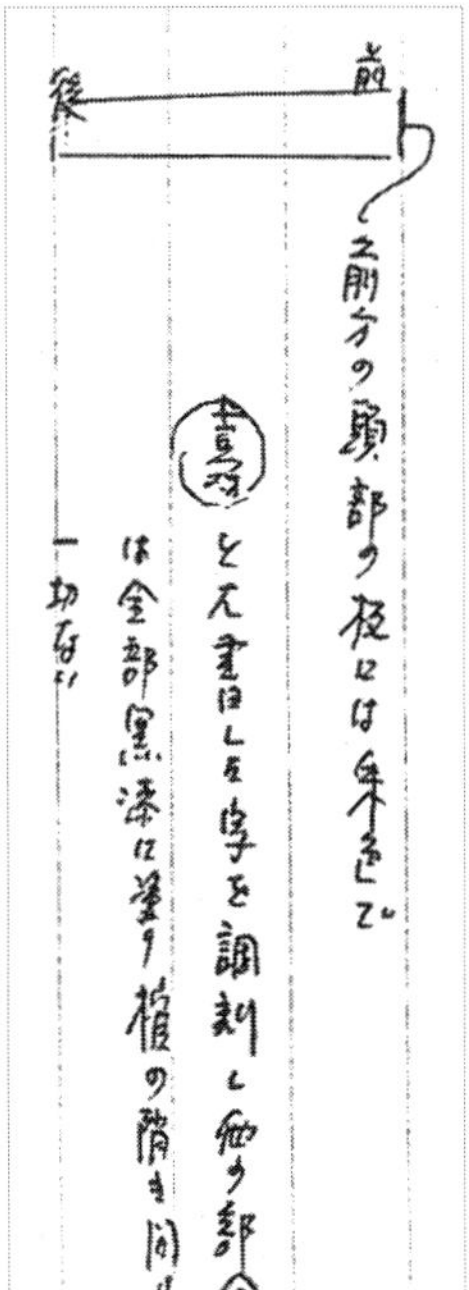

また漢口在住当時、他省の者が死亡したときは、その家族は決して漢口に埋葬せず、船で故郷に戻し故郷の地に埋葬していた。もちろんこれは資産のある者で、貧乏人は漢口で埋葬していた。日本人でいうならば外地の県人会に相当する〇〇省同郷会館という組織があり、

ここで引取船が来るまでの保管料（運賃、諸経費）を納入するのである。この船を「閘北船」と称し、約六〇〇トンくらいの木造船で寝棺積み込み専用船であった。

この船が来るまでは寝棺は日晒し雨晒しで、私の毎日通る道の約一キロの地点にこの集積場があり、その付近まで来ると屍臭に満ち全く鼻持ちがならなかった。

それでも当時の市政府は何も対策を講じなかった。

◎浙江商人について

浙江商人は大阪商人と同様他省によく進出していて蓄財をなし、商売も非常に上手。

揚子江一帯にある各大資本家はその出身地が概ね浙江省人で、特にその中でも寧波《ニンポー》人が多い。そして郷里に家族（妻子など）を残し、三年に一回くらいの程度しか帰郷しない。この休暇期間は一ヶ月くらいで、老板《ラオパン》（主人）は妻子だけは国においているが、第二号または第三号夫人は店に置くのではなく別居させているのである。

上位の番頭でも老板のようなことは出来ず三年に一回の帰郷しか出来ないが、下位の店員は店の近所に妻子とともに家を借りて住んでいる。いわゆる通い番頭である。これらは上級者だが下級労働者は地場出身には帰郷制度はなく、また通常寝所なども上級者、下級者とに分かれており下級者の大部屋で寝るのである。

彼らの就寝は一定しないが、麻雀でもする以外は大抵十一時頃である。

特に漢口地方では夜十時頃になると稀飯《シーファン》というお粥が大井一杯給食で出る。お菜は大抵南京豆の塩漬けや成り立ての五センチくらいの黄瓜の塩漬け、その他「粉条子《ファンチャオズ》」（馬鈴薯澱粉で作った素麺と、豚肉とを炒めた料理）など軽い食事を取るのである。

またこれらを料理する人を「大司夫《タースフ》」と称し一定の給料を与えられているが、四十名近くの店員に給食する。しかし料理を作るのには常にこれに倍する量を作らねばならない。

例えば大抵五品の料理と二汁のスープを用意して、前に出した皿が空になる前に補充しておらねば「大司夫」の価値を問われる。店員と住み込み労務者（これを「司夫《スフ》」という）の食事はもちろん差をつけている。毎日の食事代は経理から渡されるが、大司夫はこの内容を詳しく経理に報告をせねばならない。

地場の店外居住者はたいてい借家に住んでいるが、六畳くらいの室二間に妻子と住んでいる。特に女人のいる室は外来者タブーで、誤って入室すると非常なる面罵を喰うのである。だから女子の室には行水の場所、便所などがあり女人は室内で行う。女人の排便には婚礼の項に記入した通り「馬桶」という便器を使用しているが、毎朝早く廻ってきてこの便器から便を回収する掃除婆さんが居て一ヶ月幾らと決まった掃除料を支払っている。

◎満州の「糧桟《リヤンツァン》」(穀物問屋)

満州の農産物は前述のように大豆を主として小豆、高粱、包米、玉蜀黍、粟、小麦、燕麦、菜種、胡麻、南京豆、稗、陸稲、水稲等々幾種類ものものが生産されていたが、これら農産物は県城内にある糧桟に買いとられて行く。その出荷は大農家にある「大車《ターチョー》」を賃借、または自家所有の大車を馬もろとも賃借して行うほか自己の一輪車に積んで搬出するのである。この大車一台を引っ張って行く馬または騾馬はたいてい六頭立てで、一大車約二〇~三〇袋(麻袋)を積載して県城に行くのである。城内の糧桟に持参する。城内の糧桟は数軒あって各々が得意先をもっており、この得意先へ持って行くのである。

この糧桟は大きな県城では日用品の販売を行い、農民に売った品物代金より販売した代金から差し引いたり、または金貸しも兼業している店もその他青田売買もかなり大きく行われていたようである。

建国前の農産物の売買は右のような仕組みで行われていたが、建国後は各県農事合作社及び満州農産公社の出現によって統制され始めた。

糧桟では各種糧穀を集積するため一〇〇〇坪以上の院子《ユアンズ》を各々が持っていた。これは買い入れた農産物をアンペラ（蓆子《シーズ》と称する高粱の皮で編んだ敷物用のもの）を上手に適当の広さに丸く囲い、高さ約十二、三メートルくらいまでバラ積みにして行く。これを圃積と称す。集荷期が厳寒期であるから別に倉庫などを造る必要はなく、屋外に圃積みしても平気である。解氷期までに全部出荷してしまう。

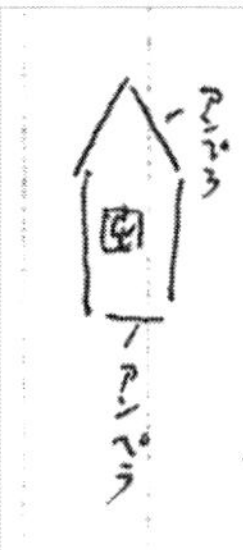

◎満州犬について

満州犬は雑種であるが体格も大きく、各農家または一般家庭でも番犬として必ず飼っている。それで農家でも一般家庭でも訪問者は必ずその家の外からその家の人に「看狗阿」（犬を見張って下さい）と必ず声をかけ、家人は犬の首を押さえつけ訪問者を中へ入れるのである。さもなければこの犬はかぶりつき噛みつくのである。真に用心のよい番犬である。

また糧桟に調査に行くときでも、昼間は野放ししておけば危険なため、大きく分厚い長さ五〇センチ幅二〇センチ厚さ五センチくらいの板を犬の首にぶら下げているので、犬は歩むだけでヨタヨタして飛びかかる事が出来ずそのうちに家人が繋いでくれる。糧桟では夜間になると板を外して番をさせるのである。
蒙古犬も同様な性質を持っている。

◎水煙（水煙草）

中国本土では一般の煙草のほか「水煙」なる煙草がある。かつて日本でもさつき、あやめ等の刻み煙草があったが、あれと同様味は柔らかい煙草である。

火口付きのパイプを引き抜き火口に煙草を詰め、このパイプを中に差し込み三、四服を吸う。吸い終わればパイプを引き抜きパイプの下部を吸い、上の火皿の灰を吹き飛ばし新たに煙草を詰めかえ右のような操作を繰り返す。

水が中に八分目這入っているから吸うときはポコポコ音を出す。この水煙は客室に常備されているから、お客様も遠慮なく吸うことができる。

しかし火皿につめた煙草に火を着けるのが面倒であるから、馬糞紙の薄いので観世撚りにした点火紙を何百本も用意している。だから水煙を吸う人は片手に水煙を持ち、片手に点火紙を持ち、三、四服吸い終わるごとに灰殻を吹き飛ばし煙草を詰め、これに点火することを繰り返す。だから点火紙はいつでも何

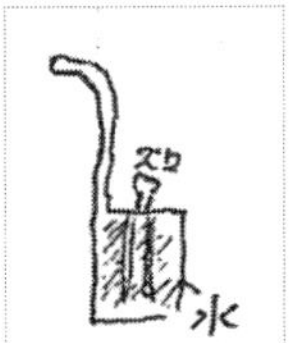

百本と用意している。

中国では日常使用する紙は殆ど馬糞紙が使われ、とくに便所用紙はこれ以外は使われない。このため馬糞紙以外には書の国である中国では書道用の紙は種々作られているが、一般用としては右の馬糞紙が普遍的に使用されている。

◎阿片《ヤーピエン》

阿片は清朝末英国との間に有名な阿片戦争があって以来、中国人とは切っても切れない間柄となっていた（現在の中共人民政府はこのような吸飲は絶対していないと思う）。

満鉄経済調査会在職中の東寧より間島までの調査記の中で既述したように、「阿片」とはケシの花から取れる麻薬である。日本では法律で阿片の栽培は一本たりとも許されない。もしこれを犯せば法律に触れるのである。これらを常用すれば心身ともに蝕まれ、これを吸わねば禁断症状を起し廃人となるのである。

阿片は結実したケシの実に小刀で傷をつけ、白い液汁を取り四、五日放置すると黒色となる。これがいわゆる生阿片である（一つの結実した果から二、三回傷つけて採液する）。この生阿片を精製するとモルヒネ、コカインなどの麻薬となるのである。

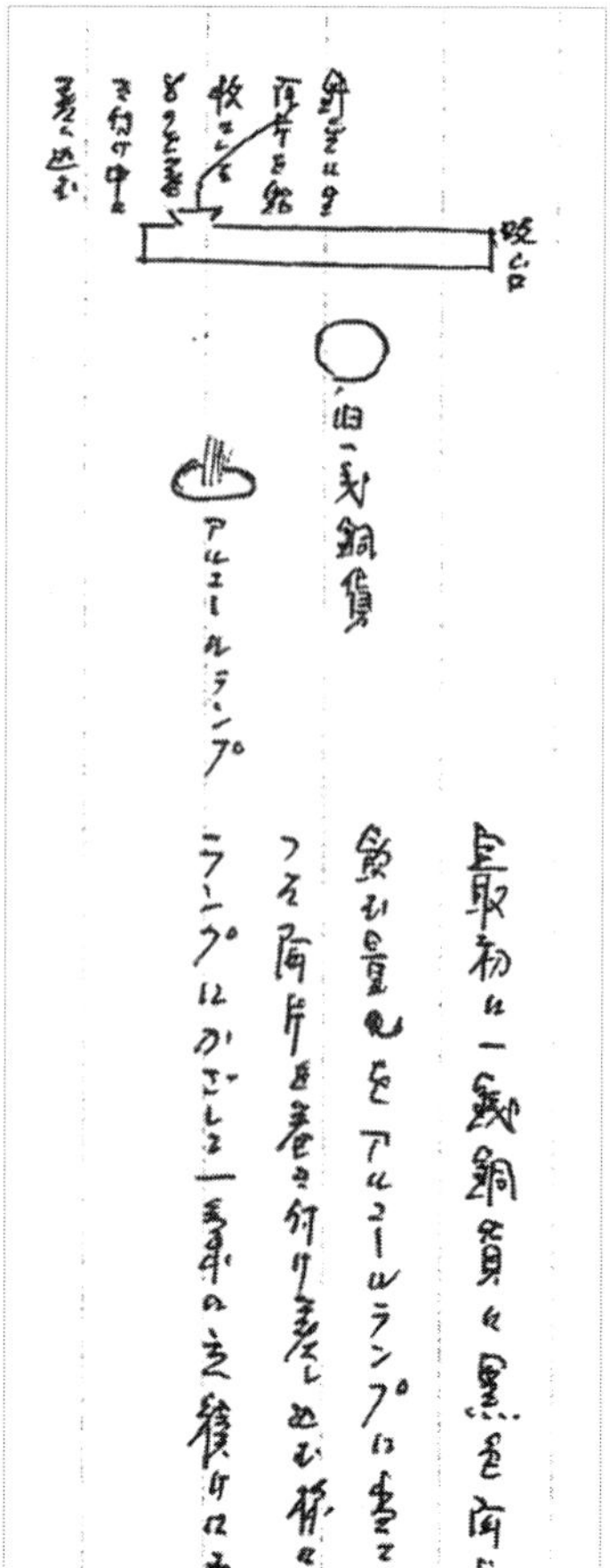

阿片の産地は主として東南アジア（ベトナム、タイなど）である。これらの地方から世界各地に売られているので、各国とも取り締まりに手を焼いているのが現状である。

阿片を吸飲する場合は寝台に横たわり、竹製の割合太い煙管を用いているのである。要するに一銭銅貨に一回吸飲分の阿片をアルコールランプにかざし、飴状になるまで針金を用い、飴状になったとき一気に針金を火口の根本まで差し込み続け様に吸飲するのである。

私の在漢当時阿片の吸飲は公然たる秘密であった。旅館、汽船、阿片吸飲場、妓館など至る所にあった。そしてモルヒネ、コカインなども阿片吸飲場などでは阿片の代用品として盛んに吸われていた。

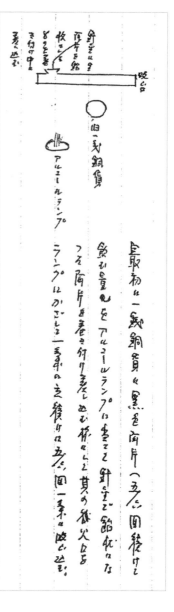

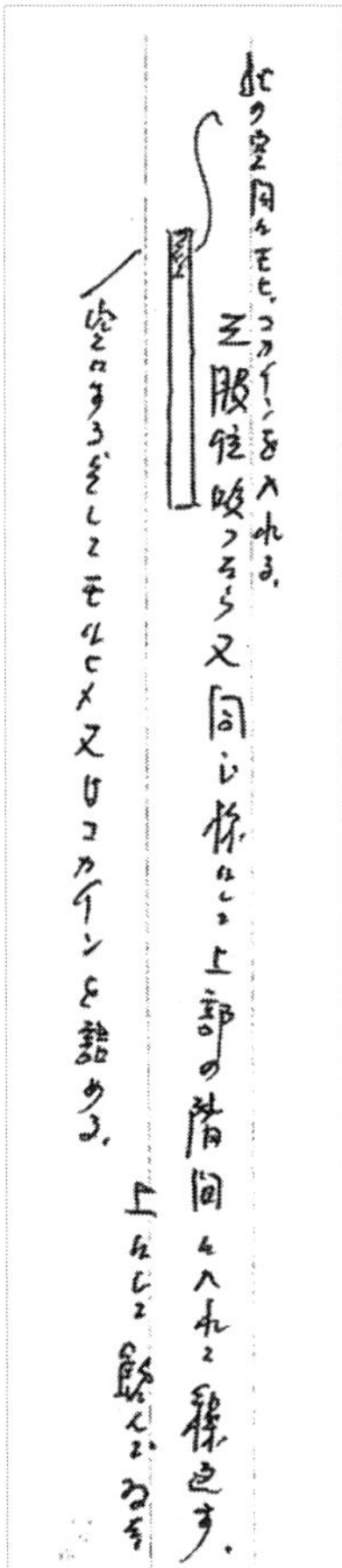

その吸飲方法は一本の煙草の先をほぐし、図の通りトントンと根本を机上に叩く。そして友人同士が阿片を吸飲に行こうというようなとき、または妓館などに行ったときは図のような指型を作り意思を通じることにしている。

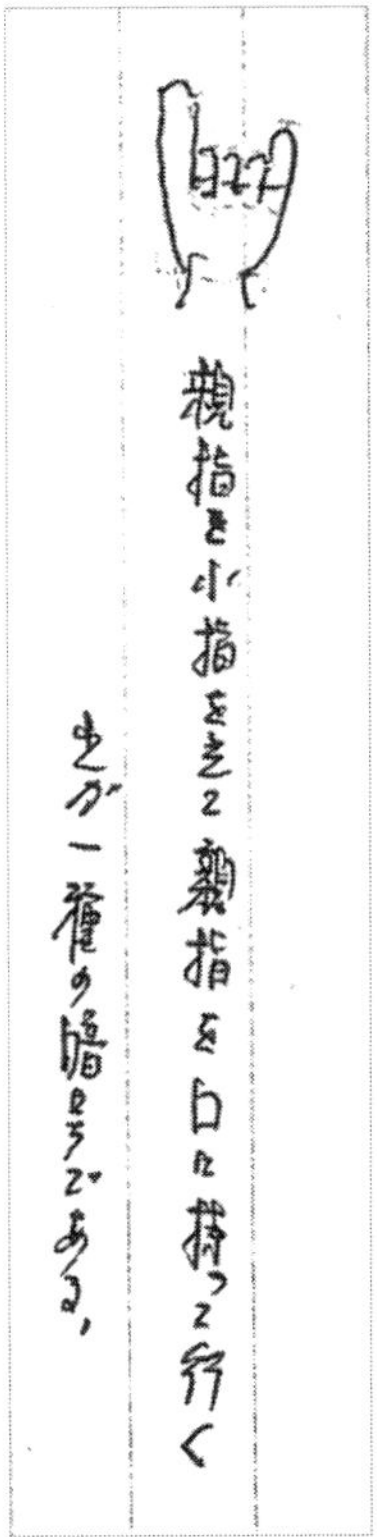

◎中国及び満州の寝具

どの地帯に行っても中国の寝具は日本のような厚ぼったい寝具ではなく、ホントーの煎餅布団である。中国本土は割り方温暖であるが、満州あたりでも厚い布団は着て寝ない。これは「炕《カン》」という特殊な採暖法があるためである（既述）。

そして中国本土でも満州でも寝るときは着用している着物を脱ぎ布団の裾に置き、寝間着などは着用せず男女とも全裸で寝る。これは嘘ではない。このことに付き中国人に聞くと、寝間着を着るよりも裸のほうが遙かに暖いから素裸で寝るのだという。

そして日常着るものは木綿綿入れと褲子だけで、ユッタリ出来ており女子も同様である。肌着などは着用していない。そして寒くなると大衣とか袍衣とか長衫《チャンパオ》とかを着用する。富裕なる人は馬掛児《マーコール》（上衣）などを着用する。私もよく夏に中華街に遊びに行くときは、長衫と称する寛やかな衣裳を着て行ったものである。

冬期の満州ではさすがに寒いため下層民でも綿入れの上衣と褲子を着用し、毛皮製の帽子を被っていた。中流以上の者はたいてい毛皮を着用していた。毛皮は満州では必需品であった。

◇雑録

①没有法子《メイヨーファーズ》（仕方がない、他に方法がない）

この中国語ほど色々な時、場合に使用される言葉はない。便利というか投げやりというか、ホントに大陸的な言葉である。

例えば親兄弟姉妹が死んだとき、友人に金を貸して返してもらえぬ様なとき、「没有法子」という。

まったく大陸的な言葉である

ソ連でも右のようなとき「ニーチェボー」という。かまわない、仕方がないという言葉である。

②信用《シンユン》

信用《シンユン》と読む。日本と同じ字である。

中国人ほどこの信用を大切にする国民はまずないだろう。

その半面不信用となるとトコトンまでその人を信用しなくなるのである。

私の知っている人で、中国街にある倉庫の隣に住んでいた管原という人がいた。彼は中国人に三〇〇ドルほど借りていたが金が出来なかった。だが、その中国人はよほどこの管原氏を信用していたのか、この上にさらに三〇〇ドルも追加融通をした。そしてその後全部完済した。一度信用すればトコトン援助する例を私はこの目で見た（もし彼が返金しなかったら、「没有法子」と言って諦めることだったであろう）。

③面子

この言葉もまた中国人がよく使う言葉だろう。

例えば何時にどこで会うという時、行かれぬときは「我没有面子《ウォーメイヨーメンズ》」（私は顔が潰れる）という事を言って盛んに悲しむ。

④国民の風習の違いによる相違

日露戦争のとき、参謀本部の命により軍事探偵の沖禎介、横川省三は東清鉄道の鉄橋を爆破する目的で北京を出発。外蒙古のウランバートルを経由、駱駝三頭に日用雑貨を積載して蒙古商人に変装し、黒龍江省の省都斉斉哈爾《チチハル》に近い嫩江《ノンチャン》の鉄橋を爆破するためその鉄橋近くの札蘭屯《ジャラントン》に野営した。そして翌朝顔を洗っていたが、それを巡回中のロシア軍巡察隊将校に尋問されたのである。

この沖、横川の両名がどうして巡察隊に取り調べを受けたのか。ロシア軍にも中国の風習をよく知っていた者がいたのである。

中国や蒙古の服は袖がゆるやかで、指の根元くらいまでの長さが普通である。これは夏服、冬服もたいてい同じくらいの長袖に作られている。だから洗面をするときは袖を少しまくり、タオルを洗面器に入れて両手をもって顔をグルグルと回し袖が濡れないようにして洗顔をするが、日本人は顔をそのままにしてタオルを顔に上下に動かして洗う。この動作をロシア軍将校は見逃さず、怪しいと思って厳重な身体検査および積荷検査をした結果、雑貨品の他爆破用の火薬と数千ルーブルのロシア紙幣が発見されたのである。そこで両軍事探偵は、最早これまでと観念し一切を自供し、ハルピンまで護送され、目隠しも断り従容として銃殺刑に処せられた。そしてその直前、所持金全部をロシア赤十字社に寄附し子供に遺書を書き残した。

日露戦後ハルピン駅近くの処刑場跡に「烈士横川省三、沖禎介の碑」が建っていたが、いまではどうなっているやら。

私は海拉爾騎兵一旅団に勤務中、及び満州国官吏在勤中、何回もこの地方に出張したが、札蘭屯から嫩江の鉄橋を通過するとき必ず黙祷した。

習慣とはいいながら、露軍将校でも有識有能な者もいたのである。

⑤便衣隊（別名藍衣隊ともいう）
中国語では便衣とは普通の衣裳のことを指し、大抵は藍色で上から下までワンピース式の着物である。

上海事変の当時、日本陸戦隊隊員が北四川路をサイドカー（機関銃を積んだ三輪車）で巡視中、四階建ての中国旅館より狙撃、あるいは行進中にこの便衣隊に射殺される事件が多発した。旅館等より射撃されてきたような時は、一様に同じ服装、色彩であるため、犯人不明のため宿泊人全員を機関銃で射殺するようなこともあった。

また路上より射撃されたようなときも、犯人不明のため捕虜として処分された。

当時の中国新聞では「准報」「中央日報」「大晩報」などの大新聞に、連日連夜行方不明者への発見賞金広告が記載されていたが発見された者は殆どいなかった。当時これらの便衣隊狩りも激しく行われ、そして捕われた者は殆ど便衣であるため殆ど射殺されたのである。

何もしない中国人でも便衣隊として捕虜となった者は、〇〇〇によって処分され、〇〇によって〇〇〇で海上遠く運ばれ〇〇された（〇〇〇、〇〇は原稿通り）。

この上海事変は日本軍が楽勝したケースではなかった。

中国軍は一歩も譲らず、猛将蔡庭階中将は国の英雄として尊敬されていた。

⑥中国人と銀

中国人ほど銀に執着する国民はないだろう。

貧富の差はあるが、子供が生まれると二、三才ころになると銀製の腕輪、首飾りなどを付けてやる。首飾りなどは中流以上は㊗福、㊗壽などの透かし彫りをしている。

中国人は金より銀に対し大変執着している。そして紙幣などは持ちたがらず、余裕があったら種々の銀器を買って隠している。

だから匪賊などが襲来すれば、富豪などの家の泥壁を打ち壊しこれらを探すが、襲われた方もそんな簡単なところには隠していない。

かつて私は牡丹江省の依蘭県の農村実態調査に行ったとき豪農の家に泊まった。そのとき、その家の長老に日清戦争当時の貨幣である「馬蹄銀」の事に付いて聞き出した。

先方は最初はなかなか話に乗ってこなかったが、私も是非夢の通貨を見たかったので、うるさく問いただした結果、暫く待ってくれとのことで三〇分くらいして泥のついた黒い色をした拳よりやや小さい銀塊を持ってきた。

馬蹄銀とはその名の如く、馬蹄に似ているところから来ている。ただしこれは銀貨のように一定の型に流して作るのではなく、適当に銀の塊を溶かして作ってあり、従って一個一個の重量は違っているのである。この重量によって価格が違ってくる。とにかく夢の銀塊「馬蹄銀」は地方に行けば確かに実在している。

第二部　捕虜収容所『ラーゲル』への追想　～現地召集からソ連抑留記～

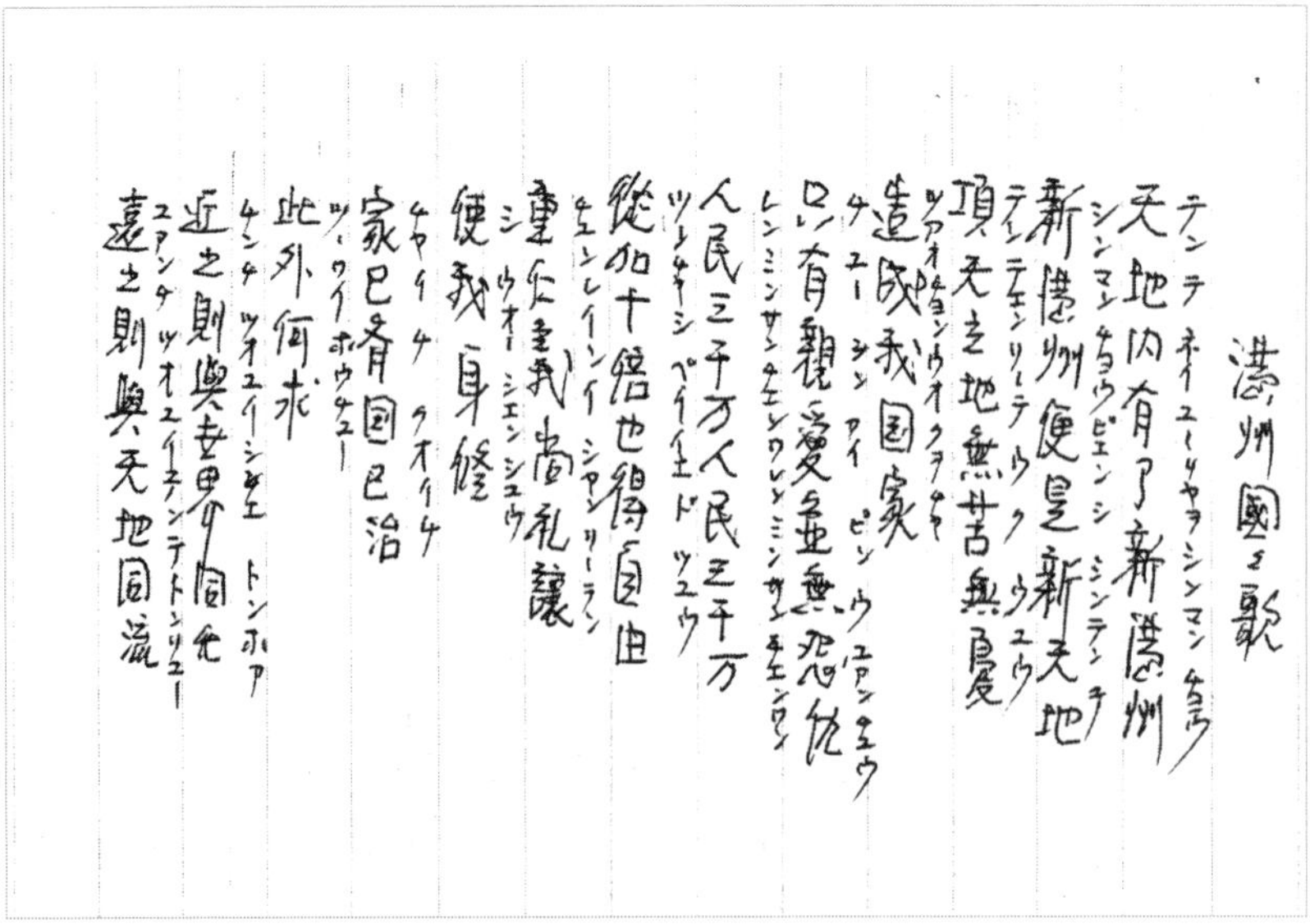
満州国之歌
天地内有了新満州
新満州便是新天地
頂天立地無苦無憂
造成我国家
只有親愛並無怨仇
人民三千万人民三千万
縦加十倍也得自由
重仁義尚礼譲
使我身修
家已斉国已治
此外何求
近之則與世界同化
遠之則與天地同流

天地の中に新満州あり
新満州は是新天地である
天を戴き地に立って苦も憂もなし
我が国家を樹立するには
只親愛あって怨仇なし
人民三千万人民三千万
此の人口を十倍にして自由を得よう
仁義を重んじ礼儀を尚べ
我が身を慎み
円満なる家庭に国も巧く治まる
此の外に何の欲求が要るのか
近くは世界と同化し
遠くにあっては天地と合流する

関東軍の歌

暁雲の下見よ遥か
起伏果てなき幾山河
我が精鋭のその威武に
盟邦の民今易し
栄光に満つ関東軍

満州事変を契機に世界にその精鋭を誇った関東軍。その数は四〇万とも五〇万とも言われたが、昭和二十年八月九日ソ連の対日宣戦布告によりソ満国境を怒涛のごとく侵攻、鎧袖一触関東軍は何等なすべき術もなく、軍首脳は逸早く満州国皇帝溥儀を擁し通化に走り、更に日本に逃れるべく飛行機で脱出途中、奉天飛行場においてソ連軍に捕われの身となりソ連に押送され、遂に関東軍は潰え去ったのである。

捕虜収容所『ラーゲル』への追想

◇召集令状

それは忘れもしない昭和二十年五月十五日午後一時、人事科より一通の召集令状（所謂赤紙）を受領。そしてああ遂に来るべきものが来たと、思いを新たにして直ちに上司および同僚に挨拶を済ませ、後任者への事務引継も終り、その夜は上司および同僚達が催してくれた壮行会に出席したが、何分時間の余裕もなく全く駆け足であった。

当時興農部で私と一緒に召集令状を受けた者は三十四名であった。

その時の私の身分は満州国官吏薦任官六等、勤務先は興農部糧政司である。そして仕事の内容としては全満の農産物の集荷および配給割当とそれに関連する重要な物動計画の樹立の仕事を僚友十五名と共に没頭していた。

その頃の満州国の組織は部、司、科、股（係り）となっていたが私の勤務した糧政司では司の下に科、股がなく司のみで運営されていた。これは仕事の内容が他の官庁と違い対関東軍参謀部第四課との密接な関係もあり、司以下の下部機構は設けられず庁舎も大同大街にあった大同会館の二階二室を借り受け事務所としていた。このような異色の官庁は建国以来初めてのことだった。ここから関東軍司令部へは徒歩で十分足らずの近距離にあった。

私は帰宅後妻に令状を見せて後事を託した。妻もかねがね他の同僚達が前年十月頃より応召者が出て行くのを知っており、その頃の応召者は三ヶ月の訓練召集ともっぱら噂され、事実それくらいの期間で召集解除になっている者も相当あったので、腹の内ではこれ位の期間で自分達も解除されるのではと心中では思っていた。

前記の召集令状によれば次の通りである。

一、集合日時　　昭和二十年五月十七日
二、集合場所　　千代田公園
三、出発日時　　昭和二十年五月十七日午後九時　新京駅発
四、行先地　　　龍江省孫呉
五、入営部隊名　関東軍第一一一部隊（後に一五二〇四部隊となる）
六、携行品　　　召集令状、奉公袋、洗面用具、筆器具

なお服装は任意なるも、出来得れば協和服（協和帽を含む）、巻脚絆着用のこと。勲徽章所持者は持参するも可（勲徽章は拝受していたが、今更二等兵がそんな物を携行するのはオコガマシイと考え、持って行かなかった）。

注意書には、家族その他の者の見送りは遠慮することとあり。

◇出発

さて運命の指定日時の昭和二十年五月十七日はやって来た。

子供たちは「お父ちゃんが兵隊さんになって出て行くのだ」と燥《はしゃ》ぎ廻っている。妻ふみゑ、智恵子、淑子、照美、彰、幸代が玄関口に出て見送ってくれたのが、今でも瞼に浮かぶ。

私は指定された千代田公園には徒歩で行き、六時二〇分には到着していた。その頃にはいずれも三十五、六才より四十五才くらいの者が既に三〇〇名くらい集っていた。その中には顔見知りの者がアチコチにたむろして、何れも不安の面持ちで路上に腰をおろしたり、あるいはグループを作り今後のことを話していた。そのうち定刻の七時に全員集合の号令が下り、輸送指揮官が氏名点呼を始めた。

輸送列車は三等客車十五輌が既に駅頭で煙を吐き、何時でも発車出来る態勢であった。この車輌数から推定すると一二〇〇名以上の人員が動員されている勘定である。

列車は午後九時カッキリ新京駅頭をはなれ、一路龍江省孫呉へと北進して行く。孫呉着は翌日午後九時すぎの予定である。私は車中なすこともなく、顔見知りのグループに這入り駄弁っていた。話題の中心は何と言っても三ヶ月の訓練召集か、それとも長期召集かの二つに分かれ、仲々賑やかな論議が行われたが、何度論議しても所詮「貴方任せ」の召集である。やがてどうやら論議も止んで、一同眠りについた。翌日目を覚まし、今まで何度も出張してきた駅々を再び見られるか否か、感慨深げに幾度も眺めては、後ろに消えて行く各駅を一ツ一ツ頭に刻んでいった。

◇入営

そして午後八時五十分、目的地である孫呉に到着。一同下車、点呼終了後、兵舎に徒歩で向かう。約二十分で第一一一部隊に到着、直ちに私服収納袋を渡され私物の服をこの袋に入れて、各自の現住所宛送付されることとなった。と同時に軍衣、軍袴、襦袢、袴下、軍足、軍手、営内靴及び編上靴が支給された。

そしておかしい話ではあるが、当時私の身体の重量は八二キロ、身長は一七六センチあって、徴兵検査時に一位であったと同様、今回の時も全召集人員中第一位であった。そのため軍衣及び軍袴の胴廻りがどうしても合わず、縫工兵を呼んで軍衣及び軍袴の両側を切り開き、服地を継ぎ足してもらい着用するようにとのことであったが、縫工兵の都合で即日仕上げは出来ないとのことで、二日間だけ「中島二等兵は特別をもって私服着用を許可する」旨の達しがあったので、その間は入営するとき着て行った協和服、協和帽をただ一人着用したのだが、恐らく異彩を放ったことだろう。

翌日入営時における身体検査が行われたが、私は前記の如く肥満していた。そのため心臓肥大症の疑いもあるというので、軍医官は私に駆け足をさせ、心臓検査を入念にして調べた。そしてちょっと頭を捻っていたが「まず好かろう」と言ってその場を立ち去った。

私は正直なところ、もしかしたら即日帰郷にでもならぬかと淡い期待をしていたが、軍医官の一言で呆っ気なく希望は潰れた。

◇軍器授与式

入隊三日目の午前九時より、営庭で兵器授与式が行われた。

授与式と言っても、銃は授与されても剣（いわゆるゴボー剣）はなく、銃だけである。そして連隊長より応召兵の心構えと、「本日渡された銃は陛下より賜ったものであるから、心して取扱うよう」との訓辞があった。これに対し応召兵を代表して答辞を述べなければならない。前日所属小隊長より隊長室に呼ばれ「中島二等兵、お前が明日の兵器授与式に応召代表者として答辞を述べるように」と命令されていたので、一応の答辞を述べた。

授与式で渡された銃は、菊花御紋章こそ付いてはいたが、よく見ると奉天兵器廠で作られた物で誠に粗悪な銃であった。そのために、その後しばしばこの銃の欠陥が出て来た。それは五発装填の薬莢を弾倉に送り込み、第一弾を撃って次の第二弾を発射するとき槓杆《こうかん》が引っ掛かり、全然発射が出来ぬような場面が何度もあった。

ここで思うことだが、私が何で代表として選ばれて答辞をやらされたのか、今もってサッパリ解らない。満州国の官吏として管理職にあったためか、それならばこの応召兵には幾らも同官等あるいはそれ以上の者も居ったのだが、私が何で代表に選ばれたのか今もって全く不明である。

◇軍隊生活

昭和二十年初め頃の戦局は、もはや陸海空三軍とも収拾の出来ぬ程の痛手を蒙っていた。これに伴い南方方面軍の飛行機、戦車、重軽火器が極度に逼迫していた状況にあったので、関東軍は右の武器を根こそぎ南方方面軍に送り込んでいたのである。だから兵器授与の時でも銃だけ渡し丸腰同様であり、ゴボー剣がないから帯革と弾薬盒などの付属品も一切渡されなかった。

それで古兵連中が「公用外出」する時は、帯剣がないので古兵間で融通して外出していたのが実状で、当時としては全く笑えぬナンセンスであった。この事を人に話したらとても信ずる人はいないだろう。

孫呉ではこのような武器もないので周辺の山上に陣地を構築し、専ら対戦車塹壕掘りと執銃訓練と対戦車（火炎瓶投擲）攻撃に重点を置きその訓練に明け暮れた。この対戦車攻撃は実物の戦車がないので、ベニヤ板で作ったハリボテの模擬戦車を使って火炎瓶を持ちキャタピラの間に自爆する練習をやらされた。また営庭内でも塹壕（深さ約一・五メートルの立射壕）を掘り銃剣術の防具を付け、敵味方に分かれ壕に飛び込み白兵戦の訓練もよくやった。

ソ連参戦三ヶ月前に軍部では第一線陣地に戦車壕や塹壕を掘り、ソ連軍を迎撃する準備を始めたのは、既にソ連の参戦を予知していたのだろうか。そして将校家族の引揚げやまた北安、黒河間の守備隊の増派など、今から考えると疑問だらけである。

こんな重大な場面に立ち至っても重火器の補給などもなく、あるのは兵員と小銃弾薬だけである。既述の通り殆どの武器は根こそぎ南方部隊に廻され、このような状態で果たして、ソ連軍の進攻に逢って抵抗することが出来るとはとても思えない。当時の孫呉第一線陣地は誠にお粗末な軍備であった。

けれどもこの孫呉は、作戦上放置出来ない重要な地点で、二ヶ師団の軍団司令官として陸軍大将後宮《ウシロク》淳が采配を振っており、斉斉哈爾《チチハル》に次ぐ要地であった。

その後応召兵たちは、一〇名宛一班に編成された。粕谷という東京都出身の兵長が私らの班長であったが、何の理由か私はこ奴に睨まれ、その後ことごとに辛く当られるようになった。強いて考えられることは、次のことくらいである。入隊後二〇日ほど経過した時、前年実施された朝鮮人の徴兵制度で、孫呉の部隊でも二〇名が配属されていた。その中の二名が逃亡したので、これを捜索するため三名一組となって各部隊一斉に大捜査網を布いたが、二時間しても見付からず行方不明となった。この時私も捜索隊に狩り出された。定められた帰営時間ぎりぎりで帰営したのだが、それから約一時間班長に、直立不動のままお説教を喰った。

この事件があった一ヶ月後、山上の防禦陣地構築作業中、靴ずれが悪化したので傷病兵ばかりの部隊に編入され、この野郎とはやっと別れ別れの状態となりヤレヤレの楽しい気分であった。

それから数日後、山上の陣地構築中の現場でこやつと顔を合わしたが、彼はドサクサ戦地昇進で伍長となっており、背の低い身体に得々と長剣をブラ下げ闊歩しているのに出逢った(八月二十日山上で武装解除後は一度も出逢ったこともなく、捕虜としてのソ連抑留でも私の原隊が先発していたので、彼の地でドンナ風になったかも知れない)。

入隊一ヶ月後、指名された者は輓馬訓練の後、兵営より山上にある部隊に(距離は約八キロはあったろうか)古年兵指導の下に、輜重車に食糧を満載し、一週三回くらい輸送に当っていた。

また班内生活では「飯上げ当番」や古年兵の靴手入れなど、全く食事もロクに取れない毎日が続く。そして「軍人に賜りたる勅語」の暗誦など、これが全く長ったらしい文章で、それを一言一句も誤りのないように暗誦せねばならない。これは夕食後点呼の際班長より一人一人暗誦しているか否かを調べられる。そして暗誦が出来ていない者は罰としてバケツに水を入れたのを頭上に挙げ、班長が「ヨシ」と言うまでバケツを降ろすことは許されない。もし水をこぼそうものなら「ビンタ」が飛んで来たり、営内靴（革のスリッパ）が飛んで来る。全くこの世の地獄であった。私は必死になって暗誦し、七日間で暗誦することが出来た。

「軍人に賜りたる勅語」とは次のものである。

一、軍人は忠節を尽すを本分とすべし
一、軍人は武勇を尚ぶべし
一、軍人は礼儀を正しくすべし
一、軍人は信義を重んずべし
一、軍人は質素を旨とすべし

以上五項目が勅語の主題であり、これに一ヶ条ごとに詳しい説明が付くのである。その説明文がイヤに長ったらしく、覚えるのに大変だった。

例えば第一項目は「軍人は忠節を尽すを本分とすべし」

この説明文は「我が国の軍隊は世々天皇の統率し給える所にぞある。昔神武天皇みずから大伴物部の兵どもを率い、中ツ国のまつろはぬ者どもを討ち平らげ給い……」

主題ならとも角、説明文が各項とも長ったらしく全く厭になってしまう。

そしてまたこんな事もあった。それは全員就寝後「不寝番」が木銃を持って各班内を見廻って来る。「不寝番」の主目的は、寝相の悪い者が毛布を跳ね飛ばしているのを掛け直してやるのである。一通り見廻りが済むと最後に、初年兵が銃架に立て掛けてある小銃の引き金を一々引いて見る。その中に、銃の手入れの際必ず最後に引き金を引くよう訓練されているのだが、これを引き忘れていて、カチッという音がしたら大変である。「不寝番」はその銃を持って全員起床の号令を掛け、この銃の持ち主は誰かと尋ねる。恐る恐る「その銃は○○二等兵のものであります」と言うや否や、その者に猛烈なビンタを加えた後、全員に「この班は気合いが這入っておらんから、このような事になるんだ」と言い、全員に往復ビンタを加えて立ち去るのである。これは、もし実弾でも這入っておれば暴発し、人身事故にでもなれば大変なことになるからである。

この外に忘れることの出来ないのは「物干当番」というのがあったことである。これは他中隊の者が靴下、股下、襦袢などの員数物をなくしたり取られた時は、物干場に来て別の中隊のこれら洗濯した物を盗んで員数を合わせておくので、盗難見張りに立つのである。

軍隊は一にも二にも員数に気を配らねばならない。もしこれが盗まれるようなら半殺しの制裁を受けねばならないので、物干当番は戦々恐々として四方に目を配り盗難防止に当たるのである。

しかし、下士官や古参どもがこれらの物を紛失したり盗まれた時は、「顔」で被服係軍曹のところに行って新しい物をせしめて何喰わぬ顔をしているが、新兵がこのような事態になった時は下士官、班長、古年兵どもは徹底的に追及するのでいきおい他中隊の物を盗んで員数を揃えねばならない。

またビールや酒等の加給品があった時は、下士官や古年兵どもは新兵達の分まで召し上げてよく小宴を開く場合があったが、そのような時でも下士官、班長、古年兵どもは炊事軍曹に「渡り」を付け在庫品の缶詰等をせしめて来るのである。

軍隊の組織はまるで無茶苦茶で常軌を逸した存在である。これで皇軍は規律厳正であるとはオコガマシイにも程がある。新兵は何時も泣き面に蜂で、これが軍隊である。

応召当時私は四十二才の国民兵だったが、この軍隊生活は誠に苦しいの一語に尽きる。今の若者に一ヶ月でもこれに耐えられる体力と気力が果してあるだろうか？

◇山上での塹壕構築および対戦車壕掘り

約一ヶ月の基本訓練後、我々は他の者と山上の対戦車壕掘りや塹壕構築に出掛けることになった（食糧輸送部隊は依然そのまま続けていた）。

私の考えでは当時上層部では、日ソ戦を予想してこのような防御陣地を構築していたものと思う。また事実七月末より黒河、北安間の軍用列車が間断なく運転され、黒河《ヘイホー》、瑷琿《アイフイ》方面軍の軍需物資の輸送と、兵員の増強と、軍人軍属の家族を乗せた列車が我々山上の兵隊に手を振っているのが望見された。我々はこの時点で既に日ソ関係が風雲ただならぬものを感じた。

我々が山上の天幕生活に這入った時期は、六月中旬頃であった。昼は暑かったが夜は涼しく誠に快適であった。間もなく八月末日を迎えれば、朝晩は寒いくらいになるだろう。対戦車壕掘りおよび塹壕構築は、ドンドン進捗していた。

そして八月中頃には、五月十七日に召集された者は三ヶ月間の訓練召集だと皆が思い込んでいたので、第一期検閲がある八月中頃には召集解除となるだろうと希望的観測をしていた。我々は八月七日指揮官の命令により、寒期に対処して夏期被服を冬期被服と交換するため全員一応山上陣地から帰営した。

◇日ソ開戦と敵機襲来

ところが八月九日（被服交換して、再度山上陣地に向かわんとする時）午前十時頃、大きな爆撃機が五機編隊を組んで、孫呉の市街と我が軍の営舎目がけて一トン爆弾を投下し始めた。

最初機影を見た時は友軍の飛行機かと誤認したが、翼を見れば赤い星が付いている。敵機は我が兵舎及び市街を約四〇分に亘り攻撃したが、ズシンと腹に応える爆音や、眼の前で天に冲する火炎があちらこちらに立ち始めた。ちょうどその日八月九日は、我々が被服交換のため前々日山上陣地より帰営していたので、この爆撃は全く寝耳に水で営内の混乱はヒドク、周章狼狽為すところなく右往左往の状態となった。

中でも日頃偉そうなことを言っていた教育係の軍曹は、大きな声で「敵が襲来するぞ」と、まだ敵兵も来ないのに一人わめいていた。

その後二回目の爆撃があるかと思ったが、襲撃はなかった。

我が軍は、これを迎え打つ飛行機はもちろんのこと、高射機関銃さえなくただ切歯扼腕、敵の為すがままの状態であった。

一方営内では、兵器係軍曹が多数の弾薬函を営庭に搬出、同軍曹は「数量は制限せぬから、各自持てるだけ持って行け」と叫んでいたので、我々はその指示に従って五〇発だけ持って行くことにした。そしてその弾薬は弾薬盒もないので、軍衣のポケットや靴下などに入れて携行することにしたのである。

この爆撃で我が軍の損害は兵舎二棟、糧秣倉庫一棟、畜舎三棟、人員の損害死傷者合わせて七〇名、ホルスタイン乳牛八頭が爆死したのである。

（注＝当時部隊では、現地自活方法として野菜の栽培、搾乳のため乳牛五〇頭、豚及び鶏などをかなり大規模に飼育していた）

我々は被爆後三時間くらいの後、全員再び山上陣地へ引き返したのである。

◇ソ連軍の侵入

我が軍とソ連軍との間では八月二十日まで（これは八月十五日終戦連絡不充分のため）戦闘状態が続いたのである。

そして八月十九日に至ってソ連軍の進駐を見て、ヤット武装解除を受けたのである。だから同日まで山上から山裾を通って行く敵のトラック、戦車隊に前記のように一斉射撃を加えたが、ソ連軍は応射もせず孫呉第一線陣地を取り残すようにして北安、ハルビン方面へ進撃して行くのであった。

八月九日、突如としてソ連は日ソ不可侵条約を一方的に破棄してソ満国境八ヶ所より電撃的に侵攻して来たのである。

関東軍としては突然の通報により指揮命令系統が乱れテンヤワンヤの状態であり、進攻を受けた第一線部隊のうち徹底抗戦し全滅の部隊もあったが、殆どが無抵抗の部隊が多く、孫呉一線陣地も何ら為す術もなく、せいぜい山上陣地より散発的に山裾を走るソ連戦車やトラック群に一斉射撃をするのが関の山で、あれほど訓練した対戦車攻撃も行われず全くの虚脱状態にあった。

敵は山上よりの攻撃も無視して不敵にもヘッドライトを晃々として照らし、速度も落すこともなく一路北安、ハルビン方面に進撃して行く。このような車輌部隊がその後も走行するのが望見された。

ソ連軍としては、孫呉第一線陣地が相当強固に陣地構築がされているから犠牲を少なくするのと、満州国内における各種工場の機械設備類を取り外し一刻も早く自国内に持ち去るためと、もう一ツは関東軍及び一般在留民を捕虜としてソ連領に拉致し、自国産業の向上に役立てるのが目的だった。

◇関東軍の敗戦

この頃関東軍は、ソ連の戦争介入により山田軍司令官は新京を捨て溥儀皇帝を擁し、満州国要人その他軍首脳はいち早く通化省の通化へ脱出していた。

だから指揮系統はテンデンバラバラ。第一線部隊は侵入するソ連軍に応戦する部隊や、一方的に戦線を離脱して各省の主要都市に集結する部隊などで蜂の巣を突いたような騒ぎであった。

関東軍司令官よりは、八月十五日の日本軍の全面降伏の指令はこの時点では連絡もなく、結局八月十九日ソ連軍の進駐により、八月二〇日武装解除されるまで戦闘状態が続いていたのである。

◇武装解除と孫呉での捕虜生活

我々はソ連軍の指示に従い下山途中の山腹に武器を捨て、兵舎より二キロはなれた街道に座らせられた。二時間後にソ連軍占領部隊司令官が我々捕虜を、検閲後元の兵営および一部爆撃された営舎の一部、そのほか将校宿舎天幕等に収容したが、この大量の捕虜達の状況をタス通信の報道員が克明にニュース映画としてフィルムに収めていた。

捕虜、俘虜、虜囚……ああ何たる悲しい言葉だろうか。生れて初めての経験、屈辱。開国以来初めての大量の捕虜。我々はこの屈辱を孫子の代まで銘記させなければならない。

大東亜戦争の元凶東條英機大将が陸軍大臣の時出した「戦陣訓」に「死すとも虜囚の辱を受くる勿れ」という一句がある。死んでも虜囚にはなるなということである。これをひるがえして言うと自決してでも捕虜となるなという言葉であるが、第二次大戦末期においてこのような大量の捕虜を出して国民にどう説明するのだろうか。

私は前述の如く山上での作業中靴ずれが甚だしく悪化した状態にあったので、本隊をはなれ他の傷病兵と共に将校宿舎に居住することになったが、憲兵准尉を長に軍曹一名、他は一、二等兵で員数は十二名（傷病兵は全員では一五〇名くらいであったと思う）六畳二室および四・五畳一室でちょっと窮屈ではあったが、風呂もあり兵舎よりよかった。収容されたこれらの周囲は有刺鉄線で囲まれ逃亡を防いでいた。どの将校宿舎でも、婦女子が避難列車に乗り込むのに時間がなかったのか、アタフタと食事中であったのか、食卓には茶碗、飯ビツ、副食物等が雑然として置かれ、副食物、飯などは既に腐っており異臭を放っていた。そして箪笥なども引出しが開け放しとなり、目星しい物は持ち去ったのだろうが、まだ上等の和服が放置されていた（恐らく避難したものは爆撃前に、汽車で避難したものと推定される）。

◇璦琿《アイフイ》部隊の奮戦

ここに哀れをとどめたのは、孫呉部隊より黒河の手前の「璦琿」に支隊として派遣されていた一ヶ中隊である。二十日に至っても日本軍の降伏及び武装解除を承知せず、頑強にソ連軍に抵抗。孫呉部隊より説得のため将校二名を派遣した。それでも支隊長は「そんな馬鹿なことがあるか」と、この伝令将校を日本刀で斬殺、全員壮烈な戦死を遂げたのである。

瑷琿の地名が有名となったのは明治二十五年と思うが、当時の清国と旧ロシア帝政時代、国境紛争のため侵入してきたコサック騎兵のため清国人が多数惨殺され、屍体はアムール河（黒龍江）に投入、清国側の不利な条件で解決した條約を瑷琿《アイグン》條約と言う。

当時このことを憤激した一高の寮歌は次の通り唄っている。

一、アムール河の流血や氷りて恨結びけん
　二十世紀の東洋は怪雲空にはびこりつ

二、コサック兵の剣戟や怒りて光散らしけん
　二十世紀の東洋は荒浪海に立騒ぐ

（以下略）

◇連隊長の発狂

我々の連隊長は、敗戦ショックで痴呆状態となり頭がおかしくなって、毎日戦闘帽もかぶらず営内靴を履き爆撃の跡をうろつき、特に糧秣倉庫では焼失されて行く五、六百俵の白米の前で放心状態で、何やら口の中でつぶやきながら長時間立っているのを私は見た。

◇孫呉での捕虜生活

我々の孫呉での捕虜生活は、はなはだ呑気な生活であった。まれに使役に出ることはあっても、傷病兵には重労働などの割当もなく大した労力も要らなかった。ここでの生活で一番困ったことは煙草、砂糖などの配給がなかったことである。それで煙草は向日葵の葉を乾燥させ、手で揉みほぐし新聞紙に巻いて吸うのだが、煙草の味なんかはなくただイガラッポく、それでも煙草を吸った感じで満足していた。このような隔絶した世界に這入れば甘い物やアルコール類は辛棒出来るが、煙草だけはドーシテモ止められず、これはシベリア本土での捕虜生活中でも絶対止められなかった。

収容所の有刺鉄線の外では、満人の子供や女たちが果物、菓子、煎餅《チェンピン》（小麦粉を水で溶かし、薄く焼いた物）を売りに来ていたが、元の満州中央銀行発行の札はこの時既に兌換券としての効力を失い、右の品物を買う場合には時計、万年筆、鉛筆、私物の毛糸製の防寒シャツなどと交換して手に入れるのである。

私は、シベリアに送られてもこれらの物は皆取り上げられると思い、腕時計を満州煙草会社製の「スピーア」という両切煙草（一〇本入）一〇箱と交換して久し振りの喫煙欲を充分堪能した。そして一本一本を無くなるまで丁寧に吸い、最後の一本を吸い終った時は涙が出て来た。

九月二十日頃と思うがチャスボーイ（警戒兵）から、いよいよお前たち日本兵はダモイ（帰国）出来るであろうと話してくれたが、後で私はこれが全くのインチキであることが判った。

日本に帰国させるのであれば、孫呉より北安経由直接大連か朝鮮の釜山港を経て帰国させるのが順当で、別の方法としては黒河より対岸のブラゴエスチェンスクに出てシベリア本線でウラジオストックかまたはナホトカ経由での帰国があるのだが、疑問を抱いたのはブラゴエスチェンスクに黒河から上陸後、シベリア本線との分岐点にさしかかったときであった。だが哀れな捕虜たちは近々ダモイ（帰国）出来るとの嬉しい話に各々身辺の整理を行ったが、身辺整理といっても持ち物は飯盒、水筒、下げ鞄くらいの物であった。白米約四升、鮭缶、いわし缶各々一個とそれにパイ缶二個（何れも糧秣倉庫より掠め盗った物）を将校宿舎にあった将校夫人の着物を引き裂いて背負袋にしてこれらの物を詰め込み、何時でも出発出来るように準備した。

そして糧秣倉庫にはかなりの白米と乾麺包、種々な缶詰が貯蔵されていたが、九月末になって各自所要量を自由に取ることが出来た。古年兵たちは、乾麺包の袋に這入っている乾麺包には目もくれず、赤、白、赤と着色された金平糖が十五粒ほどいっしょに這入っているので、これを取るため袋をぶち撒けて金平糖のみを取り出し、後は乾麺包の山が出来ていた。私は乾麺包よりは白米の方が必要だと思い、乾麺包は取らずに白米を前記のように携行することにした。

孫呉収容所以来トーラに至る間の食糧は、全部日本軍の糧秣や缶詰で賄って来たが、ソ連給与となったのはトーラにおいてである。トーラで馬鈴薯の収穫作業後に捕虜責任者より事情を話したので、これ以後初めてソ連給与となり黒パンの味を味わうこととなったのである。

◇シベリアへ出発

九月二十八日、私の最初より所属していた原隊約六〇〇名が午前九時兵営跡の収容所よりソ連軍の監視下に徒歩の行進で黒河方面に出発、翌二十九日、三十日にも続々出発して行った。案の如く出発方向は北安とは逆の黒河方面の街道へと進んで行った。古兵達はそれまで出来るだけ多くの白米、缶詰類を手製の袋に詰め込み木樵《キコリ》が背負うような背負木を作り二十五キロ位ある荷物を積上げ行進して行った。

私はこれらの荷物は、シベリアの何処の収容所に行くのか判らないが、到着するまでに警戒兵や一般市民に強奪されるだろうと思った。

我々の傷病兵部隊一五〇名位は、十月二日午前十時収容所で点検を受け黒河街道を黒河へと徒歩で進発したのである。私は心中これからがホントの捕虜生活に這入るのだと自分に言い聞かせ、前途多難を思わせたのである。

足の靴ずれもその頃は捕虜の軍医大尉および看護兵の手当を受け、充分に休養も取れ歩行出来る自信を付けた。

だがしかし、何分にも部隊が傷病兵ばかりの部隊であるから、進行速度は健康な部隊と違い多少遅くなるのは当然である。だが部隊の両側および最前列、最後列にある監視兵は「ビストリー　スカレー」（早く行け）と遅れがちな者の尻を長靴でけとばし進行を早めるようにするので、捕虜とはこんな待遇を受けるものかなあと、皆はつくづく情けないような顔をしていた。

二日目の行程中「瑷琿」に差しかかった時、道の両側に日本軍の戦死体三体と、また左側の五、六戸の農家の付近にはソ連軍の戦死体八体が未だ戦場掃除も出来ないまま、いずれも半ば白骨化死体となって放置されているのを見たが、我々としてはどうすることも出来ずただ黙祷してここを通過した。恐らくこの付近の山上の日本兵及びソ連兵が、多数散華したものと思う。

「瑷琿」は日ソ戦でも最も勇敢に戦った孫呉よりの支隊で、一ヶ中隊が殆ど全滅した部隊であった。

孫呉出発後四日目の午前十一時頃、前面に黒龍江がゆるやかに流れ、向う岸にソ連領のブラゴエスチェンスク、手前に満州領内の黒河の市街が見えはじめた。そして我々傷病兵部隊は、船の発着場にある埠頭の付近に天幕を張って天幕生活をすることになった。

直ぐそばにはソ連の二〇〇～三〇〇トンの鉄艀が数隻停泊し、満州領内より掠奪した鉄道のレールを捕虜を使って終日終夜一本一本を投げ降ろし、鉄艀に積み込む作業をやっており、投下する毎にカーンカーンと耳を聾するばかりであった。

ソ連軍は八月九日、日ソ不可侵条約を締結しているにも拘わらず一方的に破棄し、ソ満国境八地点より殆ど何らの抵抗（一部の地点ではある程度の抗戦をした部隊はあったが）なく、無人の境を行く如く各都市に進駐したのである。ソ連としては出来るだけ早く戦利品というか掠奪品というか、これらの物を自国内に運び去るのが主目的であった。

重工業はもちろんのこと、あらゆる軽工業の機器、機械、ダムの発電機、火力発電機（中にはドイツのシーメンスより新しく輸入され、可動していたものもあった）、搾油機、レールなど、小は邦文タイプライター、椅子、卓、堀井謄写版に至るまで掠奪していた。

私がチタ収容所にいた時に、倉庫整理作業に行ったところで、何千台という邦文タイプ、謄写版が山積みされており、「これは何の機械か、何に使うのか？」と質問されたことがある。とにかく意味も判らず、分捕れる物は手当たり次第、とくに満州の特産物である高粱《カオリヤン》、包米《パオミ》、谷子《クーズ》、白米《パイミー》などの穀物を扱っている「糧桟《リヤンザン》」（穀物問屋）にある物および各駅に出荷集積されている物は残らずソ連領に持ち込んだのである。その量はかつて見られぬほど大量であった。そしてこれらの穀物は総て捕虜用として配給されていた。

小麦粉及び燕麦粉（烏麦）を主体に、混合して作られるのが黒パンである。その味は初めのうちはちょっとスッパイが、なれるに従い普通のパンに比べ美味である。これは麹の関係及び燕麦の関係によるもので、ムチムチとして粘りがあるパンである。

我々捕虜用のパンは前記のほかに、高粱ならば煉瓦色、包米、谷子ならば黄色の黒パンが出来るのである。

◇侵入ソ連軍の暴虐

満州領土内に一番乗りで侵入してきたソ連軍の一線部隊は、囚人部隊が大部分を占めていた。これらの兵は教養、規律なども悪く、在留日本人婦女子への凌辱、暴行、強奪（衣服、貴金属、カメラ、時計など）、百鬼夜行の状態で、ゲーペーウー（国家保安警察）はおってもいっこうにこれらの取締りをするようなこともせず黙認の形であった。そのため婦女子は断髪あるいは顔に煤などを塗り変装している者も多かったが、所詮は乳房などを触れてみると判るので、直ちにこれを犯すのであった。これらの事例は奥地よりの避難民多数がその犠牲となっていた。そして公衆の面前であろうとなかろうと、見境なく行われたのである。

　また侵入ソ連兵は知能程度も低く、時計などを極度に欲しがり強奪した腕時計を五ヶも六ヶも腕に巻き付けていたが、生まれて初めて腕時計や懐中時計を見る者が多かったのか、竜頭を引き出しすぎて時間の調整を不能にしたりネジを一杯に巻き過ぎゼンマイを壊した者もあり、そんな奴のなかには「エトチャスイニ　ハラショー　ヤニナーダ」（この時計はダメだ、私は要らない）と言って投げ捨てる奴もおって、このようなことから、いかにソ連兵が低能で生活品や文化生活が貧しいか判断出来るのである。

　今から三十数年前と現在とを比較するのは無理だろうが、現在でもソ連は科学兵器や重工業及び軍需品優先に力を入れているが、日常生活必需品に力を入れているだろうか？　私は充分ではなかろうと思う。

　彼等の知能程度の低さは、例えば人員点呼の時にも思わされる。ソ連兵は初めから五列に並ばせ、自分で「アジン　ドア　ツリー　チテリー」と、いちいち最前部にいる捕虜の頭に人差し指を当てながら勘定して行くが途中で判らなくなり、これを二度も三度も繰り返し納得がいくまで勘定する。全く馬鹿な奴らである。また朝晩の点呼のほか各グループ別に作業に出掛ける際にも、各作業場の「ナチヤニック」（監督）立ち会いの下にこの方法で勘定してから出発し、帰る時も両者立ち会いの上収容所に引き上げるのであるから全く厭になってくる。

こんな知能の低い奴らに追い廻される捕虜も、負けたばっかりに口惜しい。これが捕虜の実態である。

また今次の日ソ戦によって、彼等はどのような方法で捕虜を運んだか？

軍人、軍属、通信に携わっていた者、満日系の官吏、警察官は勿論のこと、一般在留邦人の男子を町内会を通じ数カ所の集合地点を定め、使役などの名目で集合させた者を有無を言わさず一網打尽に捕えた（この様な方法が全満各地で行われた）。捕虜として送られた者はシベリアよりまだ遠いウズベック共和国その他黒海近くまで送られ、その人数は七〇万〜八〇万と言われ、厳寒と栄養不良のため現地で死亡したのは一割以上と推定されるが、ソ連の発表した死亡者は定かではないがこれより以上であろう。

満州国内では一般在留邦人、開拓義勇軍の自決者及び引き揚げ途中で病死した者、あるいは匪賊・ソ連兵の襲撃にあい高粱畑に隠れたが、赤ン坊や子供らの泣き声などでその場所が察知されるのを恐れ、泣き声を立てぬよう我が子を扼殺したなどの悲惨な状態が、各地で行われた。これらは穴も掘らずにその場に捨てて来た者がいたり、少なからぬ犠牲者が出たのである。また、足手まといになる子供や幼児を満人に売ったりして帰国した者も相当数に昇った（最近のＮＨＫの放映によると、未だ親探しや子探しが三〇〇〇名くらい居るとのことである）。

私はかつて中国の湖北省漢口に十一年間暮らしたが当時は軍閥華やかなりし時代で、軍隊の移動に際し輜重関係の兵が不足した時、行軍中その必要が生じた際、行き当たりばったり人夫の徴発が行われた。そして賃金も満足に支払わず、目的地で追い払われ解放される。これが「拉夫《ラーフ》」（労働者の強制徴発）である。

前述のソ連のやり方は「拉夫」どころの騒ぎでない。一般在留民を兵役に関係

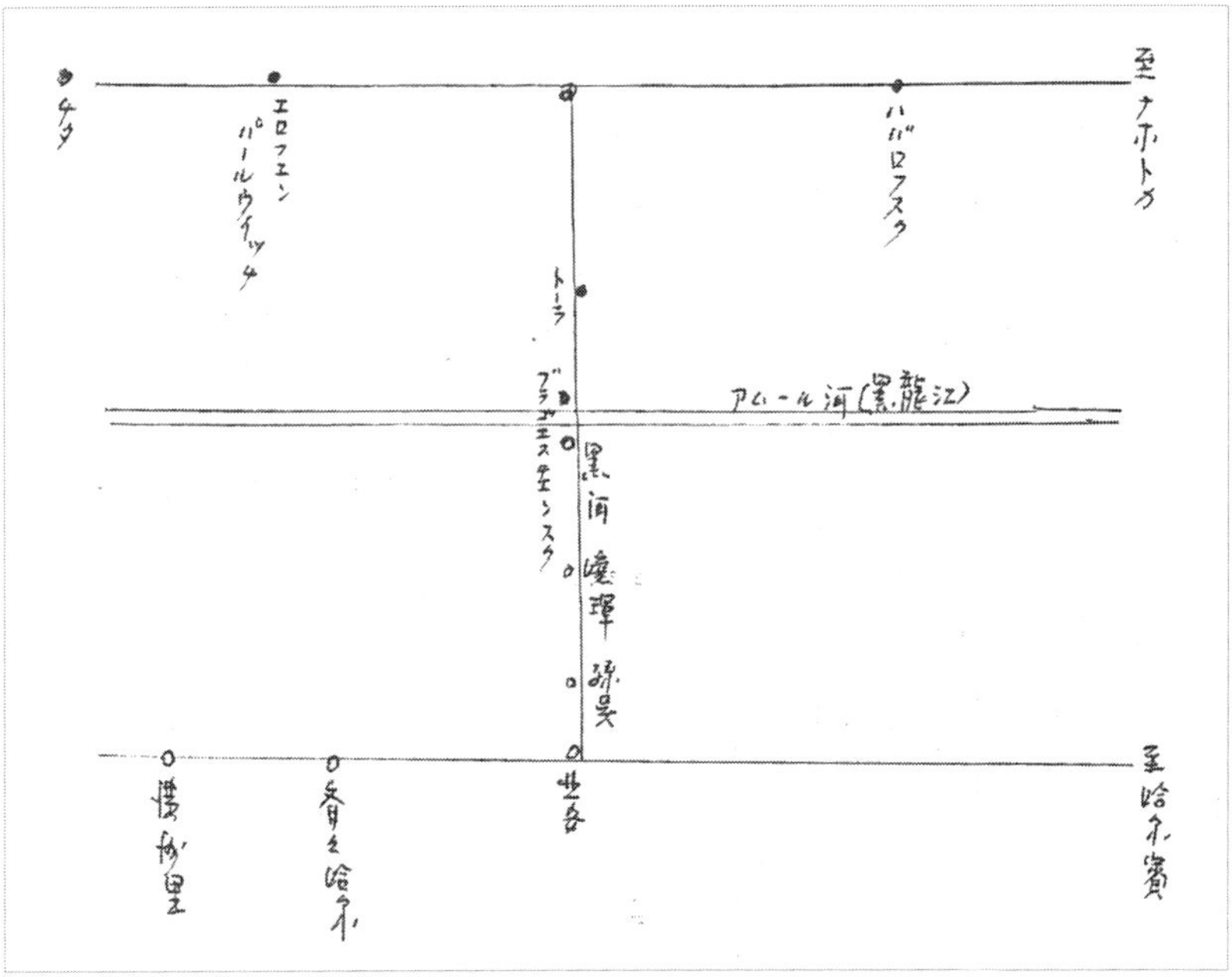

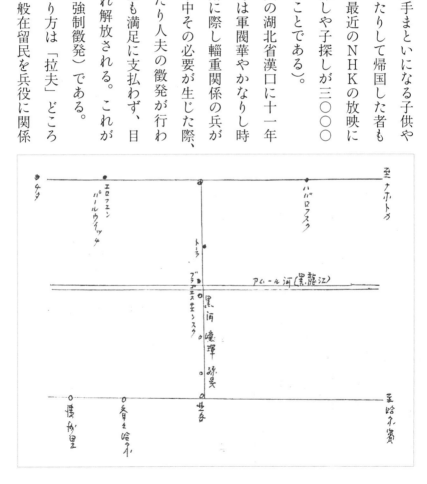

なく一網打尽にバッサリと捕虜にしたのである。目的地も判らずまた何時まで働かされるのか、こんな桁外れな強制捕虜は捕まったのが身の因果、前代未聞のことで中国軍閥時代の「拉夫」とは比較にならない強制徴発であった。

◇捕虜の死亡第一号

私の見たり聞いたりしたこれらの死亡者は、比較的大きなハバロフスク、チタ、その他の都市部の収容所では墓地を作っており、整備されて埋葬されていたようであったが、私の収容されたトーラ、エロフェンパールウイッチなどでは全くひどい状況であった。

後述のトーラ収容所出発後、我々の隊に三十才くらいの荒木という国民兵がいたが、この兵は入ソ以来ソ連支給の黒パンを全然受けつけず我々が持参した白米を拠出して食べさせたが、その後はその余裕もなかったので黒パンを食べろと励ましたが、エロフェンパールウイッチ収容所に収容された翌朝、栄養失調症で可哀想に遂に死亡した。これが我が部隊の死亡者第一号であった。

死亡者が出たときは、死者の着ていた被服及び下着類を剥ぎ取り真ッ裸にして（これらの剥ぎ取った被服類はソ連兵が市民に売るのである）、郊外に馬橇或いは手曳きの橇で死体に防寒外套を掛け運搬するが、これを埋める穴掘りの使役をやらされたことがあった。これには警戒兵一名監視の下に捕虜三名が当たるのである。

ツルハシで縦一・八メートル、幅〇・九メートル、深さ〇・八メートルくらいの穴を掘るのだが、何しろ零下三〇度以下の寒さで地面がカチカチに凍っているため、あらかじめ用意した薪を燃やして土地を柔らかにして掘っていき掘り難くなったらまた薪を燃やす。これを繰り返し行うのだが、この穴掘りは時間と労力が大変であった。そして裸体の死体を穴に埋めて「戦友の霊よ安かれ」と合掌してラーゲルに帰って行く。なんの経文を読経するでもなく、また墓標を建てるでもなく永久に眠るのである。親戚縁者がこれを見たら何と思うだろうか。解氷期になれば野犬などに掘り返される虞れもあった。

私は死んで行く戦友を目のあたりに見て、酷寒の地シベリアより何としてでも生き延び「ダモイ」（帰国）せねばならぬと決意した。

◇さらば黒河よ　シベリアへの第一歩

話を前に戻そう。我々は黒河で二日間を暮らし、十月七日黒河の対岸ブラゴエスチェンスクを鉄艀で渡河、約一時間くらいで全員渡河完了。多数のソ連人が船着き場に集まっており我々を罵ったり嘲笑していた。我々は上陸後駅に集合、そこから徒歩で一〇分くらいの所に給水場があるので戦友の水筒十二個を持って水の補給を終え、帰ろうとした時突如一名のソ連兵が後ろから襲い羽交い締めにした。前面の二名のソ連兵が軍衣・軍袴を探り金目のものを探したが、何も持っていないので羽交い締めを解いたのである。この水汲み場に来た殆どの者がこのような目に逢っていた。

私は孫呉にいた時、腕時計をタバコと交換しておいてよかったと思った。

私の原隊の古兵達が苦労して作った二五キロくらい積める背負木は、巧く運べただろうか？

私は背負い袋や下げ鞄は駅に置いてきてよかったと思うとともに、「ハイエナ」の如きソ連兵の存在に前途きびしいものがあることを覚悟した。

◇囚人列車

我々を運ぶべき三〇トン貨車は囚人列車と同じ有蓋貨車である。シベリアでは古くから、欧露での政治犯及び一般囚をシベリア開発のため送り込んでいた。我々が捕虜となって駅清掃作業に行くと、度々この囚人列車に出会っていた。この列車は上下に二段の木の寝台が設けられて、上の寝台に割り当てられた者は木製の梯子を昇るのである。そして小便は車窓側に穴を明け鉄パイプによって車外に放出されるようになっており、列車の扉は駅に停車したとき以外は常に施錠され自由に外へは出られない。

それで大便は各駅に停車して鍵が開くまで辛棒せねばならない。だから列車内の男囚は

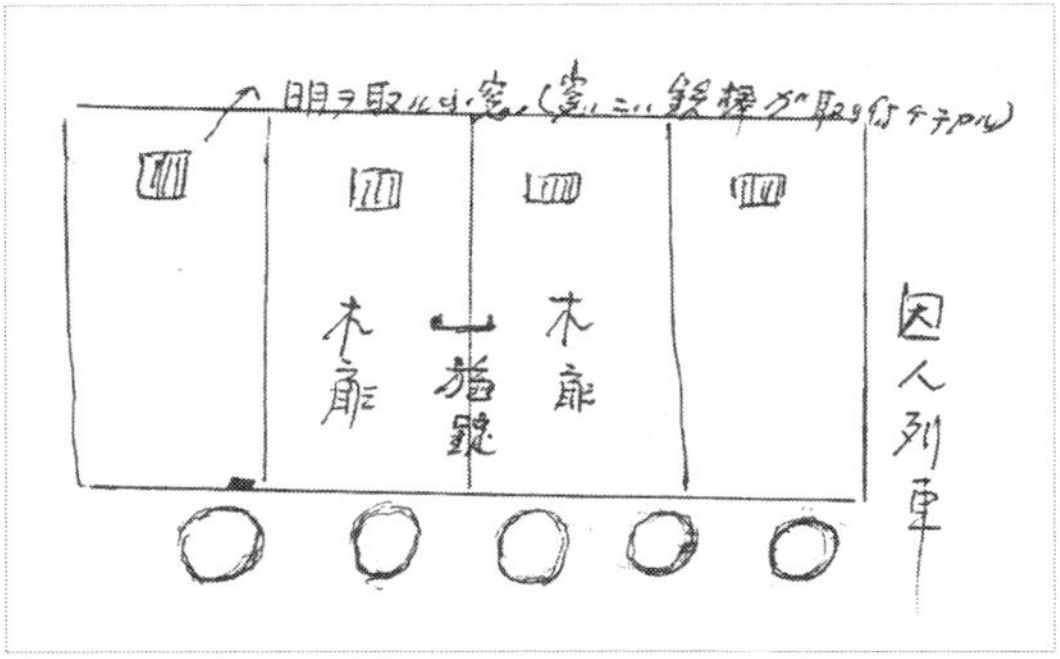

駅に着くと扉に施錠された錠前を外から外し、扉を左右に開く
囚人は約五〇名程度収容され、上下二段式で上段は木板、下段は車の床（木板）に寝る
採暖用の設備は何もない
囚人列車は男女混乗は許されない

勿論、女囚たちも恥ずかしいことなんか考えず、扉が開くのを待ちかねて車外に飛び出して尻をまくって車側に放便をするのである。

駅には便所はあるが総て木造の掘立小屋に毛の生えた程度のもので、また囚人列車停車地点が駅から遠いので、何百人もの囚人の用足しには間に合わない状態である。

やがて正午頃この哀れな捕虜たちは、警戒兵にまるで豚か牛のように追い立てられ囚人列車に押し込まれたが、三〇トン貨車であるため旅客列車のようなタラップは付いておらず、扉の中央下に取り付けてあるコの字型の踏み板に足を掛けてやっと乗り込む始末で相当な努力が要った。そして乗車後捕虜の通訳を通じ「この列車は次のトーラという駅で止まる。目的は集団農場でのカルトーシカ　カパイラポート（馬鈴薯の掘り出し作業）に従事するのだが、これはお前たち捕虜の食料に充てるのであるからしっかり作業をして欲しい」と言われたが、これは真ッ赤な嘘で、掘り起こした馬鈴薯は列車に積み込みもせず農場の一角に集積されたのである。

因みにシベリア地方のソ連人の食生活は誠にお粗末なもので、主食としては馬鈴薯と黒パンだけである。これに羊の骨付き肉をパポール（手斧）でたたき割ったのと馬鈴薯、人参、キャベツなどを煮込んだスープである。

欧露方面では豪華なロシア料理はあるが、シベリアでは到底お目に掛かることは出来ないだろう。

私は満州国政府に勤めていた頃仕事の関係上哈爾浜《ハルビン》に度々出張したことがあったが、白系露人の経営するキタイスカヤ（中国人街）にあるレストランによく行った。スープにしろ一品料理にしろ、甚だ美味だったことを思い出す。

これらの主食は何れも配給制度で、年齢、職種によって格差のあるのは当然である。

馬鈴薯は、北海道で生産される「男爵」よりも一廻り大きく味も素敵である。この薯の食べ方はスープ以外はすべてふかして食べるものであるが、一回の量は拳よりやや小さいのを六、七個、塩をふり掛けて食べるのである。

なおシベリアにおけるソ連人の食生活のうち、私はスープの材料である肉類について調べたが殆ど羊肉だけで、牛肉の配給は一度も見かけなかった。これは統制のため牛は欧露方面に出荷され、シベリアでの配給は羊肉に制限されていたものと思われる。

収容所では重患の病人には白パンのほか「カーシャ」と称する白米のおかゆまたは白飯を給与していたが、それでも白パンを黒パンと交換してくれと、入院患者がほかの捕虜に頼んでいるのをよく見かけたものである。それほど入院していても黒パンに魅力があったのだろう。

さて、トーラで二日間馬鈴薯の掘り出し作業を終え一同は再び囚人列車に閉じ込められた。この列車の突き当たったところがシベリア本線である。ここで西すればバイカルを越え欧露に至り、東すればハバロフスク、ナホトカへ出るか、或いはその手前の支線を行けばウラジオストックに出るのである。

孫呉の天幕生活中チャスボーイ（警戒兵）が我々に、近日お前らはダモイすなわち帰国出来るんだと言った言葉が全くの嘘であるかないか、本線にぶつかる地点に来て初めて判った。本線と支線が交差する地点（駅名は忘れた）で、昼食時であったから飯盒を取り出し食事をしていた。やがてそのうち多数の市民や子供らが物珍し気に捕虜たちを見物していたが、子供が我々に石を投げて来た。誠に屈辱に満ちた場面で、戦争はやはり負けてはならぬとつくずく思い知らされた。

二時間ほどして囚人列車はここを出発した。列車が走る方面は私が危惧したとおり西へ進路を取っていたから「ダモイ」（帰国）は嘘で、これで我々は当分帰国は諦めざるを得なかった。

我々の囚人列車は三日目に、シベリア本線にあるエロフェンパールウイッチという長たらしい名前の駅に着いた。人家もあまり密集していないこんな寒村に何の仕事があるのかと疑ったが、後述するように結構種々な仕事が待ち受けていた。なおこの駅では捕虜五〇〇名が降ろされあとの人員は西進していった。

◇エロフェンパールウイッチ収容所での生活

同収容所での生活中、ソ連軍の我々に対する給食状態はどうであったか？

黒河及びトーラでの作業中、我々の携行食糧の白米は既に残り少なくなっていたので、捕虜将校が食糧支給方を通訳を通じソ連軍に申し込んだので、トーラ出発後初めて二キロの黒パンを十名で一個宛ての割合で支給された。これ以後エロフェンパールウイッチ収容所に行き着くまでは、どうやら黒パンの支給が続いたのである。

同収容所では捕虜の中から炊事専門の者を任命し、食事に支障を来さぬよう配慮した。この街では一般ソ連人を対象とする製パン工場が従来から設けられており、当地に日本人が捕虜として収容されるようになってから、捕虜向け用として雑穀を原料とする各種のパンが生産されるようになった。

しかしそれでもソ連側のやり方を見ると、糧穀の各収容所に対する割当などの計画は全く無いに等しく、ある時は小豆ばかりの配給が十日間も続いたことがあった。考えても見よ。塩及び砂糖の調味料なしで十日間も続けば、全くウンザリせざるを得ない。しかし労働を強いられる身体ではこれを拒否することも出来ず、食べなければただ死あるのみである。

収容されて暫くの間は副食物の支給は皆無であったが、その後月三回くらいの割合で鰯や鰊の塩漬けが一尾宛て配給されたり、また時おり羊の骨（少量の肉付）と若干の野菜を混ぜたスープが飯盒の三分の一くらい支給された。

鰯や鰊の塩漬けは塩の付いたままの物で何とも辛く、水で洗うでもなく焼くでもなく犬にも劣る待遇であった。

我々は十二日を費やし、孫呉よりエロフェンパールウイッチ駅に下車後直ちに我々を収容する収容所に向かった。見ればソ連軍が兵舎として使用していた兵営である。

◇シベリアの家屋

ここでちょっとシベリアの家屋につき書いてみよう。

シベリアにおける建築物は平屋建てと二階建てがある。

我々の収容された建物は一階であった。これらの建造物はすべて松丸太を皮付きのまま横にして積み立てて行き、杉の木の皮で屋根を葺いていた。

シベリア地方は厳寒期、零下三〇度～五〇度に温度が下がるので、丸太の隙間には繊維性の縄や羊毛をほぐして詰め、また「ペーチカ」という壁暖房を築き、窓や扉なども二重にして暖かい空気の逃げるのを防いでいた。この「ペーチカ」の燃料は殆どが石炭である。

シベリアの建物の特色として便所はすべて屋外に建ててある（満州もそうであったが）。だから婦人らは寝巻の上から毛皮の「シューバ」を羽織って、家屋の裏側にある便所に行くのである。

なおチタやハバロフスクなどの比較的大きい都市では煉瓦建ての洋式建物があるが、その他の地方は殆どが丸太を横積みにした家屋が多い。敗戦二ヶ月後に捕虜たちは、黒河よりアムール河を渡河して対岸ブラゴエスチェンスクに上陸したが、一歩足を踏み入れて驚いたことには船着き場、駅、目抜きの道路には「スターリン万歳」「偉大なる我等の指導者スターリン」等々の写真やビラ、横断幕などが張り廻らされていた。この情景は我々が収容されたエロフェンパールウイッチに行くまで全市全町どこでも見られ、挙げて祝っていた。またサハリン（樺太）に向かう軍用列車、満州より引き揚げてくる軍用列車にはいずれもスターリンの肖像画などが張られていた。

入所して十日目くらいに初めて、ほんの少量ではあったが砂糖とタバコ及び一握りくらいの洗濯石鹸が支給された。

やがて昭和二十一年の正月を迎えるのだが、我々の大隊長はせめて「ボタ餅」を一人二個宛特配しようではないかと提案し、砂糖二ヶ月分を炊事班で保留、そのほか粟、燕麦二ヶ月分の蓄積方を軍当局に交渉。元旦に配給されたことを特記しておこう。勿論これらの穀類は我々の食糧から出る物で、蛸が己の足を食うようなものであった。

◇ソ連女軍医大尉の身体検査

我々の収容所に配属されていたソ連の軍医は、女の軍医大尉であった。この収容所に入所直後、全捕虜に対する身体検査が行われた。それには捕虜の日本軍軍医大尉と右のソ連軍医大尉が当ったが、勿論主導権はソ連軍の軍医で日本軍の捕虜軍医はくちばしを入れることは許されない。我々はこの女軍医大尉のあだなを女狐と呼んでいた。この身体検査は誠に傑作で、一生のうち初めて体験したものである。それは、名前を呼ばれたら軍袴（ズボン）及び下着を膝のところまで降ろし、この女軍医大尉殿に後ろ向きになって尻を見せるのである。そしてこの女狐軍医大尉殿は真面目な顔をしてやおら「この捕虜は一級」とか「二級だ」と格付け宣言し、これによって第一級は重労働、二級は普通労働、三級は軽作業、四級は作業不能と認定するのである。この決定方法は尻の肉付けによって決定されるというもので、誠に奇想天外のことでただただ唖然とするだけである。

聴診器も持たず尻肉で等級を決定するとは、さすがソ連である。この身体検査は、一ヶ月一回は行われた。そして普通の病気診断や凍傷その他一般外科措置は、専ら捕虜軍医がこれに当っていた。これらの医薬品はすべて満州よりの戦利品か、または捕虜の軍医が携行した物ばかりであった。

次に私が意外と思ったのは「痔」に関することで、痔病患者が休養方を申告してもなかなかウンとは言わず、痔（ゲモロイ）はソ連では病気とは認められないので労働をしろと言われているのを度々見た。捕虜軍医としてはどうすることも出来ず、その患者の班長に軽作業に付かせるよう取り計らっていた。

◇作業の種類

ここで捕虜のラポート（作業）としてはどんな種類があったのか列記してみよう。

――エロフェンパールウイッチ及びチタ収容所での内容――

一、石炭貯炭場より機関車に石炭補給のためのトロッコ運搬

二、製パン工場

三、火力発電所の灰捨て及び石炭運搬

四、石炭降ろし

五、倉庫の整理
六、ビル建設（大工、左官、煉瓦工を含む）
七、鉄路の歪曲調整
八、電話線及び水道管の穴掘り作業
九、道路工事
一〇、木材伐採及び運搬
一一、線路掃除
一二、国営及び集団農場における農作業
一三、兵舎内の床板清掃
一四、個人家屋の便所掃除
一五、鮭及びその他魚類の塩干物の運搬

【備考】

重労働者とは一級体格者で木材伐採、木材運搬、その他建築労働、及び民家の便所掃除に従事する者などである。これらの労働者には一日一〇〇グラムの黒パンが加給されていた。

民家の便所掃除とは、既述の通り酷寒地のシベリア地方（満州でも同様だが）では、零下

三、四〇度まで下がり大小便はコチコチに氷るので、ピラミッドあるいは筍のように積もるに従って最上部は錐の先のようになり非常に危険な状態になるため、各家では鉄棒を備え付け時々突き崩さなければならない。この突崩し作業は誰でも厭がるので割り当てられていた。

そしてその作業員の居室も別の室が割り当てられていた。この室に這入ると便所のような臭気がして閉口した。勿論作業員は作業が済んで帰所した時は外で充分に被服を払うのだが、作業中に飛び散った氷片が室に這入ると融けて異臭を放つのである。この便所掃除係には黒パン一〇〇グラムの加給があるのと、民家のマダム連がマホルカ及び黒パンの残りをくれるのが魅力で、これに釣られて仕事は汚いが進んでこの作業を希望する者がいた。

以上がエロフェンパールウイッチ及びチタ収容所の作業内容である。

前述のように第一級体格者の作業は殆どが森林伐採と木材運搬で、その現場作業場は何れも数十キロまたは百キロ以上も離れているため鉄道によって移動し、大抵は二週間以上の派遣出張である。この伐採は電気鋸などはなく、二人引きの鋸で根元を引き切り斧で小枝を切り落とし、一定寸法に揃えた木材を運搬班がトラックまたは馬などによって最寄りの河及び駅に集積する作業である。エロフェンパールウイッチ収容所在所当時、一度に四名もの犠牲者が出たが、伐採班の語るところによれば何れも作業中大木が倒れたのが原因で、犠牲者の屍体は名も知れぬ森林に埋葬されたのである。

作業をする道具としては前述の鋸、斧を除き、その他の作業にはツルハシ、スコップ、鉄棒の三種類だけで、スコップは日本のスコップとは雲泥の差がある。掬い取る部分の金物は非常に大きく、しかも柄はそこらの林から伐った比較的真っ直ぐな木の皮をはいだ棒で、その先に地場の鍛冶屋が作った金具を取り付けた代物で、金具と棒が安定しないでグラグラするのが多かった。

だから皆は仕事場に着いたら真っ先に道具小屋に走って行き、使いよさそうなスコップの取り合いである。悪いスコップは掬う金物と棒がアンバランスとなり往生した事が度々あった。当時のソ連では、日本製のような使いやすく掬いやすいようなスコップは、ただの一度もお目に掛かったことはない。

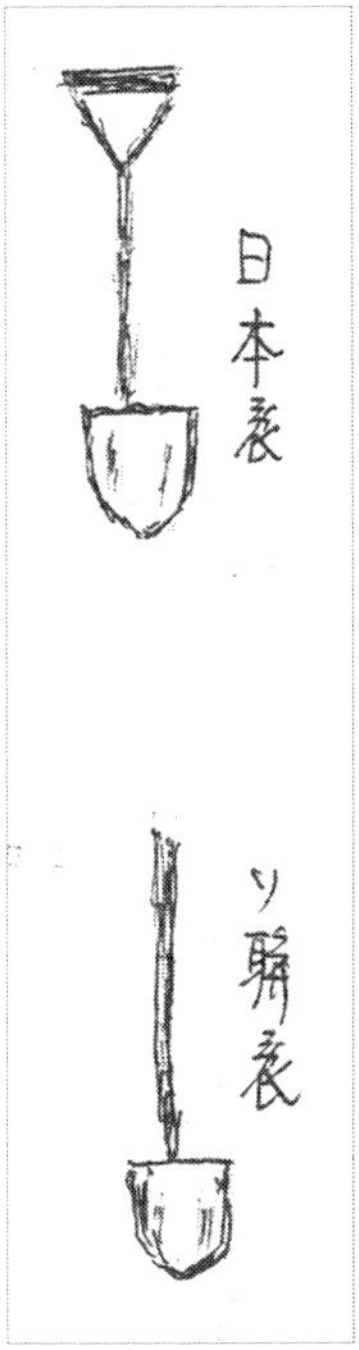

◇ラポートの割当

労働の種類については既述した通りで、これらのあらゆる仕事の割当については、その前夜関連する工場・労務先のナチヤニック（監督）により所要人数の申し込みがあり、それに基づいて収容所長より捕虜の指揮官へ割当命令が下達されるのである。それによって作業人員が割り当てられ、各々その仕事に従事するのである。であるから捕虜は、前の晩に明日の労働場所及び人員が通達される。

各職場では当日捕虜を受け取るため、その職場のナチヤニックが午前七時までに到着。警戒兵立ち会いのうえ前夜通達された所要人員の受領を終え、各職場へ出発するのである。

大体グループが一〇名以内であれば警戒兵は一名であるが、それ以上の多い人数であれば警戒兵は五名以上一〇名くらいで列の先頭、中間、および後部に配備されたが、我々が名付けたマンドリンと称する軽機関銃を首から胸にぶら下げ、イザと言うとき即座に射殺出来るような態勢をとっていた。

このマンドリン軽機関銃とは我々が付けた名称で、丁度首から腰へかけてブラ下げていた。

弾倉は弾丸（モーゼル拳銃一号弾丸とほぼ同じ）五〇発が装填され、発射と同時にグルグルと蓄音機のレコードのように廻る仕組みになっていた。

マンドリン軽機関銃は兵一人一人に装備されており、遠距離戦ではあまり威力を発揮できないが、近距離戦ともなればかなりその効力を見せていた。これを首からブラ下げて腰だめにして進撃して行くのである。

日本はいつまでも在来の三八式歩兵銃、重軽機関銃などにこだわらず、モット多くの火器が装備されていたら相当な戦果が挙っていたであろうに誠に残念である。

捕虜たちの労働時間は朝八時から午後までであった。超過勤務などは殆どなかった。

我々捕虜に対する報酬などは一文も貰ったことはなかった。これは捕虜を受け入れた事業所で負担して、これを政府に支払うのだろうとの事を捕虜通訳氏に聞いたことがあるが、ハッキリしたことは解らない。

また、作業場所などによっては昼夜三交替の作業が行われた（例えば火力発電所の灰捨て作業、機関車への石炭補給のための運搬作業——いずれも鍋トロを使用）。

面白いことには冬期になると、昼食用の弁当として飯盒に半分這入っているのを携行するのだが（その内容は高粱、または粟、時としては粟と小豆、粟と緑豆の混合飯。副食物は何もない）、冬期は寒さのためカチカチに凍っているので、これを溶かすための「当番」を作り燃料を収集し焚き火を作って飯盒を温めるのである。警戒兵も仕方がないので一時間くらいの時間は大目に見ていた。この「当番」は、作業人員にもよるが普通一～二名がこれに当っていた。

◇鍋トロッコによる石炭の運搬

私はエロフェンパールウイッチ収容所に収容されて以来、石炭の鍋トロッコ押しを約一年間くらいやらされた（時によると他の職場に行かされたが）。その仕事の内容は、この収容所がシベリア本線にありそこには四六時中機関車が石炭の補給に来るので、この石炭を三交替制で補給せねばならないというものである。

補給を要する機関車は次から次へと這入ってくる。停車した機関車の上方三メートルくらいの所に漏斗型のポケットが二十四個（縦四列、横六列）が設備されており、一ポケット満炭にしたのが機関車一台分に当るのである。漏斗の底部には蓋が設けられ、この鉄板を引くとザ

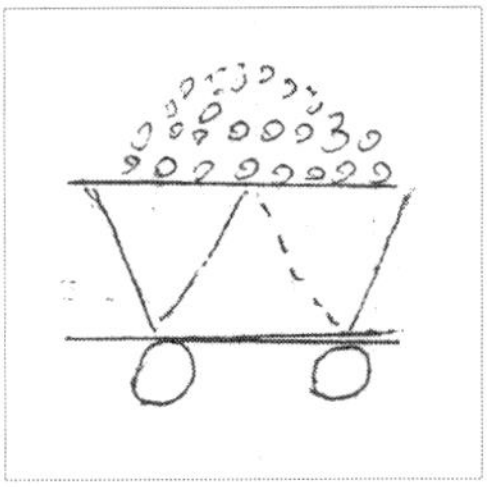

アーと音を立てて機関車の炭庫に石炭が落ちて行くように作られていた。

そしてこの石炭貯蔵所はポケットより約四〇〇メートル程のところにあり、ここから石炭運搬用鍋トロッコが二〇台一斉に行動を開始して、スコップでトロッコに積み込むのである。このトロッコは鉄製で左右どちらでも傾けるようになっている。いわゆる鍋トロと称する奴である。

ここで収集されている石炭は黒ダイヤとも見える塊炭で、光沢もあり火力も強い炭質であった。

貯炭場でのこれらの塊炭も、冬期になると一様に水蒸気がかかったように表面はおろか中までカチカチに凍っており、時によると一抱え以上もある塊となっている。

この鍋トロッコによる石炭運搬作業は、夏期は二人でやっていけたが、冬期になると前述のように石炭がカチカチになるので人員は一名を増員し三名になるのである。

この運搬作業は二〇台一斉に積み込み、運搬も全車一斉に出発せねばならない。もし中間のトロッコがモタモタして遅れると、後続の車は積載完了しても前進することは出来ない。

非力な者と組み合わせられたら誠にイライラした気分になり、時にはブン殴ることもあった。

その組み合わせで、たまたまMという阪大の助教授がいたが徹底的にサボル奴で、私がソ連より帰国後大阪の梅田で偶然出会った。そして収容所のことを覚えているかと聞くと、ニヤニヤ笑っていた。

また人によっては自分の車が積載完了したらほかの車を手助けして、早くスタートするようお互いに援助することもあった。

トロッコ運搬中度々脱線することもあった。空車の場合は簡単に線路に乗せることが出来るが、石炭を満載の時は鉄棒で持ち上げねばならず前後の車に応援を頼んだことも度々あった。

線路掃除とはいかなる作業であったか？

列車が到着すれば、前記の通り車の傍での放便は黙認の形である。

これは囚人・捕虜だけではなく軍人、一般民でも同様であった。

このため列車が発車した後は糞だらけである。線路掃除作業はこの放出された便を大型の板台無蓋トロッコを移動させながらスコップで掬い上げ、これを郊外の原ッパに投下して行き、これでこの作業は終わるのである。冬期の大便はコチコチに凍るから収集はそれほどでもないが、夏期は臭気のため厭であった。だが軍用列車が停車しているとソ連兵がタバコや黒パンをくれるので、楽しみのある職場でもあった。

私はこの作業中に、ドイツ兵やイタリー兵の捕虜が移動して行くのを度々見た。彼らは私ども日本兵を見て「ヤパン」と呼び合って近寄ってきたが、私らも彼らに「ドイツァランド」あるいは「イタリーノ」かと手真似で聞いた。警戒兵にあまり近寄るなと制止され、遠くから眺めるだけであった。

かつての同盟国の捕虜たちがシベリアまで来ているのかと思うとともに、懐かしみが湧いて来た。日本兵の捕虜もシベリアはおろか、とんでもない遠い土地に行かされている者も多いだろう。

彼らの被服などを見ると我々と同様戦い当時の服装であった。彼らのソ連での待遇は、我々同様に乞食のような生活を強いられているに違いない。だがドイツ兵の捕虜としての態度はイタリー兵と違い、万事キビキビしており上官と話をしている時はカガトをキチッと合わせ、直立不動の姿勢を崩すこともなく好感の持てる人種だと思った。我々日本兵捕虜は、降伏後はその態度はもはや話にならぬ程規律は乱れていた。

それから時々見かけたのは、昭和十三年満州北部ソ満国境で起きた張鼓峰事変と、昭和十六年に起きたあの有名なノモンハン国境紛争事変で捕らえられた捕虜たちであった。いずれの事変も関東軍対ソ連軍との戦いであった。そして両事変とも関東軍の大敗で、関東軍の真価が問われた事変であった。

◇張鼓峰及びノモンハン両事変の我が軍の捕虜

私はある日線路掃除作業のため駅に行ったが、そこで両事変当時の捕虜に出会った。彼らの服装はすべてソ連支給の被服であった。防寒帽は耳覆いの付いた毛皮の労働帽、被服も灰色の袴及び同色のフーハイカ（労働着）を着用していた。

彼らは極力私どもと会うのを避けているようだったが、よく聞いてみると彼らは両事変当時の捕虜であった。だから極力我々と顔を合せるのを厭がったことが判った。

両事変とも主力はソ連軍対関東軍であり、満州国軍、内蒙古軍、ソ連軍側の外蒙古軍はほんの付足しである。両事変ともソ連軍に凱歌が挙がり、そして和平なって停戦協定となったが、その時の捕虜は関東軍側は一括交換を主張したが勝ったソ連は頑として受付けず、結局ソ連軍の主張する等量交換に同意せざるを得ない痛恨の協定となったのであった。

当時の関東軍はソ連何する物ぞと軽視と驕る気分が多分にあった。そして蓋をあけて見ると飛行機、戦車、兵員等において我軍に数倍する兵力であり、関東軍の兵力兵員は当初より増加していたが、戦線は我軍に不利で捕虜もまた多数に上った。逆にソ連の捕虜は日本軍の半数以下であった。だからソ連の主張する等量交換では当然ソ連に有利で多数の日本軍捕虜がシベリアに送られ労働させられていたのである。

（注＝等量交換とは捕虜を一対一で交換し一括交換とは人数に制限なく一まとめに交換するのである）

軍としては前述のように東条英機大将の戦陣訓として「死すとも虜囚の辱めを受くる忽れ」との有名な文句があったが、要するに、捕虜となった者はすべて自決せよとの言葉である。

この調子で行けば大東亜戦争勃発後、終戦までの各地における捕虜は百万人以上に上り、これらは全部自決の道に追いやられるだろう。そして東条大将も、思いもよらぬ大量の捕虜を出した満州各地における敗戦をどう思っているだろうか。武装を解除され投降した各部隊将兵は、ウツロな眼をして何の気力もなかった。戦陣訓も夢語りに終ったのである。

捕虜という言葉を極度に嫌う風潮は、日清日露の各戦から始まっており、皇軍では捕虜と呼ぶことはタブーであった。

第一次上海事変勃発当時、陸戦隊の空閑昇少佐が第一線で指揮奮戦中、不幸にも敵弾を受け重傷を蒙り人事不省になって中国軍に捕われたが、敵の中国軍第十九路軍軍長蔡庭階がいたくその奮戦に感じ、同少佐を日本軍に引き渡したのである。

ところが日本軍当局は何をもってこれに報いたか。病室にある同少佐に拳銃を差し入れこれによって同少佐は自決したが、当時悲劇の英雄として国民はその死を悼んだのである。これは捕虜の返還という言葉を極度に恐れたのである。

張鼓峰、ノモンハン両事変の等量交換によって戻ってきた者は、一定の個所に隔離され捕虜だったことを秘密にして、将校だった者には密かに居室に拳銃を置き自決を促したのである。そして下士官、兵に対しては、南方その他の最も激戦地にある部隊に転出の方法を取ったのである。

なおこれは捕虜の話ではないが、次のような話がある。あの有名なミッドウェイ海戦において日本海軍は米海軍により致命的な打撃を蒙ったが、その生き残りの将兵に対し、大敗に至る過程が外部に洩れるのを防ぐため一定個所に隔離して後、戦闘の激しい第一線に配置するような措置が取られたとのことである。

前述の張鼓峰、ノモンハン事変で等量交換によりソ連に残された者は、今ではソ連に帰化しその殆どがトラック、トラクターの運転手となり、ソ連婦人と結婚、子供もあるとのことで「自分らにとって日本は遠い国になった」と言っていたのが印象的だった。

因みにソ連婦人は日本人と結婚したがるそうである。これは、日本人はソ連人と比べ「ハラショウ　ラポータ」（よく働く労働者）だとのことである。

私は前記の貯炭場でのトロッコ運搬以外では、他の職場に行かされたことも度々あった。製パン工場での使役、食糧品（雑穀）倉庫、線路の歪曲調整、線路掃除、火力発電所の灰捨て作業などであった。

中でも魅力のあったのは製パン工場で、直接製パンには従事せず専ら原料及び製パンの運搬であったが、ここでは出来損ないの製品が出るので、作業終了後これらの黒パンをソ連の従業員が捕虜を可哀想に思うのか、二キロのパンをくれるのである。我々は収容所で支給される食事では到底食欲を満足させることは出来ず、こんな時はトテモ有り難かった。そして餓鬼になった僚友たちと分かち合ったものである。

◇ソ連老婆の情け

ある日線路歪曲調整で仕事をしていた時、付近の民家より老婆が大きなバケツ三杯を線路上に運搬して、これを食べろと言う。見ると黒パンの耳ばかり切ったのが、三杯のバケツに山盛りに這入っているではないか。私は「スポシーボ」（有難う）と礼を言った。老婆は早く食べよと言うがそんなに沢山一度に食べられず、その時確か捕虜は十三名くらいだったが等分に分けて持ち帰り、久しぶりに満腹となった。

ソ連人は殆どが我々を敵視、軽視していたが、中にはこのような老婆もいたのである。

食糧倉庫の使役も魅力のある作業の一つであった。力の要る仕事であったが、昼食後飯盒を洗いこれを腰にブラ下げて作業をする。そして監視の目を盗み麻袋や叺《かます》に指で穴をあけ、中から出て来る穀類を飯盒一杯にして、後は穴を元通りにして作業を続けるのである。白米などをせしめた時は銀飯が食べられるぞと、いそいそと収容所に帰って行く。

収容所では毎日夕食後、右のような穀類やカルトーシカ（馬鈴薯）など掠め取った食物を各自が炊いていたのであったが、これには収容所側では何も言って来なかった。またこれが捕虜の唯一の楽しみでもあった。

飯盒を腰にブラ下げて作業するのは飯盒の盗難防止のためで、作業中の捕虜風景の一つでもあり、また捕虜として最も重要なる食器でもあった。警戒兵もそこまでは監視の目が届かず、その盲点を突くのである。

監視の厳しいときは飯盒に入れることを諦めて、そのまま口に入れて食べるのだ。こんな無理をして食べた結果は胃が消化せず、硫化水素のようなゲップが出てその後は決まって下痢をした。

またこんなこともあった。それは他部隊の者であったが、大きな塩鮭四尾を自分の脱いでいた防寒外套で包み、終業後これを二尾宛て細紐で振り分けて肩に掛け、防寒外套は袖を通さず肩に羽織って収容所まで搬入したが、入り口で監視の兵に見つかって四日間の食事減給の処罰を受けたのである。

捕虜たちは誠に奇想天外のことを工夫して、自己の身体を飢えから守るため様々な方法を用いたものである。

◇日本兵の器用さ

旋盤工の経験のある者は、機関車や貨車工場に行ったときアルミ資材を手に入れ、自己用の椀や湯呑コップ、箸及びスプーンなどを器用に作って持ち帰っていた。

また縫い針なども鋼線の針金で頭の溝に穴をあけて作り、見事な縫い針を自己補修用としていたほか、民家の主婦連と黒パン、タバコなどを交換していた。当時のソ連政府はこの小さな家庭用の縫い針ですら配給が出来なかったのである。被服類の修理は、収容所内には縫製工場等の設備もないので破れたら各自で補修するのである。糸は麻糸を造るために麻袋を掠め盗って来たのを縦糸・横糸をほぐして糸にした。破れた個所には拾ってきたボロ布を伏せて、修理また修理と重ねた。二年目ころからあまり修理をするので軍袴が重くなり、哀れな乞食同様の姿となったものである。そんな状態になってもソ連は被服類は支給しなかった。ただ防寒用として木綿地の灰色をしたもののなかに綿を入れて刺し子にした、「フーハイカ」と称する軍衣よりやや長い労働着が一度だけ支給された。

◇収容所での娯楽

収容所内での娯楽は花札、麻雀、碁、将棋などであった。碁石、碁盤、将棋盤および将棋の駒など、また花札、麻雀牌などは着色までしてあり本物ソックリで、碁石はそれに見合う白樺の小枝を皮を剥ぎ輪切りにし、黒石は黒のペンキ、白石は白のペンキを塗って使用していた。こんな娯楽用具が何十組も作られており、捕虜生活を結構楽しんでいた。

まったく捕虜には器用な者がおってソ連人を驚かせていた。

◇捕虜とタバコと塩

我々はエロフェンパールウイッチ捕虜収容所に収容されて以来タバコの配給はなかったが、昭和二十一年正月の中頃になって、初めて二握りほどの「マホルカ」が配給された。「マホルカ」という葉タバコは日本で栽培される葉タバコと比べかなり背の高い植物で、収穫期である十月十日ころに刈り取り、日光乾燥された後は葉や茎を細かく包丁で刻んでこれを吸うのである。その刻まれた「マホルカ」は、中引の鋸で引いたときに出るオガ屑くらいの大きさである。これを適当に切った新聞紙に手巻きにして（一巻き半くらい）吸うのである。

「マホルカ」の味は、日本製のタバコではとても味わうことの出来ぬ一種独特の味である。この「マホルカ」は国営農場、集団農場などで栽培しているが、農家でも自家用菜園用地に一般野菜のほかに「マホルカ」の栽培を許容されている。ついでだが共産圏国家では全部家屋、土地等を共有する

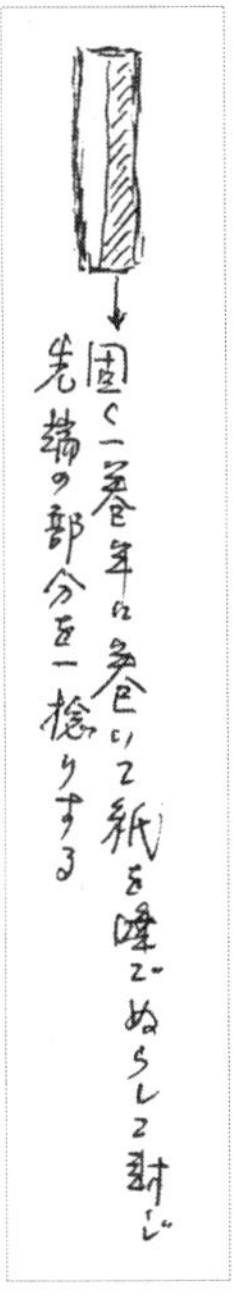
固く一巻毎に巻いて紙を唾でぬらして封じ
先端の部分を一捻りする

ものだと考えられているがそれは誤りで、自家用として少々の耕地に野菜及び鶏、豚、羊、牛、馬などの飼育も少数であれば許可されている。自家用としてあまった物は、バザール（市場）で取引しても差し支えないことになっている。

ソ連人は家畜を非常に大切にする国民である。さほど広くもない家では寝台を家族全員で使用することは出来ないから、一部の家族は服を着たまま床上にゴロ寝である。それでも「ペーチカ」（壁暖房）のため室内は暖かである。その家に羊や牛の仔が生まれると、厳寒中は外に出さず室に入れて飼育し、とても可愛がる国民である。これらは供出用や自家用にかかわらず、このように飼育するのである。仔牛などが室内で排尿するようなときは、バケツなどをあてがいこれを処置するというほほえましい風景が度々見られた。

ここで話をまたタバコに戻そう。

ソ連では「パピロス」という口付きタバコがある。日本では現在売られていないが、昔敷島、朝日、大和などの名称で口付きタバコが専売局より売り出されていた。この「パピロス」はこれら日本のタバコに比べ長さが少し長く細巻きである。そしてこの「パピロス」の特徴は全体の三分の二が吸い口で、後の三分の一がタバコであるから、四、五回吸えば終りで極めて頼りないタバコである。

私は満州国官吏として度々ハルピンに出張、ここでは白系ロシア人が多数居住しており、キャバレー、ダンスホールなどに行くと白系ロシア人のホステスが火をつけた「パピロス」をサービスにくれたものである。

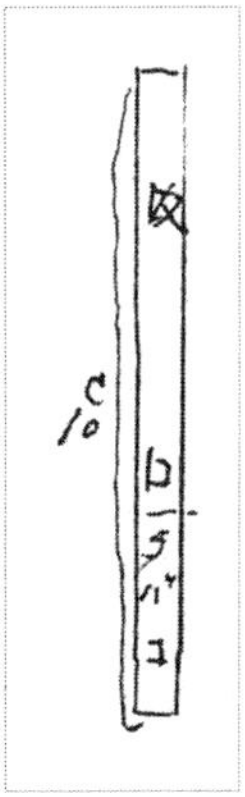

（注＝白系ロシア人とは、元の帝政ロシアを支持していたロシア人で、これとは別派の過激派、いわゆるボルシェビキに別れ、白系ロシア人は革命以来祖国を脱出、興安省三河地方を中心にハルピンのほか満州各地に亡命しており、大正九年ころから日本にも白系ロシア人が亡命して、殆どのロシア人が洋服の生地を行商して生計をたてていた。満州国においても建国後五族協和の一員として満州国官吏に採用され活躍していたが、これらは主として諜報関係の仕事をしていた）

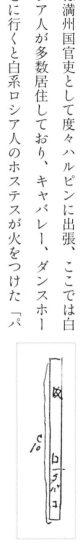

私がこのホステスたちに「パピロス」は吸い口がなぜこのように長いのかと質問すると、彼女たちはこう説明する。ロシアは厳寒地帯のため、冬期はすべて「シューバ」という襟及び裏地にラッコや羊その他の毛皮などをつけた外套を着る。双方の襟を合わせると両耳が隠れるくらいになり、それに毛皮の帽子をかぶると完全な防寒被服となるのであるが、襟を立てた場合普通の短いタバコを吸うと立てた襟の毛皮を焼く虞れがある。それにロシア人は口髭をたくわえる者が多い。だから「パピロス」の方が便利であると説明してくれた。その味

は誠に軽く、タバコをよく吸う私には少々頼りなかった。

私は欧露のことは判らないが、シベリアにおいてはマドロスパイプを咥えている者をついぞ見かけなかった。マドロスパイプ用のタバコは相当高級で、貧しいシベリア住人には財政的にもそんな余裕もなかったものと思う。

我々捕虜はすべての自由を奪われていたが、酒、女などについてはこれが禁断でもなんらの苦痛も抵抗もなかったが、ただタバコだけはどうしても止めることは出来なかった。誠に屈辱的なことであるが、線路工事、線路掃除などの仕事をしていると満州より凱旋してくる兵士たちを乗せた軍用列車が停車しているときがあり、「ダワイ　マホルカ」（マホルカをくれ）と言いながら、適当に切った新聞紙を差し出すと、ソ連兵も哀れに思うのかタバコの入れ物から一服分の「マホルカ」を入れてくれたり、気前のよい兵士は一摘みの「マホルカ」（四、五服分はあった）を掌に入れてくれた。これと同時に我々は「ヤ　ハチュウ　クーシヤイ」（私は食べ物がほしい）と言うと、五人に一人くらいは黒パンを二〇〇～五〇〇グラムくれたりした。

このほか作業場に行けば一般労務者に、これにも新聞紙を差し出し「ダワイ　マホルカ」（マホルカをくれ）とせがんだり、くれないときは「マホルカ」を吸っている者に四、五人でまといつきその吸い殻を捨てるのを待って吸い殻を拾い、また作業中あるいは収容所と作業場の往復途上、道端に落ちている吸い殻を争って拾うのである。そしてこの吸い殻をまとめて二、三本のタバコを作るのである。まるで乞食同様で恥も外聞もなく全くあさましい。そんなにしてでもタバコが吸いたかった。

捕虜の中の大学の助教授、大銀行の部課長、満州国及び日本国の官吏など社会的に見て相当地位の高かった者でも、こんな状態に置かれたときはいくら上品なことを言っても通用しない。皆ほかを押しのけてでも、自分だけ生き延びようとする。精神力のある者だけが生き残っていくのである。

動物はすべて塩分を必要とすることは人間も同様である。とくに重労働をする者にとっては塩分は不可欠な物になってくる。にもかかわらず、収容所の捕虜には塩の配給は全くなかった。生理的に見て何とも不合理であるが、当局はその必要を認めず大変困った。

しかしよくしたもので線路作業に行ったとき、たまたま岩塩列車が停車しているのに出会ったときは、親の仇を見つけたように好機を逸するなと危険を冒して岩塩列車を襲い、飯盒一杯に詰めて持ち帰り宝物のように秘蔵したものである。

この岩塩は日本ではお目にかかることは出来ない。海水から取った物ではなく天然に発生した物で、氷砂糖くらいの大きさである。その色はガラスの断面が青い透き通ったような色であるが、岩塩もこれと全く同色である。舌でなめてみると、少しニガリが這入っている塩辛さである。

我々はこれを飯盒の蓋に入れて火で焙り、ニガリの取れたのを布切れに包み石で砕いて粉々にし、それをお守り袋くらいの袋に小分けして常時携帯して片時もはなさなかった。

農場の作業、あるいは「カルトーシカ」（馬鈴薯）のトラック積み込みや降ろす作業などの時は、必ずと言ってよいほど「カルトーシカ」を飯盒に入れ持ち帰った。夕食後これらの「カルトーシカ」と水を飯盒に入れ、水がなくなるまで煮詰め塩をふりかけて食べる。シベリアの馬鈴薯は、日本や満州産よりずっと美味である。

また苞米《パオミー》（トウモロコシ）、高粱、谷子《グーズ》（粟）などの飯の食事の際にも副食品の代わりに塩を少々振って味付けとした。

このように塩は誠に貴重品であるため、これを手に入れたときはたとえ親友でもただで分つことはなく、配給された「マホルカ」や砂糖などと交換したものである。捕虜たちは夏期になると蛋白補給源としてバッタ、メダカ、ハヤ、蛙、蛇など、何でも手当たり次第に捕えて食べたもので、このような時に味付け用の塩が絶対必要となってくる（メダカ、ハヤなどは木材運搬の時、河に泳いでいるのを手拭いなどで取ってそのまま食べていた）。

誰でも栄養失調になりたくないので生きるのに必死であった。

しかし、反面私は、この貴い岩塩も取りすぎると薬変じて毒薬となることを知った。それは毎月一回甘味品として極めて少量が配給される砂糖（甜菜糖）以外は調味料としては岩塩あるのみで、小粒の岩塩を口に含み満足している者が多数だった。だがこれを取り過ぎた者は腎臓病となり、やがて顔がむくみ腹がパンパンに膨れてくる。こうなれば一巻の終りである。

私の知っている限り、これらの病気で死んでいった者は十名以上だったと思う。シベリア全収容所では相当な数に上ったものと推定される。

◇火打石について

タバコを吸うにも、また職場で掠めとってきた穀類、馬鈴薯、野菜などの煮炊きにしても火の厄介になるのだが、マッチなんか到底配給はしてくれない。そこで火打石の登場となるのである。

火打石にはカチューシャ（女性名）の別名があり、私はシベリアに来るまでは女性の名前とばかり思っていたが、シベリアに来てそれは人名だけでなく火打石のことだと知ったのである。そしてソ連人が持っている火打石を真似て一斉に作り出し、肌身はなさずいつも持ち歩いていた。その作り方は至って簡単である。

左手にパイプを持ち、中の木綿糸を先端より二センチくらい出し、左拇指で木綿糸及び碍子を押さえ、右手でヤスリの破片を持って碍子に打ち当てると火花が出る。その火花が木綿糸に燃え移る。火がついたら木綿糸をパイプの中頃まで引き上げる。

大正時代、有名な松井須磨子の「カチューシャ可愛や、別れの辛さ……」という流行歌が唄われていたが、別名を火打石とは思わなかった。

〈材料〉
鉄パイプ（小指ほどの太さ、どこの工場にもある）
碍子（電柱に取り付けてある、白い碍子の破片）
ヤスリの破片（工場のどこにでもある）
綿子の屑（機械工場の機械掃除用としてある）

◇ノルマについて

ノルマとは、既に日本語化されている言葉である。言うまでもなく作業量の割当である。どんな作業も割当のつかない作業は一つもないのである。

各作業場のナチヤニック（監督）が毎朝七時に収容所に来て各作業別人員を所長立ち会いの上受領し、各人員を引率して現場到着の上ノルマを捕虜の責任者に命じ、そのノルマ達成を強要するのであった。

国営農場や集団農場で働かされたときは、ノルマの割当面積は左図のように長さや幅などを巻き尺などで測定するでもなく、目測で監督はいとも簡単に木片を拾い、これがお前たちの本日のノルマだと捕虜の通訳を通じ捕虜の責任者に示すのである。ところが責任者はこのノルマが無理だと察知すると縮小するよう抗議するが、監督も稀には応ずることもあったが聞かない場合が多かった。

カルトーシカの播種作業及び収穫作業の場合、播種には播

種用の種薯（一ヶの薯を二ヶまたは四ヶくらいに切ってある）を掘った穴に二、三個ずつ投げ込んで行く。そして最後の覆土（穴に土をかぶせる）と三人一組になって仕事を進めていくのだが、このうち播種に従事する者は一番労力を要したから、ときどき他の者と交替していた（これは肩から下げた籠に種薯を一杯入れており、播種するに従い軽くはなるが誠に労力のいる仕事ではあった）。

そこで我々はノルマに対抗する態度に出た。それは作業を手抜きすることである。

穴掘りは穴の直径を小さくし、穴と穴との間隔を拡げ、種まきをする者は籠に入れた種薯を、一穴に二、三切れと規定されているのを一度に四、五切れを放り込み、また時々種薯を全然投入せず、覆土する者は薯のないのを承知で土をかぶせていった。どうせこの結果は秋にならないと判らないので、我々は「知っちゃいねー」と知らん顔して収容所に帰っていった。警戒兵も作業にはあまり関係することなく、一定個所でマンドリン銃を抱え監視するだけである。そして「ノルマ」を早く達成させて勤務より解放されたいので、コイツどもは五時前に「ビストリー　ダワイ」（早くやれ）と督励するのである。

我々はこの「ノルマ」を馬鹿正直に時間内で済ますようなことは決してなかった。それは、仕事が早く済みそうだと思うと規定の五時までユックリ時間をかけるのである。でなければ

「ナチヤニック」が、コイツどもは今日の「ノルマ」を早く完了したので、次の日から「ノルマアップ」をするからである。

またある時は石炭降ろしの場合、六人で一貨車（三〇トン）を受け持たされた。我々は積み荷が石炭だから無蓋貨車でよさそうに思うが、しばしば有蓋貨車に積載してくる。ここらあたりでソ連の計画性がないことがよく判る。無蓋貨車ならば片扉をあけると最初のうちは貨車上よりスコップで下に向けて放り投げることが出来るが、これが有蓋貨車であれば石炭の捌け口をまず作り、段々捌け口が広まるに従い降ろす速度が早くなり、半分くらいの量が投下される頃より二段繰り（奥の方の石炭を集め、扉目がけてこれを扉口に近い者が車外に投下）するのだが、奥に行くに従い相当な労力を要するので手っ取り早くするために二段繰りを止めて、両奥の床板を鉄棒で叩き割り穴をあけると、線路上にザァーと音を立てて落下する。

決められた時間に間に合わない場合にのみこの方法を用いた。そして、線路上に落下した石炭を線路外に除去するため、全員で除去作業をやって「ノルマ」を果たすのである。我々はこの貨車がどこに回送されるか知る由もないが、両奥の床板がポックリ打ち破られた貨車を回送された方は、さだめてビックリするだろうと痛快な気分であった。

これらの貨車内には車体の壁に、この石炭を積み込んだ捕虜たちが白墨で「この石炭を積んだのは……収容所の○○です。ダモイ出来る日を楽しみに、そちらも頑張って下さい」と書かれていたり、またある貨車内には「ロスケのバカヤロー」などの落書きがあるのを見て自然と涙が出てきた。異国にあってお互いの顔も知らない、ところも知らない収容所の捕虜からこのような伝達文を見る時は、懐かしい気分で石炭降ろしも楽しみでもあった。

またこんなこともあった。

国営農場や集団農場の馬鈴薯の貨車積載の作業に時々行ったが、我々はその報復として「坊主憎けりゃ袈裟まで憎い」の通り、貨車内の馬鈴著に放尿して痛快がったものである。

◇国営農場と集団農場

日本での農産物はすべて各個人によって耕作されており、その収穫物も各個人の所得となり、例えば馬鈴薯の収穫を見ても丹念に行われ一つ残らず取り入れるが、ソ連で共有の耕地から生産される物は日本のように丹念に収穫されず、収穫後の馬鈴薯畑に行くと（昼食時を利用）拇指大の薯を飯盒一杯分くらいはたちまち拾うことが出来た。毎日飢餓線上にある捕虜たちにあっては大変有り難かった。彼らにとっては両農場ともどうせお上の土地や共同の農場であるから、それほどまでするのは阿呆らしいとの考えがあるのではないかと想像される。

◇ソ連労働者の食事

私はエロフェンパールウイッチの火力発電所の作業場で度々働かされた。そこでのソ連労働者（火夫）についての食事状態を調べたが、朝食及び昼食は休憩時に取っていたが、その内容はボール大よりやや小型の馬鈴薯六個と黒パン三〇〇グラムで他に副食物はない。

この薯を大きな缶詰の空き缶に入れて、水を一杯にして石炭投入口の外側蓋に掛けてふかし、若干の岩塩を振りかける。

正午になるとこれら労働者の女房連が、丸いホーロー引きの蓋付きスープ鍋を持ってやって来る。このスープは羊の骨付き肉をパポールでブチ切ったもので、これに野菜（人参、キャベツ、馬鈴薯）を炊き込んであった。黒パン、馬鈴薯ともに朝食同様で、夜食も昼とあまり変わりがなく誠に粗末な食事である。また不定期であるが、鮭、鰯、鰊などが入荷のときは配給されるとのことである。

ソ連人はお茶好きの国民と聞いていたが、ここの労働者はお茶などは携行しておらず水を呑んでいた。

◇凍傷について

満州でも凍傷は怖かったが、その怖さはシベリアに来るとなお輪をかけて怖かった。だから防寒については、家屋及び被服そのものは頭より足の先までこれに対応するように出来ていた。

満州国在勤当時、私は毛皮の外套（シューバという）、毛皮の帽子、羊皮の手套および毛糸の手袋（羊皮の手套と併用）、それに膝まである長靴（牛皮で内側は羊毛のフェルトが貼ってある）を着用していた。このように完全に防寒すれば、零下三〇度くらいは平気であった。もちろん零下三〇度ともなれば、睫毛が凍り付くくらいになる。

一般労働者、農夫、その他下層階級は、帽子及び靴などは毛皮製の物を着ける。被服類は大抵木綿地に綿を入れた上衣と褲子《クーズ》（ズボン）を着用していたが、これでも充分寒さを防いでいた。

日ソ開戦と同時に既述の通り山上陣地より一時帰営、向寒期に備え被服類一切を夏服から防寒用被服と交換していたので、寒さに対しては格別意に介しなかった。

私は在満中、満鉄経済調査会を経て満州国官吏として在任していたが、主として調査関係に従事していた。そして全満いたるところに出張していたが、一度も凍傷にかかったことはなかった。防寒装備さえ充分ならば大丈夫との感じを常に持っていた。しかし、シベリアに捕虜として送られて、初めて強烈な凍傷にかかった。その症状は凍傷三度の重傷であった（凍傷はその程度によって一度、二度、三度と呼称され、三度は一番重傷である）。

その時の状況は、次の通りであった。

シベリア本線にあるエロフェンパールウイッチ収容所に収容され、約四ヶ月経過した昭和二十一年二月中頃のことと思う。私はトロッコによる機関車への石炭補給のため、その運搬作業にあたっていたが、僚友五名とともにその発電所の灰捨て作業に振り替えられた。

大きなボイラーの焚き口に石炭を投入するのはソ連の労務者が二名専門にやっていたが、火床下は灰が落ちてほこりが出るので、ホースで水をぶっかけてから灰掻き棒で手前の方へ掻き集め、トロッコに満載して外部の灰捨て場所に運搬する。その作業が一段落すると、貯炭場から焚き口へ石炭を搬入する。これが我々の灰捨て作業であった。

ここでの作業は三交替制になっており、我々は午前零時より午前八時までの勤務時間であったが、午前三時ごろ石炭降下作業の監督がやって来て、我々に、貨車繰りの都合上早く降ろさねばならないから、発電所の作業員のうち二名を残し三名は石炭降ろしに廻れと命令されたので、慌ててその方に行ったのである。しかし、これがそもそも私が凍傷三度の重傷を負う原因となった。

一般市民、労働者、軍隊及び捕虜に対しても「カートンキー」と称する防寒長靴を支給していた。「カートンキー」とは、羊毛を細かく切った繊維を膠で練ったのを型に入れて圧縮した物で、この長靴は非常に軽く、雪の降った道を歩くとキュッキュッと音がして、歩くのも軽快だった。歩行中または作業中でも靴の底を濡らすようなことはなかったが、ただこの靴の欠点は、水などのある個所では水分が靴底より浸透して来ることである。我々は発電所の灰捨て作業中は、掻き集めた灰に水を掛けているので、常時その付近は水だらけである。だから通常終業三〇分前には濡れている「カートンキー」及び靴下を焚き口の外側にぶら下げて、充分に乾燥させてから帰路につくのだが、この日は突然のことで乾かす間もないのでそのまま帰所した。

私は帰所後食事もそこそこに、筵の上に毛布をかぶり外套を着たまま眠り込んだが、十一時頃右足拇指がチカチカと物凄い激痛に襲われたので、靴下を脱いで見た。すると右足拇指左方の三分の一の肉片が靴下とともに取れて、中の骨が見えている。シマッタと思い、あわてそのまま医務室に飛び込んだ。

医務室には捕虜軍医二名が常時勤務しており、私は「軍医殿、中島二等兵凍傷にかかりました。よろしく治療をお願いします」と頼み込んだ。軍医は診察の後「これはヒドイ。凍傷三度だ。拇指を切り落とさねばダメだ」と言う。私は頼みに頼み込んだので「ダメかも分からんが、なんとかやってみよう」と患部に薬を塗り込み、二週間就業不能の診断書を貰い、別室の病室に入れられた。

この病室は一五名収容であったが、私の入室当時は一〇名くらいの病人が寝ていた。そして病室と言っても一般居室と同様で、格別変わった待遇もなかった。

私は作業に出られないのは嬉しかったが、患部の激痛には参った。病室には毎朝、ソ連軍の女大尉と捕虜の軍医二名が回診するのだが、この女軍医は出来るだけ早く病人をたたき出すので有名であった（この女軍医に、毎月初め労働者の体格等級測定のため、各々の尻を見て戴く光栄に浴するのであったが、なんともユーモアに満ちた診断の仕方で、これを読む人の中にはそんな馬鹿なことをと思う人がいるだろうが、我々は毎月このような診断で等級を決められ、働かされていたのである）。

その時私と働いた他の二名は、いずれも二度の凍傷で済んでいた。凍傷とはホントに恐ろしいものだと身をもって体験した。今でもこの右足拇指は三分の一が欠除縮小している。

その後この部隊は凍傷患者が続出、両足の指全部を切断、耳を切断、踵より前底部凍傷による膝下の片足切断、または両足膝下切断など、松葉杖に頼る患者が目立ってきた。

凍傷は早期発見が第一である。夜間は特に注意せねばならなかった。夜間はこの凍傷発見が困難で、作業中電気の光などで相手の顔面に注意し、耳、鼻、頬など外部に出ているところが、薄青い蝋色の者があったら大変である。休憩時間に暖を取りに「カントーラ」（事務所）に這入ろうものなら、室内の温度によりたちまち肉が溶け始め再び戻らない。こうなればどうしようもない。だから室内に這入る前に皆で、凍傷にかかっているかどうか調べてから室に這入るようにしてやる。もしこのような者を発見したら大声で仲間を呼んで、手拭いを出して代わる代わるこの患部を乾布摩擦してやると、段々血行がよくなる。赤印になってきたらもう大丈夫で、初めて室に入れてやる。

日本軍の防寒帽には、耳及び鼻を守るため毛皮の覆いが付いているが、かけるのが不便なためツイこれを怠るとこのような状態になる。全くシベリアの冬は地獄である。

ところがここに不思議でならないことがある。零下三〇度くらいの寒さでも、ソ連人は男女ともその土地で生まれその土地に育っているから、身体が寒さに順応しているのか零下三〇度くらいの寒さでは耳覆いや鼻覆いなどはしない。全く熊のような奴らである。私の収容所生活はトーラ、エロフェンパールウイッチなどを転々とするものであったが、チタでは零下五〇度を体験したことが二度あった。

それは何れもチタにいた時のことで、その日は朝から晴天であったが、雪ではない細かい雪状の粉がキラリキラリと光を放ちながら舞い落ちるというか、浮いているというか、形容の出来ない美しさであった。

そこで収容所長も零下四〇～五〇度の天候の時は「ラポート」（労働）中止の命令を出し、この日は作業休みのため全員は歓声を挙げ躍り上がって喜ぶ。

ここで私が奇異に感ずることは、人体の寒さに対する抵抗力である。前述の寒度では、顔面や手足などは直ちにその反応を受け凍傷にかかるのである。

満州やシベリアの便所は殆ど屋外にあり（チタやハバロフスクその他の大きな洋式建物を除く）、便所といってもお粗末な、掘立小屋の共同便所（四、五戸で共用）である。だから小屋の内部と外部とはその寒度は大した変わりはない。また捕虜に至っては所内においても作業中でも、草原で糞尿の垂れ流しである。

それで人体の一番柔軟な臀部及び陰部など、用を達する時の所要時間は三分ないし五分はかかると思われるが、その間吹きさらしである（特に痔瘻患者は所要時間が多いと思われる）。それでいて人体の一番柔軟な個所が凍傷に掛からないのは、如何なる理由によるものだろうか？

まことに人体とは巧妙に出来ており、私のシベリア抑留中、そんな個所が凍傷に掛かったということは見たり聞いたりしたこともない。

なおこれは余談ではあるが（後述の捕虜と虱《シラミ》の項参照）、我々は在満入営当時、越中褌を二枚作って使用していたが、一枚は破れたので、シベリアに入国以来背負い袋を改造して褌を作っていた。

私はシベリアが如何に寒いかを、用を達している間に試してみた。それは体中に無数に発生している虱が、この寒気中にどんな状況になるかを調べてみた。褌を前に廻して五、六匹いるのを目前の草の枯れ葉において見ると、これらの虱は一分以内にカチカチになって凍死する。それを見て、その寒気がどんなに強いか思い知らされた。これを見ても、虱を全滅させるには被服類一切を屋外に放り出すのが一番よい方法だと思ったが、着替えの被服なしではどうすることも出来なかった。

◇捕虜と虱と発疹チフス（虱との戦い）

いったい虱という吸血虫は、自然に発生するものだろうか？　とにかく長い間入浴もせず、被服も着のみ着のまま、身体を不潔にすることが最大の原因だろう。月一回くらいの入浴では不潔にならざるを得なかった。

シベリアの虱は米粒よりやや小型の奴と、これと同型の背中に二條黒の線が這入っているのと、上記の三分の二くらいの大きさで、血を吸った奴はブドウ色の透き通ったような美しい色をしたものと三種類あった。

虱は繻袢、袴下、毛糸の防寒シャツ、ズボン下、軍衣、軍袴、褌などの縫い目や軍衣の襟の折り返し、防寒シャツ及び毛糸のズボン下の編み目、軍衣の上に重ね着している「フーハイカ」と称する労働服の脇の下、それに防寒帽にも成虫、幼虫、卵などがギッシリ詰まって棲息しているのでその数は無数である。作業中休憩の時「フーハイカ」及び軍衣を重ね着した脇の下をヒョイと見ると、これらの成虫、幼虫が真っ白くうごめいている。我々は暇があるとこいつどもを目の仇として片ッ端からひねり潰していたが、到底取り尽くすことは不可能であった。虱退治は全員が行っていたが、例え一人の者が一匹残らず退治したと仮定しても、左右の者に虱がいたらそれらから移ってくるので後を絶たない。卵から孵化した小虱が全身を動き廻っているのを見て、誠に慄然としてきたものである。

それから恐ろしいことは、虱を媒体として発生する発疹チフスである。発熱し身体に赤い斑点が出て死に至るものであるが、日ソ開戦と同時に満州の遠隔地にあった開拓義勇隊及び一般邦人が、引き揚げ途中にこの病気が蔓延し多数の死者が出たのである。シベリアにおいてもある収容所では、一〇〇名くらいの死者を出したと人伝てに聞いた。我々もよほど気をつけねばとお互いに話し合った（シベリアにおける捕虜の発疹チフスの死亡率は、高かったと聞いている）。我々がエロフェンパールウイッチ収容所に収容されてから約一ヶ月ほどしたある日、晩の点呼の時「明日全員に入浴を許可する」と所長より申達があり（それまで一回も入浴できなかった）、細部に亘っては各小隊長より指示するとのことであったが、我々の収容所にはその設備がないのにどこで入浴するのか奇異に感じた。しかし後で説明を聞くと、一般市民の使用する公衆入浴場であった。それは毎日作業に往復する街外れにあった。

そして説明によると、当日は入浴当番が割り当てられ、これに一〇名が必要とされた。入浴当番は、ボイラー及び滅菌車の燃料の用意、水の補給その他滅菌車の管理などに当たるのである。

滅菌消毒車とは、要するにボイラー車で水を沸騰させ蒸気を次の車に送り込み、被服類の虱を殺すのが目的で、滅菌消毒車は割合大きく移動できるよう鉄車がついていた。

この浴場は日本のような浴槽なんてものではなく、ブリキ製の大きなたらいに湯を八分目入れたのが割り当てられるだけで、それ以上の湯は湯の管理者によって支給されない。

そして入浴制限時間は、十五分間と制約されている。浴場に配置されたたらいは約二〇個くらいあった。

屋内に這入ってまず、一人一人に太い針金で造った丸い輪ッパ（直径九〇センチ）に番号札の付いたものを渡された。被服類一切と靴を全部この輪ッパに通し、別に滅菌済みの被服類を受け取るための番号札を渡された。入浴が済んでから消毒の終わった者は、次々に番号を照合の上被服が渡された。

ここでは我々に月一回、化粧石鹸の半分くらいの大きさの「ムイロ」（洗濯石鹸）が渡されたが、捕虜連中はこれすら少量の黒パンや「マホルカ」などに一般市民のマダムと交換していて、肝心の入浴時にムイロなしで入浴した者は半数以上あった。

一般市民用としてこの入浴場に熱気消毒があるということは、ソ連人でも虱の駆除と入浴が必要なことを物語っている。

一般市民の入浴は、大体月に二、三回程度行われているという。

滅菌消毒は被服類一切の虱を熱気で殺すのだが、蒸気が上がらないと滅菌ではなく、むしろ他人の虱を自分の被服に移動させるようなものである。このような消毒をやっても虱の絶滅は不可能であった。

なおシベリアでは、建物の一部に浴室などの設備は絶対に見られなかった。

◇捕虜収容所（ラーゲル）の生活

私がシベリアで一番長く収容された収容所は、シベリア本線のエロフェンパールウイッチの収容所であった。その収容所はソ連軍の元兵舎を収容所に改造したもので、約二五〇名の収容能力がある兵舎二棟であった。

それは何れもシベリアのどこへ行っても見られる、松丸太を横にして組み立てられている一階建ての平屋だった。そして冬期は酷寒地帯であるため薪や石炭を燃料とした「ペーチカ」という壁暖房で、一ヶ所の焚き口から家全体が暖まるようになっていた。

ここでの主燃料は石炭であったが石炭の割当はなく、最厳寒になって暖房に焚く石炭がないということは誠に不可解で、何か不正を働いているのかと推量した。トロッコ押しの人員は何れも三交替制で、警戒兵はこれらの捕虜が帰途につくときは、貯炭場より必ず各々一五～二〇キロくらいの塊炭を一個あて担がせて帰所させていた。

栄養もない哀れな捕虜たちは、相当衰弱している身体に重い塊炭を担いでヨロヨロしながら警戒兵に「ダワイ　ダワイ」（早く行け）とせき立てられて、足取りも重く、遅れた者は警戒兵から長靴で尻を蹴られながら追い立てられていた。この惨状はまさに地獄であった。

我々が不思議に思ったのは、この兵舎は便所の設備が全くなかったことである。広い営庭の一角に放便するようになっており、小便は、舎屋出入り口の外に大きなドラム缶が四個備え付けられ、毎朝当番がドラム缶の小便を鉄棒で突き崩して広場に捨て、元の個所に据え置くようになっていた。

一般市民の家屋でも五、六戸で使用する粗末な共同便所が設けられているのに、兵舎（収容所）に便所がないとは誠に恐れ入ったものである。

◇中国人捕虜の逃亡

収容所の周辺は、逃亡を防ぐため有刺鉄線が張りめぐらされていた。入り口は一ヶ所だけで、マンドリン銃を首にぶら下げている監視兵が四名常時たむろしているだけで、西欧映画に出てくるような収容所風景は見られなかった。

我々が入所した翌年の昭和二十一年二月に、満州より捕虜として押送されてきた中国人二〇名が収容所にやってきた。

そして、これら中国人二〇名全部が四月末の夜間に一斉逃亡を企てたのである。彼らは僅かな食糧、毛布一枚を頭にかぶり、鉄条網を乗り越え脱走したのだが、逃亡十日目に国境監視兵に発見され逮捕、再び収容所に舞い戻ってきたのである。

脱走事件は後にも先にもこれが初めてであり、終わりでもあった。

この中国人らは戦争前は満州国の警察官で、ただそのことだけで捕虜になったとのことである。この中国人捕虜は兵舎の一隅に収容されていた。

私は中国人捕虜のリーダーから当時の模様を聞いたが、彼らは脱走に備えて二月頃より毎日配給された黒パンを半分宛て残し（黒パンは放置しておくと水分が取れカチカチとなり、ちょうど乾パンのようになる）、逃亡後はこれを少量宛て食べて生き延びてきたが、捕まったことは非常に残念で「話不来《ホワブライ》」（ひきあわない）と語ってくれた。

ソ連軍は何か別に理由があったのか否か不明だが、とくに体刑や懲罰を加えることもなく、四日間取り調べの上従来通り作業に従事させていた。

私は、広漠たるシベリアの原野を、磁石や地図もなく毛布一枚を頭からかぶり、あちらこちらと彷徨してよくぞ生きていたものと感心し、また生への執念の恐ろしさを知った。

シベリア鉄道は駅と駅の距離が遠く、普通三〇分～一時間を要するのでいかに広漠たる面積であるか。しかも大きな駅を除けば人家も多くはない。

◇収容所の床掃除

収容所では、労働できない病弱な捕虜に対しても決して遊ばせるようなことはなく、所内の床掃除を週一回くらいの割合で命じた。これは決して軽作業なんてものではなく、床張りの板を平たい鑿のような金具で削り取る作業である。

この削り作業は、バケツに一杯入れた水を床一面にブチあけ片端から板をこさいで行くのだが、床板は鉋掛けがされていないので、表面がザラザラで毛羽立ってくる。そして全部の床板を削り終わるとさらに水を全面にかけ、雑巾で水を拭き取って完了である。

腰が痛んだり背筋が痛んだりして、他の作業がむしろ楽であると考えたほどで、軽作業どころの話ではない。

◇収容所（ラーゲル）内の食事

食事は各班の当番が炊事より受領の上、各班員（一〇名）に配られるが、食事の内容は朝は黒パン（時には雑穀の這入ったパン）、昼は携行食として高粱、谷子（粟）、包米などの飯が配給された。

夜は朝と同様に黒パンかまたは雑穀の飯である。そのほか夜は飯、黒パンを問わず週二回くらいスープが配給されていたが、朝昼にはつかない。

このほか月に三尾～六尾の塩漬けにした鰊、鰯などが、夜食の時副食物として配給されたが塩辛く、これを洗う余裕もないので、箸で塩をこそぎ落として頭からカブリついて食べるのであった。

ソ連人にとって、スープは食事に欠かすことのできないものの一つだが、朝食を除き昼夜の二回は必ずスープをつけるのである。羊の肉付きの骨をパポールでたたき割ったものに、白菜、人参、馬鈴薯をふんだんに入れて煮たスープである。だが捕虜用のスープは、味付け用としての羊の骨だけで肉はない。

捕虜はこのように充分に食糧を支給されていないので、食事に対しては特に敏感で、食事時には餓鬼同様となる。

黒パン配給の時は二キロパン一個であるから一人あたり二〇〇グラムを小刀で十等分し、一人一人公平に配給するため小さな天秤量りを作り、これにまず十等分した中から基準となる黒パンを選んで載せたうえ、外の一片ずつを天秤にかけ、多いのは削り、不足の分は基準に合わせて加えていく。

そして最後に、一から一〇までの番号合せ札をあらかじめ二枚ずつ作り、一枚はカルタのように切って黒パンの上に伏せて置いていき、あとの一枚分の番号札も前記のように切ってから各人に配布し、配布し終れば食事当番はパンの上に置いてある札を、表に返しながら番号を読み上げて皆に示し、これでパンの配給が終るのである。

何でこんな面倒なことをして配給するのかと言えば、何回も書くように、捕虜は生きるのがヤットで、乞食のようにまた餓鬼のように常時空腹状態にあり、一握りのパン、一さじの飯でもありつこうという誠に悲惨な状況で、何が何でも生き抜かんと皆で励まし合う。栄養失調で倒れていく戦友を見て、こんな状態で死んでいくのは厭だと誰しも思っていたのだ。もう一つの理由は、黒パンの両端が固いのが大いに魅力があったことである。目方は同じでも両端に当たった者は、固い部分が噛みごたえがあるからである。

スープ配給の時も、パンの配給よりもっと複雑であった。我々が食器として持っていたのは、入隊時に支給された飯盒と水筒だけであった。それでスープ用の容器が必要となってくる。

第二次大戦中ソ連は、財政的にも非常に苦境に立っていたのが実情で、機器、機械、食料など全く不足していたが、アメリカと借款を結んでこれらの物資の援助を受けたのである。

事実我々が入ソして驚いたのは、各駅で一目で判るアメリカ製の機関車があり、アメリカ製であることを表示している真鍮のプレート、見たこともない車体の大きさや車輪の大きさに一驚を喫した。

各駅にはこれらの援助物資である食料品の牛肉缶詰の空き缶が、いたる所に捨ててあった。

この空き缶は偶然にも飯盒の半分の容量があって、スープ配給の際ははなはだ便利だった。だが容器はこれでも不足で、飯盒の中金をも使用した。

このスープ配給くらいややこしく、またオゾマシイことはない。

黒パンの配給がすむと、今度はスープ配給に取りかかるのであるが、スープは汁と野菜類及び羊骨とに分けねばならない。それで汁を量る杓子（駅で拾ってきた小型の空き缶に棒をつけたもの）で別に針金で作った金網に、骨及び野菜類をこれで掬いあげるのである。汁は別としても中味の野菜、骨の分配は、やはり例のカードによって配給されたのである。

このオゾマシイ餓鬼ども九名（もちろん私もその一員だった）は、二階及び一階より注意深く眺めており、少しでも片寄った盛り方をすれば「何番が多い」とか「少ない」とか当番にくってかかるから、当番者はいつも細心の注意を払って配給に当たっていた。

この羊骨をなぜ欲しがるか？　これは羊を処理した羊骨をスープの味付け用として、炊事がその骨をたたき割ったのを配るのだが、時としては少量の肉がついていることがあるので、これに当たった餓鬼どもは、犬のように僅かの羊骨にカジリついていつまでもシャブッテいるのである。このような地獄は日本においては想像もつかないだろう。

◇ラーゲル内のくつろぎ

捕虜たちは夕食後作業より解放され、六時三〇分より一〇時まで各自の自由時間で、その間は碁、将棋、花札、麻雀など好きなことをしていた。そしてこれらに加わる者はグループを作り、色々な話をしていた。

話題に出てくるのは、決まって食べ物の話ばかりであった。

ぜんざい、汁粉、羊かん、寿司、その他各地のうまい物などの製法や料理の仕方などの話で、あきもせず殆ど同じような話題であった。熱心な者は手帳に書き留めたりしていた。事ほど左様に捕虜たちは、毎日故郷の食べ物に関心を持って空想しながら寝につくのであった。

このような集団の中にはかなり好い声で歌自慢の者も多数あり、当時流行していた歌を歌ったり、歌舞伎の物真似や声色などをやったりして気分を紛らわせ、また皆を楽しませてくれていた。

この中でも私の印象に残っているのは、今でもテレビ、ラジオなどに出てくる霧島昇歌うところの「誰か故郷を想わざる」である。

花摘む野辺に日は落ちて
みんなで肩を組みながら
唄をうたった帰りみち
幼馴染のあの友この友
あゝ誰か故郷を想わざる

なんとセンチメンタルな歌であろうか。この歌を居住区の筵上に寝ころびながら聞いていると、思わずホロリとしてくるのであった。

歌舞伎の声色で上手だった、洲崎政吉と呼ぶヤクザのような名前の男がいた。新京から我々と同じ五月十七日に召集された国民兵である。彼は捕虜となってから栄養失調で傷病兵部隊に編入されて来たが、少しむくんだ青白い顔色をして生気が全然なく、道路作業や石炭降ろし、積み込み作業などに行っても力が無いのでスコップを腰を入れて深く掬うようなことをせず、先端をホンの少ししか入れなかった。そのため度々監督から怒鳴られていたが、それでも元来が非力な質でどうしようもなかった。

その後彼は間もなく、右足踵部に三度の凍傷と強度の栄養失調で、一ヶ月して死亡した。生前彼は私に、自分の郷里は芦屋だと言っていたので、家族に会って当時の模様を知らせてやろうと、芦屋市役所に行って調べたが不明であった。

前述の歌自慢の者や声色自慢の者、その他演芸好きの者が、収容所長の許可を得てチッポケな建物であったが街の公会堂を借りて、演芸会を度々開いて皆を楽しませてくれた。

◇栄養失調症について

栄養失調の症状は、その初期において徐々に痩せていき、重症になるに従い骨と皮だけになり、大小便はいつも垂れ流しで夜昼の区分はない。ズボンは勿論のこと寝床にあってもそのままの状態である。だから戦友は怒りながら始末をしてやるが、ズボンの着替えなどはないので垂れ流しのまま放置するよりほか方法はない。

栄養失調の特徴は、重症になるに従い性器や肛門などの括約筋が普通は締まりが自由に自己の意志どおりに作動するが、だんだんこれらの作動がゆるくなって来るので、いわゆる締まりがなくなり便所などに行き着くまで我慢が出来ず、出るがままにするほかはない。このころは大便は水様便となるのである。

患者はこの期に及んでも、炊事場の塵芥を捨てる場所をウロツキ廻り、馬鈴薯の皮や真っ黒くなった焦げ飯をあさるのであるが、このようになれば弱っている胃腸によい影響を与える筈はない。余命幾何《いくばく》もない状態で、後は死あるのみである。そしてこの病気のもう一つの特徴は、「眠るが如く往生する」という言葉どおり、前の晩話していた者が翌朝になって死亡していた。

一体ソ連邦とは如何なる国であるか？　名ばかりの軍医はおっても聴診器も当てず、尻の肉の付き具合で労働等級を決めたり、痔瘻者は病気とは認めない。病気になっても捕虜の軍医が満州より携行した薬品を使用して、ソ連製の薬品は見たこともない。これが偉大なる国ソ連邦である。

◇ソ連人の頭脳の程度

ある日私は臨時作業として、同僚六名とともに相当大きな鉄道車両工場に行かされた。その作業は、客車や貨車などの車輪を新しいのと交換する作業と、部品の運搬など比較的楽な仕事であった。

やがて昼食時間になって飯を食べ終わった時、この工場の労務者が話しかけて来た。こ奴らはまだ多くの捕虜に接していないのか、物珍しそうに近寄り「スマトリー　ヤポンスキー」（日本人、あれを見よ）と、機関車を指差しながら自慢そうに言った。よく見ると車体も高く素晴らしい機関車であったが、前部に貼り付けてある真鍮プレートを見ると、立派なアメリカ製である。

彼らはこれを誇示するかの如く、床板に汽船や自動車、飛行機などの絵を白墨で画き「ソビエッツカヤ」ではこのようなものが「ムノーゴ」（沢山）製造されているが、日本ではソ連のような立派な物が製造されているかと質問してくるので、私は唖然として、こ奴の低脳さにいまさら驚くとともに阿呆らしくなった。

これはシベリアにおけるソ連の教育の程度が如何に低いかを物語っており、教育の普及がこのシベリア地方に及んでいないことが判断できるのである。

既に書き及んだことだが、シベリアを帝政時代より流刑の地とし、不毛の土地を開拓させる一石二鳥の策として政治犯や犯罪人を続々と送り込んでおり、現在でも囚人列車は走っているのである。それで共産国家に変貌しても、よほどの事情が無い限り移動は許可制になっているから、これらの住人は自分の生まれた土地から移動することは困難で、そこで生まれた者はその土地で死ぬまで一生離れることはできない。であるから「井の中の蛙」であり、新聞などはあっても共産党の御用新聞であるから、党に不利なことは全然掲載されないことは衆知の事実である。自国だけが偉大な国であるという先入観があるから、前記のようなバカバカしい質問をしてくるのだ。

教育にしてもシベリアではいまなお一部文盲者がおり、上級学校への進学でも、官吏とか軍人の地位の高い者などの一部に限られているようである。とにかく我々が入ソ当時は、種々の生産品でも軍需品の製造に重点を置き、一般消費物資の製造は極力圧縮していた状態であり、例えば小学生が我々作業場の行き帰りの途中「ヤポンスキー　ダワイ　エンピツマネンヒツ」（日本人、鉛筆、万年筆をくれ）とつきまとって来るのである。種々の点から見ても日常必需品の不足は否定できない。

◇共産党のアクチブ

ソ連としては、今次戦争により未曾有の大量日本人捕虜を自国に

(原本一頁欠落)

共産革命を大々的に宣伝した。

このハバロフスクでは、一般捕虜とは別に共産主義の宣伝専門に行うアクチブの育成をしていたようだ。あるいは「日本新聞」の編集員その他、前々よりソ連に潜入していた日本共産党員(この中には先年除名された袴田某もいた)などは別棟の収容所に収容され、専ら捕虜の洗脳に専念していたと言われていた。

我々エロフェンパールウイッチ収容所には、昭和二十一年二月ごろよりアクチブが入り込み、まず赤旗の歌を教え込んだ。

赤旗の歌

一、民衆の旗赤旗は　戦士の屍を包む
死屍固く冷えぬ間に　血潮は旗を染めぬ
高く樹て赤旗を　その蔭に生死せん
労働者農民は　赤旗掲げて進む

二、フランス人は愛す旗の光　ドイツ人はその歌唄う
モスコー伽藍に歌の響き　シカゴに歌声高し
高く樹て赤旗を　その蔭に生死せん
労働者農民は　赤旗守りて進む

（以下略）

この赤旗の歌を、収容所と作業場の往復に斉唱させられた。帰国するまで何回唄ったであろうか？

そして、洗脳の学習はきまり切った口調で、少しも面白いことはなかった。私はアクチブが口角泡を飛ばして講じているのに馬鹿らしくなり、それより少しでも休める方が肝心であると思うと、その後二回くらい出席しただけで後は出なかった。

班長は、私があまり出なかったら「ダモイ」（帰国）を延ばされると言ったが、前述の理由で出席しなかった。私が少しでも共産主義に興味があれば別だが、私にはそんな気は毛頭なかったのである。

アクチブは次の収容所に行くので、二日くらいで居なくなった。後は洗脳されアクチブに見込まれた者が、音頭をとっているようであった。

ちなみに私が帰国後に、ナホトカより舞鶴に向かう途中約三〇〇名ほどの部隊が（この部隊は熱狂的なまでに洗脳された）引揚船の船長を食事が悪いと吊し上げたり、各々の故郷に引き揚げる部隊が、列車の車掌及び運転士を強迫、京都駅に停車させ、二条城までスクラムを組みながらデモを強行したなどの事件が起こったりした。

いずれにしても、洗脳されたこれら狂信的赤化運動の狂信者がその後全部入党したか否か知るよしもないが、これらはほんの一握りの者でしかないと思う。だが、アクチブに煽動、洗脳された部隊が祖国に帰り、舞鶴に上陸後このようなデモを決行したことは、ソ連としてはある程度成功したものとほくそ笑んでいるに違いない。ソ連はあらゆる点から見ても、怨念の塊と化したこれら捕虜たちが受けた恨みを、決して忘れ得ないだろうことを牢記すべきである。そして日本にダモイ（帰国）しても、共産に反対しても、反共には賛成するであろう。その点ソ連は誤ったことをしたものだ。終戦後共産党は地下運動より浮上して、衆参両議院でも少数ながら議席を獲得し、これらの支持者も拡大して行く傾向にあるのは誠になげかわしい。日本共産党の唱えているのは非武装中立、非核三原則の堅持、そして自衛隊の解消論を盛んにPRしているが、国民は果たしてこれを放置してよいものだろうか。

左傾化した社会党においても、これと同様なことを謳っているのである。

また日教組でも年中ストをやっている。こんな先生方に教わる子供こそ、誠にかわいそうである。

日本人ならば、昭和二十年八月九日を肝に銘じている筈である。終戦時のソ連参戦は明らかに国際法違反で、日ソ不可侵条約があるにもかかわらずこれを一方的に破棄して、ソ満国境八ヶ地点より雪崩のように侵入。多数の邦人の生命財産を奪うの外、悪逆非道にも婦女への暴行や、既述の通り多数の邦人を各地の町会毎に集合させ、使役に行かせるという名目で、軍籍にあると否とを問わず根こそぎソ連領内に拉致した。そして捕虜として各地各様の労働に従事させ、過酷な取り扱いによりその一割に上る死者を出しているのである。なおヘーグ条約による捕虜に関する条項は、一切無視されていた。

私が、エロフェンパールウイッチ収容所生活においても、悲惨な生活を強いられたことは既述のとおりである。私の知るかぎり栄養失調、凍傷、業務上の死亡者は、少なくとも四〇名は下らぬであろう。

これでも共産、社会両党は軍備の撤廃を、そしてあくまで中立論を唱えるが、このような屑野郎どもは一ヶ年でよいからシベリアに放り込んでソ連の実態を見せてやればよい。

ソ連の一般市民もおのれの身辺に絶えず気を配らねばならない。密告、ゲーペーウーの捜索、監視など、なかなかオチオチとしておられない。だから市民は三猿（見ざる、言わざる、聞かざる）主義に徹するのである。

戦後社会党の有志らがソ連を訪れ、各都市を訪れ墓参をしたことがあるが、訪れたそれらの墓地は清掃され整備されていたのを見ていたく感激しているようであったが、これらの都市ではあらかじめ日本人の来訪に備え来訪者用の墓地を作っているに過ぎず、僻地やチッポケな地方で果たして整備されているだろうか。以上の例から見てもわかるとおり、土葬されても目印になる墓標または標木などもないのに、我々が移動した後の現地では、どこに埋葬されたかそれを見いだすのは到底困難であろう。

一党独裁の政治、言論統制、諸物資の統制、国家保安警察の抑圧など何ほど洗脳されようと赤化には決して同調は出来ない。

◇茸取り

シベリアの九月ともなれば朝晩が冷えてくる。ちょうどこの頃になると、鉄道線路の枕木に茸が繁殖するのに出会う（シベリアには松はたくさんあるが、松茸は全然見られない）。この茸群のなかで、軸から傘の部分にかけて美しいピンク色したのは有毒で、白色のものは食用にしても差し支えない。

線路作業に行って飯盒一杯に取っても、茸が大きいのでいくらも取れないが、塩を入れて味付けするとなかなか美味しい茸スープが出来て、食欲を満足させたものである。

この茸取りの時期ともなれば政府は各家庭にノルマを課し、供出命令を出しているらしく、同じ線路を主婦たちが籠を背負って茸狩りをしているのによく出会った。この茸は供出して漬け物にするのだと言っていた。

◇白夜

シベリアでも五月になれば、ようやく長い寒さから解放され雪解けとなり、六月に這入ると一足飛びに初夏が訪れる。

ソ連人はこの夏期がくるのを待ちこがれ、それに一日の日照時間も長くなり午後十時頃に寝に就くと辺りは未だ明るく所謂「白夜」となり、午前二時頃までこの明るさが続くので一寸錯覚を起こすことがある。

私が満州国に勤務中公用でハルピンに行くと、スンガリ（松花江）にある太陽島では夏期になると白系露人達がヨットや水泳を楽しんでいる光景をよく見かけたが、シベリアでも水泳、ボートや公園等で家族や友人達が楽しげに打ち興じ、若者達はバラライカを奏し短い夏を享楽していた。

◇ソ連人の靴と靴下

ソ連人ほど長靴を愛用する国民は外にはないだろう。男も女も、夏も冬も着用しているのである。もっとも冬期は長靴の外防寒用として「カートンキー」と称するものがある。言うなれば日本の積雪地帯である東北地方で履いている藁靴と同じような目的のもので、原料は羊毛の繊維から出来ている防寒長靴である。これは非常に軽くてまた歩き易く都合の好い防寒長靴であった。

なお私は欧露方面のことは知らないが、シベリアの軍隊、住民達はこれらの長靴を履く場合には靴下を一切着用せず、これに代わる物として長さ約一メートル五〇、幅一〇センチ位のネルを丁度ゲートルのように、先ず足の先を包むように巧く巻いて膝の所までグルグル巻にして着装する。歩いていても途中から布がゆるんで解けるようなことは絶対にない。小さい時から巻き慣れているからである。

◇奇跡の腕時計の隠匿

エロフェンパールウイッチ収容所にいた時のことである。

二十六才くらいの現役軍曹で原田という下士官がいた。この軍曹はこれまで幾度も行われた私物検査でその都度巧みに腕時計を隠匿し、没収または掠奪を免れていた。私は孫呉にいたとき、時計はいずれソ連兵に取られると思い巻きタバコと交換したが、他の僚友たちも殆どタバコと交換していた。だがこの軍曹はただ一人だけ最後まで隠し通し、ナホトカで会った時も、乗船前であったが、私は彼に「時計はドーシタか」と聞くと「まだ安全だよ」と答えた。きっと乗船前のチェックでも無事通過したものと思っている。

その方法は、時計のバンドをはずし、軍袴の前部の裏側に小さな袋を縫いつけ、その上に帯革の締め具がちょうど時計の袋の上に来るように工夫していた。作業終了前には左右どちらかの靴下を脱ぎ、歩いても痛くないように「土踏まず」のところに入れていた。

私は軍曹と作業所がいっしょの時は、休憩時間あるいは作業終了前に時間がわかるので大変有り難かった。入浴などの時は寝床の筵をめくってその下に隠していたが、いまだ発見されたことはないと言っていた。

なにしろソ連兵や一般人は、時計と言えば目の色を変えて欲しがっていた。そしてその代価は二キロの黒パンが六、七本の価値があった。

◇物資の横流し

我々は、ソ連は共産国家であるから、職権で不正を働くということは毫も考えてもみなかった。だがエロフェンパールウイッチ収容所に収容されていた当時、石炭降下作業に廻された時の出来事であった。殆ど終わる頃を見計らって空の四トントラック一台がやってきて、その助手席に監督が乗っているではないか。そして停車と同時にこの監督は、作業中の捕虜に「一同でこれを吸え」とパピロス一個を渡し、二言三言、言ったあと空車のトラックを指示して、このトラックに石炭を満載しろと命じたのである。私は初めてパピロスをくれた意味がわかった。それはトラック一台分の石炭を横流しするためである。そして監督はそのトラックに、スコップを持った捕虜四名に上乗りを命じ、どことも無く消え失せたのである。

一時間半ほどしてトラックは、監督及び捕虜を乗せて帰ってきた。同僚に聞くと行き先は民家であったとのことで、いやしくも国家の財産である石炭を白昼堂々と掠め取り横流しするとは、天晴れな者であると感心した。

◇編成替え

昭和二十二年三月十八日朝の点呼の時に収容所長より、今から姓名を呼ばれた者は別の部隊を編成するので一歩前に出るように指示された。

こうして抽出された者は一様に怪しげな顔をしていた。後でわかったことだが、これらは何れも日本軍の将校（准尉以上）、憲兵、領事館に勤務していた外務省の巡査、満州国の郵政関係者、満州電々公社員、満州国放送関係者、および満州国官吏などであった。

しかしどうして、何の目的があって我々が抽出編成替えされたのか？　全く意味が判らない。推定したことは、ソ連政府は日ソ開戦以前から諜報勤務者に対し憎悪の念を持っていたので、我々を隔離してゲーペーウーが徹底的に調べるのかと思い薄気味が悪かった。

それにしても私が大連にある満鉄経済調査会（あの有名なゾルゲ事件の尾崎秀実もここに在籍していたのである）に入社すると同時に、調査期間中はハルピン駐屯の姫路第十師団兵要地誌班の軍属としての身分を与えられ、ソ満国境にある依蘭、富錦、東寧、間島などの経済調査に従事協力したので、誰かの密告により暴露されたのか、今もってその真相が分からない。

私は孫呉で捕虜となったとき、満州国の官吏であったという身分を絶対に秘匿し、興農部糧政司の下部機構である満州国特殊法人である「満州農産公社」の社員として、ソ連側に詐称して捕虜名簿に登録され、以後ダモイ（帰国）までそれで押し通したのである。この点を誰が通報したのだろうか。

抽出された捕虜どもはただ一ヶ所に集められ、特別作業に従事することもなく、また移動するような気配もなく、一般捕虜同様に作業に従事していた。

◇チタ収容所に転属

昭和二十二年四月二十一日朝の点呼の際、突如、明二十二日に全員入浴の命令が所長によって下された。そしてその日の作業中止も併せて通知された。さて当日になって順次入浴が開始されたが、いつもの入浴の様子と違っているのに気がついた。それは、入浴が済んで出口のところに、捕虜の理髪師一名と助手一名が立っており、理髪師は剃刀を持って陰毛及び腋毛を全部剃り落として、助手は剃り落とした部分に、ちょうど割り箸様のものの先端に脱脂綿を団子大にして糸で結びヨウチンをタップリしみ込ませ、それを剃り落とした個所に次から次へと塗り込んで行くのである。このようなことはいまだかつてないことであり、捕虜たちはお互いに顔を見合わせて、どうしてこんなことをするのかと語り合った。

しかし、翌二十三日になってこの疑問は解かれた。

朝の点呼が終わった後、各自の私物一切を持って午前八時駅集合、午前十時にエロフェンパールウイッチ駅より乗車するとのことであった。

入浴後の消毒事件は、チタ収容所より日本へ「ダモイ」（帰国）するときも全く同じ事が再現されたので、初めてその意味が解った。

それはソ連では囚人や捕虜が移動する時は、必ずこのような消毒を行うということにバカバカしい話である。要するに「毛虱」を根絶するためのことで、常識では全く考えられないナンセンスである。

私の知る限り入ソ後は、普通一般の虱は一人の身体に何百匹、否無数の虱の発生を見たが「毛虱」発生は見たこともないので、全く奇異な感じである。そしてもっとオカシイことは、頭髪を丸坊主にするでもなく、そのままにしているのである。このあたりがソ連の衛生観念がほかと違う点で、日本ではとても信じる人はいないだろう。

ソ連軍はどんな時でも異動先の地名は明示しない。だから今度はどこに連れ去られるか、ヒョットしたらダモイ（帰国）出来るか。いずれにしても移動することは確かである。

我々を運ぶ囚人列車は、駅より三〇〇メートル離れた地点に既に用意されていた。予定の午前十時になったがまだ乗車命令はない。かれこれ一時間ほどして乗車、出発することとなったが、果たしてこの列車の目指す方向は西か東か、どちらになるのか注意していると列車は西を目指して走り出した。嗚呼、待ち望んだ夢もはかなく消えて行く。とすればチタに連れ去られるのか、あるいはなお西進してバイカル湖を越えて、とんでもない地域に運ばれるのか、捕虜の運命を気遣う念や切なるものがあった。

列車はアチコチの駅を通過して、ノロノロと走って行く。

発車後三日目の朝やっと到着したその駅名は「チタ」であった。

チタ収容所は二階建て丸太作りの兵舎跡で、恐らく数千名が収容できる建物である。街もその沿線に比較して都市らしい姿をしていた。我々が収容された時点では、既に三千名を下らぬ人員が居たことが点呼の際にわかった。そして我々の捕虜総指揮官は、チビで肥った陸軍大佐がこれに当たっていた。

エロフェンパールウイッチから抽出された部隊は、チタ収容所で抽出された部隊と合流され、その数は五〇〇名を越え一般部隊とは離れて収容されたのである。

ここでは、殆ど建築関係の捕虜が各収容所から選抜されて来たので、我々の作業は主として道路整備作業、及び倉庫整理作業、その他建築の手伝いなどであった。

ここチタ収容所は一ヶ所だけではなく数ヶ所に及んでおり、私の収容所は第七分所と呼称されていた。これから推定しても、分散された収容所は数カ所に配置されていたものと思う。

（注＝チタとはシベリア鉄道でも可なり大きい都市で、大正七年いわゆる尼港《にこう》［ニコライエフスク］事件で、当時帝政ロシアを打倒すべく立ち上がったパルチザンがシベリアのいたるところに蜂起し、各地において白系ロシア軍と戦ったのである。そのころ日本は、白系ロシア軍を率いるセミョーノフ将軍を極力援助し、その周辺の赤化を防止する政策を取って、この政策に反対するパルチザンは尼港にあった在留邦人を襲撃、多数の邦人を殺傷した。これに端を発し日本軍三ヶ師団のシベリア出兵となり、英、米、仏なども また自国私益及び自国民保護のため、尼港に共同出兵となったのである。そして日本軍は所在のパルチザン軍を掃蕩し、長駆してチタまで進撃、同市を占領、数ヶ月後に撤兵したのである）

◇ソ連人の罵言

中国人を問わずソ連人を問わず、彼らの人を罵る言葉はホントーに汚い。痛烈な言葉を平気で相手にぶっつけて来る。

どうしても聞くに堪えないくらい痛烈に罵り、また罵られた相手もこれに対応して罵言を浴びせてくる。その主な言葉は男女の性器、あるいは性交に関する言葉が多いようである。日本人の「バカヤロウ」という言葉がちょうどこれに当たるが、日本人はこの罵言が普遍的に使用されている。

米英語では普遍的に「ガッデム」（地獄に落ちろ）という言葉が使用されているくらいで、

中国人やソ連人とは雲泥の相違である。

たしか八年くらい前のことだと思うが「ダークダックス」が日本の歌を紹介するため、欧州及びソ連を訪れた時のことだが、ソ連で公演に際し、日本の歌謡曲では合いの手に「ホイ」または「ホイホイ」とはやし言葉が入るが、ソ連では「ホイ」とは男性そのものズバリの言葉である。それで別のはやし言葉を入れて事なく済んだとのことで、「ところ変われば品変わる」である。

それから、ソ連では左手を開いて右手に握り拳を作って、その拳を左手の開いた掌に二、三回打ち当てるが、これは性交を意味するので、戯れにもこんなことをソ連人にしてはならない。野球でも監督が選手にサインを送るさいこのような仕草をすることがあるが、他山の石としてここに収録したのである。

◇日本へ「ダモイ」（帰国）

そうこうしているうちに、いよいよ私の捕虜生活も終わりに近づいてきた。昭和二十二年十月二十七日朝の点呼が終わった時、収容所長より「いよいよ日本軍捕虜は明後日二十九日、日本へ〈ダモイ〉（帰国）することとなったので、明二十八日は作業は中止、入浴後所持品検査を行う。但し〈ダモイ〉する者はこれから呼名された者に限られる」との指示があったので、一斉にザワメキが起こった。半面自分らが果たしてその中に這入っているだろうかとの一抹の不安があった。そして個々の姓名が読み上げられるごとに聞き洩らすまいと耳をすまして、読み上げられる姓名に神経を集中するのであった。そのうちに私の姓名も漸くにして読み上げられた。そして、二年七ヶ月の忌まわしい屈辱の捕虜生活にも遂に終止符が打たれ、懐かしい故国に「ダモイ」でき、また妻子にも逢えるのかと涙がでるほど嬉しかった。

しかし汽船に乗るまでは嬉しがってもおられない。指名に洩れた後に残った同僚に「君らのダモイも近いのだ。力を落とさずに元気にいてほしい」と言うのがやっとだった。

今まで各地収容所で、移動するさい行先地は一切明らかにしなかったのに、今回は「ダモイ」だとハッキリ言明したのを聞いて、これは列車が到着すれば当然判るから言明したものと思われる。

チタ収容所で指名された人員は約一〇〇〇名近くだった。まだ一五〇〇名が残留することとなるのだが、これらは船繰りの都合、及びナホトカ収容所の収容人員の都合であろうと思った。

やがて出発日時である昭和二十二年十月二十九日午前十時、チタ駅の待避線に回送されている囚人列車に乗車、午後一時過ぎチタ発車。今度は来る時と反対に東へと列車は進んで行く。これを見て、今度はいよいよ本物の「ダモイ」であると、ヤット安心感が湧いて来た。いままで警戒兵に「スコーラ　ダモイ」（近く帰国できる）と何度もだまされて来たが、今や全くの真実のものとなったのだ。

それにしても「ダモイだ」「ダモイだ」と冷やかしてきたロスケが憎い。

囚人列車に乗せられた我々は、昭和二十二年十一月三日、最後の終着駅の「ナホトカ」にやっと到着。ここで一同下車、定められた幕舎に這入った。

思ったより早く我々がシベリアからダモイできたのは、何れも栄養失調など病弱者が多く、ソ連としては重症になるのを恐れて出来るだけ早く「ダモイ」させたものと思う。私は日本帰国後、舞鶴援護局で身体検査をした時の体重は四七キロ、身長一・七五メートルであったが、孫呉入営時の体重八三キロと比較して、体重は約半分になっておりダウン寸前、全く骨と皮だけの哀れな姿であった。

我々はチタ駅で乗車後、ＤＤＴの撒布を命ぜられた。そしてその効力は大きかった。毎日吸血鬼の虱地獄は、この薬によって初めて解放されたのである。このＤＤＴはアメリカによって開発されたことを、私は日本帰国後初めて知ったのである。

このようにアメリカから送られてきたＤＤＴを、なぜ早く捕虜たちに配付しなかったのか？　もっと早くチタ収容所にいた時に撒布されていたら、我々の虱地獄はもっと早くに解放されたであろうに。このあたりにソ連の無計画さが察知されるのである。

ナホトカは裏日本の敦賀、伏木、舞鶴などと近距離の地点にあり、ソ連としてはナホトカは玄関口に当たる港であり、また日本にダモイする出発港でもあった。

ここでは、我々より先着の部隊の約二〇〇〇名くらいが船待ちをしているのを見た。彼らは何れも我々より遠距離から引き揚げて来た捕虜たちであった。

ダモイする我らには、引揚港に到着しても捕虜の地位を解放するようなことは絶対になく、翌日より昔に舞い戻り糧秣倉庫あるいは汽船への物資の積み降ろしなどの仕事が待っていた。

倉庫には満州より掠奪してきた白米、糧穀などがあり、運搬したり積替作業などに従事したが、ここでも我々は白米を狙い飯盒一杯分の白米を掠め取ったのだが、これを帰所後炊いて腹一杯に銀飯を満足するまで食べたのである。そして看視の眼が光っている時は白米入りの麻袋や叺などを指で穴をあけ、生米のまま胃に悪いとは充分承知していたが、しかし、餓鬼地獄に堕ちている我々は、生米を狐狼のようにむさぼり食べた。だが、その結果は決まって猛烈な下痢を起こした。

ナホトカでは、アクチブがこれらの捕虜がどの程度洗脳されているかを調べるので、教育不充分の者は帰国を取り消し、再び奥地へ追い払うとの情報があったが、幸いそのようなこともなく、乗船するまでラポート（労働）に打ち込んでいた。

ナホトカ港は、汽船が発着する埠頭の近くに倉庫が幾棟も建っていた。その近くの渚には幅二〇センチ、長さ一メートルくらいの良質昆布が打ち上げられており、これらの情況を日本の漁夫が見たなら飛びついて来るだろうと思った。もちろん我々は喜んで良さそうな昆布を選んで塩で味付けした昆布汁をつくり、入ソ以来初めて味わった。だがソ連人は昆布を食べない人種である。

ナホトカでは前述の通り、我々は糧穀倉庫に使役として出されたが、そこに毎日のようにトラックを運転して来る日本人がいた。昼食の十五分前くらいに瀬戸引きのスープ容器をソ連の婦人がその運転手に持参する状況を毎日見たので、その運転手のところへ昼の休憩時間を狙って訪ねたのである。

近寄ってみると、その男は三十才を越える年配の日本人だった。そして、スープを持参してくる婦人は自分の妻だと紹介した。そう言われると、なるほどそうであったのかと驚いたのである。その婦人は年齢四十五才くらいのデップリ肥った典型的なソ連の女で、頭にスカーフを巻いていた。そして男の方は防寒帽、フーハイカ、カートンキー（防寒長靴）などソ連人が着装しているのと同様である。私はその日本人に「なぜ日本に帰らないのか」と事情を聞くと、彼は「ノモンハン事件の捕虜となってしまった。いまさらなんでオメオメと帰れるか。またその手段もない」と言う。

ノモンハン事件後の調印のさい、前述のとおり日本は捕虜の一括交換を主張したが、負け戦のためソ連の主張する一対一の等量交換を押しつけられた。残されたそれらの捕虜は、アチコチに分散されているとのことである。

毎日スープを持参してくる女は自分の妻であり、私も今ではソ連の国籍を取得し、子供も二人いると言う。そばにいた彼の妻は「ヤポンスキー　ラポート　オーチン　ハラショウ」

と、ニコニコしながら横から口を差し挟んで嬉しそうに言った。

そこで私は、時間もないのでこの男に「国元に連絡してあげるから、遠慮せずに言いなさい」と言ったが彼は頑なにそれを拒絶した。やはりノモンハンで捕虜となったのを国元に知らせることを、恥じ入っているのだろうと思った。

このナホトカ収容所では、開設以来ダモイした捕虜の氏名、住所、所属部隊などを、後から来る者に知らせるため伝達簿を作成し連絡用にしていたが、私の知人などに関しては全然記入されていなかった。

我々が夢にまで見たダモイ船が、昭和二十二年十一月二十日ナホトカ港に接岸した。我々の乗船する汽船は「永徳丸」（三五〇〇トン）で、ボロ貨物船である。

昭和二十二年十一月二十一日、待ちに待った乗船開始の日だ。午前十時日ソ両国官憲立ち会いのもとに、点検を受けることになった。そして人数及び氏名点呼が終わり、乗船を開始したのである。

ハッチ内には二段のかいこ棚が設けられ、ギッシリ詰め込まれているため非常に窮屈だったが、そんなことはどうでもよいことであって、一刻も早く出港することを皆は祈っていた。

やがて正午、船は岸壁をはなれて行く。今ぞおぞましいソ連領より解放され、懐かしい祖国日本へと近づいて行く。まことに感無量である。私は口の中で遠ざかって行くナホトカに「ダスヴィダーニア」と別れの言葉を言った。非常な、そして苛酷な待遇を受けたが、二度と再び行くこともないシベリアよ、サヨナラ。

やがて昼食が配られてきた。日本政府の厚意だろう赤飯と、小さいながらも尾頭付きのレンコ鯛と、一合入り瓶詰めの日本酒である。久しぶりで呑む日本の酒、久しぶりで食べる日本の味。シベリアの黒パンや雑穀飯と比べ、なんと旨かったことか。二年七ヶ月の捕虜生活に漸くピリオドが打たれたのである。

思い起こせば乞食のような生活の中で、よくぞ生還できたものと神に感謝した。永徳丸はヨタヨタと航進、一歩一歩舞鶴に向かっている。やがて十一月二十三日午後二時過ぎ舞鶴港に接岸、懐かしい母国にその第一歩を踏み出すことができた。

年譜

明治37年（1904）	京都市下京区七条通三之宮町正面下る上三之宮町にて、2月2日に、父・中島光次郎（別名・茂七）、母・千賀（旧姓・宇都）の五男として誕生（祖父は岐阜県海西郡海西村出身、建具指物師）。 （兄弟姉妹は全部で、12名。そのうち双子が一組。男6名、女6名。男三人は夭折。双子のツル、カメの姉妹は高齢まで存命） （母の姉は、くま。くまの次女・静がいたが、静は昭和52年に73歳で逝去） 日露戦争起こる（～1905）
明治39年（1906）	3月、母と兄弟姉妹に伴われ、旧満州に渡る。安東県に住む。
明治44年（1911）	安東尋常高等小学校に入学。
大正3年（1914）	第一次世界大戦（～1918）が始まる。

大正4年（1915）	5月、安東から青島へ移住。尋常高等小学校5年生。
大正6年（1917）	青島尋常小学校卒業。乙種商業学校である青島学院本科入学（1期生）、寄宿舎生活を送る。父母は張店（チャンテン）に移住。二年後に山東省済南に移住。 ロシア革命起こる。
大正9年（1920）	青島学院本科卒業。青島守備軍鉄道部に就職。業務課審査係に勤務。二年目には貨物係に配属。 国際連盟が発足。
大正12年（1923）	第一次軍用船で、2月7日宇品上陸、帰国。 大阪市西淀川区千舟の両親のもとに帰る。 （長兄は妻に先立たれ、伯父の長女・美佐子を引き取り養育。その後両親（光次郎・千賀）が養育。5歳の美佐子の母は既に死去） 9月1日、関東大震災が起こる。その折り、三姉・花子（友禅加工業を営む長谷川六之助と結婚していた）の所で関東大震災の震動に遭遇。

大正13年（1924）	徴兵検査（京都市中京区の小学校講堂において）。第一乙種合格（近視のため）。 6月15日、中国湖北省漢口へ出発。上海経由で漢口へ行く。 父が脳溢血で急死する。 児玉貿易商行漢口支店に勤務。親友・吉崎純義がそれより一年前に、伯父・上西園襄（当時、児玉貿易商行漢口支店長）の誘いで漢口に渡っていた。
昭和2年（1927）	3月、上海本店に勤務（昭和3年8月まで）。
昭和5年（1930）	宮先ふみゑに会うため、一ヶ月帰国。
昭和6年（1931）	宮先ふみゑ（兄・光三郎の妻の妹）と結婚。二月に挙式（28歳と18歳）。その後、中国に渡る。 中国での住居は、漢口日本租界鶴風里四号のビルの三階。 9月、満州事変勃発（柳条湖事件）。
昭和7年（1932）	1月、上海事変勃発。 2月28日、長女・智恵子誕生。 3月、満州国建国。国内では五・一五事件が起こる。

昭和8年（1933）	6月、漢口を離れ帰国、妻子を妻の実家（兵庫県三原郡山添、現在の緑町）に送り届ける。 7月、大阪発、釜山、安東、奉天経由で新京（長春）へ行く。 親友弘中貞雄氏の食客となり、就職活動をする。 9月25日、関東軍司令部の通訳に合格、翌26日より勤務。所属は騎兵一旅団機関銃隊本部付き。機関銃隊長・岩田文三中佐の下で通訳として勤務。 鈴木良一（姉の長男）と敦化（ドゥンファ）で再会する。
昭和9年（1934）	4月、関東軍通訳を辞め海拉爾から大連へ帰還する。 満鉄経済調査会に採用され（嘱託）、地形、農畜産物、資源などの調査に従事する。 大連児玉町の社宅に妻、長女を淡路島より呼び寄せる。 平佐一二三氏と終戦まで親交。
昭和10年（1935）	満州国官吏へ指名転出、新京（長春）に移る。 実業部（のちの興農部）臨時産業調査局に勤務。
昭和12年（1937）	5月29日、次女・淑子誕生。 盧溝橋事件。日中戦争始まる。

昭和14年（1939）	4月1日、機構改革で興農部糧政司事務官。 智恵子、順天小学校。 ノモンハン事件。
昭和15年（1940）	2月21日、三女・照美誕生。 公用で北京に出張（奉天、錦州、山海関経由）。
昭和16年（1941）	商用で内蒙古へ出張。 満州国政府から勲六位景雲章を叙勲。 太平洋戦争始まる。
昭和17年（1942）	1月2日、長男・彰誕生。 4月、公用で北京に出張（承徳、古北口経由）。
昭和19年（1944）	2月23日、四女・幸代誕生。 淑子も順天小学校。
昭和20年（1945）	5月15日、召集令状（赤紙）を受領。その時の身分は、満州国官吏薦任官六等（興農部糧政司に勤務）。 5月17日、現地召集。新京の千代田区公園に出向く。 5月18日、龍江省孫呉に到着、入隊。

8月9日、ソ連軍が満州に侵攻。

8月15日、太平洋戦争（大東亜戦争）終結。

8月20日、武装解除。

その後、シベリアに捕虜として抑留される。トーラ収容所、エロフェンパールウイッチ収容所、チタ収容所などで、重労働に従事する。

昭和22年（1947）	10月29日、帰国の途につく。 11月3日、ナホトカに到着する。 11月21日、ナホトカで乗船する。 11月23日、舞鶴港に到着。

発刊にあたって

文の冒頭、父は「まえがき」をつけて、「激しい荒波を乗り越えてきた私の一生の思ひ出として、子供らに伝えるために記述した」と、のべています。その子供らとは私たちだけではなく、孫からあとの世代、戦後の平和の時代に生きた私たちぜんぶを指しているのだと思い、戦後七十年の節目に思い切って、一冊にまとめることにしました。

激動の時代の中国大陸、幻の国となった満州と各地に足跡を残し、昭和二十年五月に召集、従軍地であった北満孫呉でソ連軍の捕虜になり、酷寒の地より帰国するまでの、波乱に充ちた半生の記録です。

そういえば、いつの日か毎日コツコツと机に向かって筆をすすめていた父の背中を思い出します。私はもう嫁いでいましたが、里帰りした日にはいつもその姿がありました。

便箋にびっしり三百枚余り、一切の資料もなく、一枚の写真もなく、胸中の記憶のアルバムだけを頼りに綴った文面ですから、行きつ戻りつのところもあろうかと思いますが、あえて内容としてはそのままで出版することにいたしました。

亡くなって今年で三十五年になります。押し入れのなかで眠っていた特徴のある書体は、私どもには読めますが、孫の世代には読みづらく、今回活字になったことで後世まで引き継がれることと思われます。

長年手つかずで気がかりだったのですが、今回澪標の松村信人様のご尽力のおかげでまとめあげることができました。深く御礼申し上げます。

二〇一六年一月

（長女）井上智恵子

漢口　旧日本租界の現在の街並み
（2006年12月31日）

新京（現長春）満州国興農部の建物前
──長女・智恵子／三女・照美
（2011年10月8日）

新京　満州国官舎のあった辺り
（2011年10月8日）

（撮影／井上裕介）

我が大地の半生

二〇一六年五月二十日発行

著　者　中島捨次郎
発行者　松村信人
発行所　澪　標　みおつくし
大阪市中央区内平野町二-三-十一-二〇二
ＴＥＬ　〇六-六九四四-〇八六九
ＦＡＸ　〇六-六九四四-〇六〇〇
振替　〇〇九七〇-三-七二五〇六
印刷製本　株式会社ジオン
ＤＴＰ　山響堂 pro.